U0939285

体育保健与康复系统的建立与应用研究

阮凌 著

中国原子能出版社

图书在版编目(CIP)数据

体育保健与康复系统的建立与应用研究 / 阮凌著
. -- 北京 : 中国原子能出版社, 2017. 12
ISBN 978-7-5022-8737-5

Ⅰ. ①体… Ⅱ. ①阮… Ⅲ. ①体育保健学—研究②康复训练—研究 Ⅳ. ①G804. 3②R493

中国版本图书馆 CIP 数据核字(2017)第 319281 号

内容简介

本书首先对体育保健与康复的基本知识、学科理论基础、原理与方法等理论知识进行了剖析,然后重点对体育保健与康复系统的建立进行了研究,主要涉及体育运动卫生与保健系统、体育运动医务监督系统以及体育运动创伤与康复系统这几个方面;在此基础上,对体育保健与康复的锻炼方法进行了科学指导,主要包括传统体育养生保健及习练方法、现代实用体育运动锻炼与保健方法、社区体育健身路径及方法几个方面;最后,对不同社会群体的体育运动保健与康复进行了探讨。本书将理论与实践有机结合,通过简洁凝练的语言、系统清晰的结构以及丰富全面的知识点,对体育保健与康复进行了全面且深入的研究,充分体现出了科学性、系统性、全面性、实用性、时代性等显著特点,是一本参考和借鉴价值都非常高的专业学术著作。

体育保健与康复系统的建立与应用研究

出版发行	中国原子能出版社(北京市海淀区阜成路 43 号 100048)
责任编辑	张 琳
责任校对	冯莲凤
印 刷	北京亚吉飞数码科技有限公司
经 销	全国新华书店
开 本	787mm×1092mm 1/16
印 张	20.25
字 数	363 千字
版 次	2018 年 5 月第 1 版 2024 年 9 月第 2 次印刷
书 号	ISBN 978-7-5022-8737-5 定 价 70.00 元

网址: http://www.aep.com.cn E-mail:atomep123@126.com
发行电话:010－68452845

前言

当前，随着社会经济的不断发展，人们的生活水平有了较大程度的提升，简单的物质生活已经满足不了人们对现代生活的追求与渴望。在吃饱穿好的前提下，人们希望有一个健康的身体，尤其随着全民健身活动的广泛开展，再加上“健康第一”“终身体育”等思想的影响，越来越多的人开始借助于体育来达到增强身体素质的目的。这是非常可喜的一个现象，是现代社会发展的重要缩影。但是，并不是只要参与到体育运动中就能够达到有效提升身体素质水平的目的的，因为只有科学合理的体育运动才能够取得理想的锻炼效果，不科学、不合理的体育运动所带来的只有伤病，是不利于身体健康的。因此，做好体育的保健与康复是非常重要且必要的。

体育保健与体育康复是两个独立的学科，但是两者之间存在着一定的联系，因此往往将这两个方面结合起来加以研究，于是就形成了体育保健与康复系统。当前，人们往往只注重体育运动的实践参与，而忽略了体育保健与康复，这对于终身体育的发展是非常不利的。另外，体育保健与康复方面的学术著作也相对比较少，很多专家学者往往将这方面作为研究的一个点，没有对其进行全面且深入地剖析和探索，这也是导致体育保健与康复没有受到人们广泛关注的一个原因所在。在这样的背景下，为了改善当前的状况，特意撰写了《体育保健与康复系统的建立与应用研究》一书，希望能够为体育保健与康复的深入、全面研究提供一定的依据和支持。本书主要具有以下特点。

(1)内容丰富，知识点全面。本书都是围绕着体育保健与康复这一课题展开的，不仅涉及体育保健与康复的概述、学科理论基础、原理与方法等基本理论知识，还深入剖析了体育保健与康复系统中的具体内容，并且在此基础上对体育保健与康复在日常生活中的应用进行探索，充分体现了整体性、全面性等显著特点。

(2)结构清晰，将理论与实践有机结合起来。本书首先对体育保健与康复的基本理论和系统建立进行了理论上的剖析，然后对具体的体育保健与康复方法进行了科学的指导，这样就能够使读者在充分了解理论知识的同时，也能掌握科学的保健与康复方法，科学性、系统性、实用性特点显著。

(3)立意新颖，与社会发展需求契合。本书将体育保健与康复作为一个系统来进行剖析，本身就比较新颖。另外，其还将体育保健康复与传染病、社区体育健身等当前的社会热点有机联系起来，充分体现出了时代性、新颖性等显著特点。

由此可以看出，本书通过简洁凝练的语言、系统清晰的结构以及丰富全面的知识点，对体育保健与康复进行了全面且深入地剖析，立意新颖，特点显著，可以说，这是一本参考和借鉴价值都非常高的专业学术著作。

本书在撰写过程中参考并借鉴了相关专家学者的研究成果和观点，在此表示最诚挚的感谢！另外，由于时间和精力有限，书中不足之处，敬请批评指正！

作者

2017 年 12 月

目录

第一章 体育保健与康复概述

在全民健身理念日益深入的今天，越来越多的人开始加入健身大军之中，这不仅有效地提高了人们的体质水平，而且还极大地丰富了人们的精神文化生活。然而，人们在参加运动锻炼的过程中，受准备活动不足、锻炼环境、技术条件等方面的影响，容易出现一定的运动安全问题，这时就需要人们掌握丰富的体育保健与康复知识，从而为参加运动锻炼提供良好的保障。

第一节 健康与现代健康观

一、健康

（一）健康的概念与相关标准

1. 健康的概念

从古至今，人们就一直就没有停止过对健康的追求，健康不仅是人类生存与发展的一项最基本要求，同时也是创造社会物质文明与精神文明的重要基础，所以说，健康一直以来都是人类不断追求的目标。

在不同的历史阶段，人们对健康有着不同的认识，这是随着社会生产力的不断发展以及人们经验和观念的更新而不断变化的。在这样的条件下，健康的概念也经历了“神灵医学模式”“自然医学模式”“生物医学模式”的演变。人们对于“健康”的解释各不相同。过去，人们认为无病痛即为健康，即指人的体质健康。体质指的是人体的状态以及适应能力，它是在先天遗传和后天获得的基础上表现出来的人体形态结构、生理功能、身体素质、适应能力和心理因素的综合的、相对稳定的特征。体质是人的运动能力、劳动工作能力乃至全部生命活动的物质基础。其实，即便是人体没有任何躯体方面的疾病，在生活中也会有烦恼、抑郁等不良状态的存在。长时间以来，“没病就是健康”的观念在社会人群中普遍存在。

1946 年世界卫生组织(WHO)成立的宪章中将健康定义为,“健康是指身体上、心理上和社会适应等方面完美的状态,而不仅仅是没有疾病和虚弱。”随后又多次强化了健康的内涵,申明健康应该包括身体健康、心理健康、社会适应良好和道德健康。这不仅将人们对于健康的认识提高到了一个崭新的水平,而且为现代健康观提供了很好的理论依据与认识基础。1948 年,世界卫生组织宪章中明确指出:“健康不仅是免于疾病和衰弱,而是在保持身体、精神上和社会方面的完美状态。”这后来被人们称为“健康三维观”。这一定义将健康的概念准确地表达了出来,并且超出了疾病的范畴,将人的健康与生物的、心理的、社会的等多种因素有机地联系了起来。

1978 年,国际初级卫生保健大会发表的《阿拉木图宣言》重申了世界卫生组织的健康定义,并进一步指出,“健康是基本人权,达到尽可能的健康水平,是世界范围内的一项最重要的社会性目标。”这一定义把对健康的认识提高到一个新的高度,即健康不仅是个人生活、家庭幸福的基础,而且是国家发达、民族昌盛的保证,是社会进步的一个重要标志。

1984 年,世界卫生组织提出了三方面内容的著名健康新概念:“健康不仅仅是没有疾病和不虚弱,而且是躯体上、心理上和社会适应能力上三方面的完美状态。”2000 年,世界卫生组织又提出了道德健康与生殖健康。至此,健康的概念得到了很大程度的完善与发展。

2. 健康的相关标准

在现代社会竞争日益激烈的背景下,人们对健康的关注程度比以往更加强烈,在这样的背景下,关于健康标准的问题也不断发展。因此,世界卫生组织和诸多的医学专家也从多角度制定了现代健康的标准。

(1)世界卫生组织的健康标准

①精力充沛,能从容不迫地应付日常生活和工作。

②处世乐观,态度积极,乐于承担任务,不挑剔。

③善于休息,睡眠良好。

④应变能力强,能适应各种环境的各种变化。

⑤对一般感冒和传染病有一定抵抗力。

⑥体重适当,体型匀称,头、臂、臀比例协调。

⑦眼睛明亮,反应敏锐,眼睑不发炎。

⑧牙齿清洁,无缺损,无病痛,齿龈颜色正常,无出血。

⑨头发有光泽,无头屑。

⑩肌肉、皮肤富有弹性,走路轻松。

(2)世界卫生组织提出的身心健康新标准

①“五快”(生理的健康标准)

第一,快食是指胃口好,不挑食,吃得迅速,说明人体内脏功能正常;

第二,快便是指大小便通畅,便时无痛苦,便后感舒服,说明人的肠胃功能良好;

第三,快眠是指入睡快,睡眠质量高,睡醒后精神状况好,说明人体中枢神经系统的兴奋、抑制功能协调,内脏无病理信息干扰;

第四,快语是指说话流利,语言表达准确,这表示思维敏捷,心肺功能正常;

第五,快走是指行动自如,步伐轻捷,这说明精力充沛,身体状况良好。

②“三良好”(心理的健康标准)

第一,良好的个性是指心地善良,处世乐观,为人谦和,正直无私,情绪稳定;

第二,良好的处世能力是指沉浮自如,客观观察问题,有良好的自控能力,能较好地适应复杂的环境变化;

第三,良好的人际关系是指待人接物宽和,不过分计较小事,能助人为乐,与人为善。

(3)医学专家提出的健康状况综合自测标准

①1个月内体重增减在3千克之内。

②每天的体温波动保持在1℃以内。

③脉搏72次/分钟左右。

④每一天的进餐量稳定在1～1.5千克,超过平常量的3倍或少于1/3为不正常。

⑤大便定时,每天1～2次。一天以上不大便或一天大便4次以上为不正常。

⑥一昼夜尿量1 500毫升左右,多于2 500毫升或少于500毫升为不正常。

⑦每晚睡眠6～8小时,不足4小时或嗜睡则为不正常。

综上所述,若以上七项标准中,若有一项不正常者,应及时向医生咨询;若有两项不正常者,可能患有某种疾病;一旦有三项或三项以上不正常者则肯定患有某种疾病,应及时去往医院进行治疗,以免延误和加剧病情。

(二)影响人们身体健康的因素

大量的研究与实践表明,可以对健康造成不利影响的因素主要包括遗传、生活环境、行为与生活方式和卫生保健等。

1. 生物遗传因素

(1)病原微生物

病原微生物主要是指各种致病性微生物,如病毒、细菌、支原体、衣原体、立克次体、螺旋体、真菌等;寄生虫如有原虫、蠕虫等。病原微生物可通过水、空气、食物等载体入侵人体,是最常见的生物致病原因。

(2)先天与遗传因素

与遗传性疾病不同,先天性疾病是指父母亲的生殖细胞是正常的,但受孕后在胎儿发育过程中,受到了某种外界因素的影响和损害而引起的疾病,例如畸形。而遗传性疾病则是指父母亲的生殖细胞染色体的缺陷或生殖细胞本身的其他原因而引起胎儿的疾病。例如,血友病、心脏病等。还有一种情况是“遗传性缺陷”,这主要与父母的年龄、性别和生理状况有关。

(3)免疫反应

在人体的各种机能中,免疫功能是非常重要的一种防御功能,但在异常条件下,机体的防御功能可转化,反而引起机体的损伤,称“免疫性疾病”,如慢性淋巴细胞性甲状腺炎、类风湿性关节炎等。

2. 环境因素

影响人们身体健康的环境因素一般包括自然环境、社会环境和家庭环境三个方面。

(1)自然环境

大气、水、土地、矿藏、森林、野生物,各种自然和人类遗迹等的总和构成自然环境。自然环境组成人类的生活环境,是人类赖以生存和发展的物质基础。因此,拥有一个清新、健康的自然环境,是保证人们拥有健康身体的重要前提。人类的健康与环境质量密切相关。良好的环境,可增进人类健康,有害的环境可对人类健康造成巨大的负面影响,甚至威胁人类的生存。因此,人们要想获得健康的发展,必须要注意保护好自然环境。

(2)社会环境

社会环境是指人类的生产生活和社会交往中构成的各种关系的总和,是人类在自然环境的基础上,有目的有计划地创造而成的人工环境,是人类物质文明和精神文明发展的标志。完好的政治制度、积极的意识形态、健全的法律体系、良好的经济状况、和谐的家庭、较高的文化水平,有助于形成健全的人格和健康的心理,对提高全民族的健康有着积极的作用。而人体疾病的发生和转化还直接或间接地受到社会因素的影响和制约。社会关系受挫和社群交际缺乏或其质量较低者,已经如同吸烟、酗酒、肥胖、高血压、高血脂、运动缺乏、精神紧张和精神压力一样，成为影响人体健康的主要危险因素之一。一般来说，社会环境因素主要表现在以下四个方面。

第一，社会心理因素。社会心理因素是影响人体健康的重要方面。人体自身的最有助于健康的因素是良好的情绪，它不仅可以抵消消极情绪的有害影响，而且可以通过神经和内分泌系统使体内环境处于稳定的平衡状态。持久强烈的“致紧张因素”的刺激可使人体失去心理生理平衡，导致出现诸如失眠、紧张性头痛、高血压等各种病症。

第二，社会道德因素。总体而言，一个国家和一个民族的健康素质高低，必然与其道德风尚成正比关系。例如，随地吐痰必然会使结核病发病率增高，乱堆粪便垃圾也必然导致肠道传染病的发病和流行。

第三，社会教育因素。社会教育是提高人们健康水平和健康观念必不可少的内容，特别是人们卫生习惯和良好行为的养成，往往与人们的受教育程度成正比。不珍惜自我健康和缺乏自我保健意识的人，也多与受教育程度有着密切的关系。

第四，传统文化因素。传统文化因素也对人的健康产生一定的影响。每个民族都有传统文化与习俗，并强烈地影响着人们的道德观念、信仰和健康行为。

(3)家庭环境

家庭是以婚姻和血缘关系组成的社会基本单位。家庭结构、机能和关系三者状态好坏与人的健康有很大关系，如家庭结构改变及缺陷、离婚、丧偶、子女或同胞死亡等都会引起人体免疫机能改变，影响身心健康；家庭关系协调，气氛和谐，有利于身心健康；反之，如果家庭环境较差，家庭不和谐则会对家庭成员的身心健康造成非常不利的影响。

3.行为和生活方式因素

行为和生活方式因素，是指由于自身的不良行为和生活方式直接或间接地对健康带来不利影响的因素。1978年，世界卫生组织把行为方式问题列为“人人健康”战略目标的重要内容。

现代社会的发展使得越来越多的人被某种事物所吸引。一方面，这些事物可以作为休闲娱乐的方式；另一方面，如果过多沉迷这些则可能给人体健康带来危害。具体来看，不利于健康的行为如吸烟、酗酒。从积极的方面说，适量饮酒有助于人体健康，但一旦饮酒没有节制，变为酗酒，则无疑会对身体造成巨大的伤害，久而久之将会带来一系列脏器疾病，因此要十分注意保持建立和养成良好的生活方式。

需要注意的是，以上损害身体健康的情况都不是立即显现的，而是潜移默化地对人的身体产生影响的，长期积累后，特别是年龄已过生理高峰期后便会逐渐显现出，以致大大影响健康状况，使中老年阶段的幸福生活大打折扣。而从现在的情况来看，由这些不良行为和生活方式导致的影响健康的情况已经大大开始向年轻化发展，因此人们一定要做好健康生活方式的宣传。

4. 卫生保健及资源因素

卫生保健包括预防服务、治疗服务、康复服务等几个方面，尤其是医疗卫生资源的合理利用和医疗卫生服务的质量，直接影响着人群健康水平，是保障人类健康的重要因素。卫生保健这项服务质量的优劣，与个人和社会群体都有着至关重要的关系。

健康行为要建立在一定资源基础上，每个人在考虑其健康问题并作出行为选择时，都可能受到卫生资源的制约。在缺医少药的贫困边远地区，由于条件的不同，卫生医疗机构不健全，经费少，资源分配不合理，布局不均，片面追求经济效益，忽视医德风尚等也都直接影响人类的健康。这需要引起人们的高度重视。

二、现代健康观

随着现代社会的不断发展，现代健康的内涵也在不断丰富和完善。发展到现在，现代社会健康观的内容主要体现在以下几个方面。

（一）躯体健康

躯体健康通常是指人体生理方面的健康，但不仅仅是没有疾病，还应该健壮，没有疾病隐患等。为了实现最理想的健康状态，人们应该采取各种积极的步骤摆脱疾病，逐渐走向健康。还要满足身体对营养的需要，经常锻炼，避免不良行为和物质，防止发生运动安全事故。

（二）心理健康

心理健康不仅仅是没有精神疾病，还主要包括情感与思维状态两个方面，即情与知。心理健康包括对自己和他人的复杂情感的认识和接受的能力、表达情绪的能力、独立行为的能力以及应付日常各种应激原的挑战的能力。

（三）智力健康

头脑是人体唯一有自知力的器官，人们每天都会通过自己的大脑收集、处理信息，并根据这些信息进行行动；利用大脑思索自己的价值、作出决定、制定目标、计划如何应付问题或者应对挑战。它包括思考和在生活经验中学习的能力、思想对新事物的开放程度，以及对信息提出疑问、进行评估的能力。在人一生中，都要借助思维的能力，其中包括评估健康信息以保证个人健康的能力。

（四）道德健康

一个道德健康的人，能够明确其生命的基本目的，学会如何体验爱、欢乐、平和与成就，帮助自己和他人实现潜能，目前道德健康的内涵越来越丰富，社会对人的道德要求也越来越高，崇尚的道德承认优秀人才的重要标准。

（五）社会适应能力健康

社会适应能力健康是指个体的社会行为，能够适应当前复杂的环境变化，为他人所理解，为大众所接受，同时还能够保持正常的人际关系，获得别人的欢迎与认可。社会适应能力健康包括参与社会、为社会作出贡献、与人和睦相处、建立起积极的相互依靠的关系以及进行健康的性行为。

（六）环境健康

环境健康是指周围环境对个人健康的影响。人们生活在物理和社会的环境中，环境能影响人体健康的各个方面。环境健康意味着通过防护空气、水和土壤污染以及你使用的产品所带来的对健康的危险，保护自己，同时还要为保护环境本身而不断努力。

第二节　体育保健与康复的概念及内涵

体育保健与康复有着极为深刻的内涵，了解与把握体育保健与康复的概念与内涵，以及其对于人们运动锻炼意义和作用，对人们参加运动锻炼具有较大的帮助。

一、体育保健与康复的概念

体育保健与康复是根据伤病的特点，采取体育运动的手段或机体功能练习的方法，以达到伤病的预防、治疗及康复的目的。

体育保健与康复同一般的体育运动之间有着较大的区别，体育运动是健康人为了增强体质和提高运动技能所从事的体育锻炼。体育保健与康复必须根据疾病的特点和患者的体质情况，选用相应的运动方法，安排适宜的运动量来治疗疾病和创伤。在各种疾病经急性阶段后进入康复期后，体育保健与康复是缩短康复期，尽快恢复机体正常功能的行之有效的方法和手段。早在原始社会，人们在同大自然斗争的过程中，就逐渐积累了用体育手段防治疾病的经验，现代体育发展迅猛，体育保健与康复的方法不下数百种，但按其目的和任务来分，可分成健身类疗法、健美类疗法、娱乐类疗法和竞技类疗法。其中，健身类疗法的目的是为了健身、康复和治疗疾病。而医疗体操历来是体育保健与康复的重要内容。

二、体育保健与康复的内涵

一般来说，体育保健与康复主要有以下三个方面的内涵。

(1)体育保健与康复应包含身体保健与康复、精神保健康复、职业保健康复和社会保健康复等几个方面，从而构成全面的身体保健与康复。

(2)体育保健与康复的措施包括以下几类：第一类，运动医学康复，即利用医疗手段促进康复；第二类，教育康复，是通过特殊教育和培训以促进康复；第三类，职业康复，指促使其恢复就业能力取得就业机会；第四类，社会康复，是在社会的层次上采取与社会生活有关的措施，促使残疾人能重返社会等。

(3)回归社会是体育保健与康复的最终目标，同时这是国家社会福利保障事业发展的重要标志之一，也是对残疾人身心健康恢复的再利用及消除负面影响的举措。

总之，人们在参加体育运动锻炼的过程中，一定要了解体育保健与康复各方面的内涵，从而提高运动锻炼的积极性，促进自身素质的全方面发展。

第三节 体育保健与康复的特点与作用

一、体育保健与康复的特点

体育运动与保健是人类实践经验的总结，是目前已有的、现成的知识和技能，这些知识和技能间接用于人类的实践。与其他学科和运动相比，体育运动与保健具有以下几个方面的特点。

(一)以增强体质为目标

一般来说,人们进行体育运动与保健的主要目标就是增强体质,通过各种身体训练和身体运动改善身体状况。在体育保健与运动康复中,人们应首先了解和熟悉各种科学锻炼身体的理论与方法,培养自己参加体育运动锻炼的兴趣,充分发展自己的运动能力,培养经常锻炼的习惯与意识,以促进身心素质的全面发展。

(二)以身体活动为内容

体育运动与保健的内容是指运动者经过练习各种体育动作和运动技能,通过经历以身体活动为主的运动实践来改善身体素质和健康状况。①

(三)独特的学习方法

体育运动与保健的学习方法不同于其他学科的学习,在学习过程中使用较多的是在科学制定运动处方的基础上进行合理的身体练习。具体是指运动者通过思维活动和身体活动相结合的方式和方法,来理解、掌握和运用具体的体育和保健知识、技术、技能,并通过这些学习成果指导具体的身体活动实践,使人们的身体素质、运动能力、社会适应能力等都得到全面发展和提高。

(四)特殊的学习环境

体育运动与保健的学习内容以身体活动为主,因此其学习环境一般在运动场或运动馆进行,也可在空旷的场地上进行,即需要足够大的学习空间。此外,对于一些特殊体育与保健项目,还需要一定的器材来支持运动者的身体学习,通过使用这些器材,使身体处于活动状态,并提高锻炼效果。

(五)与众不同的组织形式

通常来说,体育运动与保健的活动组织形式主要以集体练习为主,大部分体育运动与保健项目的锻炼都需要同伴的配合来完成。这种与众不同的组织形式有助于增加人与人之间的交流和交往,有助于帮助人们建立和谐的人际关系。

---

① 唐健,刘强辉.大学体育理论与方法教程[M].南京:东南大学出版社,2008.

(六)“体育”中体现“德育”

在体育保健与康复中,身体锻炼非常重要,但将人们的思想品德教育融入身体活动之中,把培养人们的道德意识与道德行为有机结合起来也是非常有必要的。这能帮助人们在参加体育保健与康复的过程中,形成吃苦耐劳、不畏艰辛、敢于拼搏、善于竞争、重视合作的风格和品质,养成良好的社会行为习惯,从而增强自己的社会竞争力。

二、体育保健与康复的作用

(一)提高中枢神经系统的调节机能

一般来说,人体的中枢神经系统对全身各器官功能起到重要的调节作用。对中枢神经系统来说,又需要不断接受周围各器官的刺激来保持自身的紧张度和兴奋性,从而维护正常的机能。当人体患病或受伤后被迫采取静养或长期卧床休息时,由于缺乏运动,使运动器官及其他感受器传到大脑皮质的兴奋性明显减低,因而减弱了对全身器官系统的调节,造成机体内部以及机体与外界环境的平衡失调。针对这种情况,医疗体育通过适当的运动,能加强机体感受刺激,通过传入神经来提高中枢神经系统的兴奋性,改善大脑皮质和神经体液的调节功能。由于神经系统调节功能得到改善,机体对外界环境的适应能力得到了极大的提高,因此人们的抗病能力也得到了增强。

(二)改善血液循环和新陈代谢

人们在参加体育运动锻炼时,容易发生一定的运动伤病,在这样的情况下,就会影响某些内脏器官功能,整个身体机能活动处于很低水平,特别是血液循环和新陈代谢功能变得很差,不利于疾病痊愈和康复。体疗锻炼能通过神经反射和神经体液调节来改善全身血液循环和呼吸功能,改善新陈代谢和组织器官的营养过程,使整体的功能活动水平提高,从而有利于疾病痊愈和康复。

对于损伤局部而言,由于肌肉的活动能改善血液、淋巴循环及加强组织的营养代谢过程,因而能加速炎症产物的吸收和损伤局部淤血的消散,促进组织再生和修复的过程。曾经有人在动物实验中观察到:受伤的肌肉经过早期运动后,肌肉的缺损部分完全由肌肉组织填充而愈合,并且恢复了肌肉的弹性功能。另一些没有运动的肌肉受伤后则由疤痕组织代替,而肌肉功能减弱。另一个韧带切断实验证明,虽然损伤的韧带都可以愈合,但是,运动的韧带细胞及胶原纤维排列有规律，似正常韧带结构，而不动的细胞及胶原纤维排列零乱。在骨折病变的临床观察中可以看到，早期采用体育康复的患者，骨痂形成的时间比不进行锻炼者缩短了三分之一，而且骨痂生长良好，新生骨痂很快就具有了正常骨组织的功能。

（三）维持和恢复机体的正常功能

人们在进行体育运动锻炼的过程中，当机体出现一定的功能障碍时，就需要通过专门的功能练习，促使其功能的尽快恢复。例如：因骨折固定后引起的肢体功能丧失，进行体育康复，可使局部血管扩张，血流加快，提高酶的活性，使肌纤维增粗，改善软骨组织营养，并可牵伸挛缩粘连组织，从而使肢体功能恢复。又如，大脑损伤或病变引起肢体麻痹时，可以通过被动运动或利用某些机体反射来恢复肢体的运动功能。此外，运动练习还能维持原有的运动性条件反射，消除或抑制病理性反射，对于运动者机体的及时恢复是非常有效的。

（四）发展身体代偿功能，增强机体免疫防卫系统

经常性的损伤或疾病可使人们身体某些器官功能发生严重损害，甚至完全丧失，但依靠代偿作用，机体能使这些受损器官的功能尽量恢复。体育康复对发展身体的代偿功能有很大的作用。例如，肺切除术后的患者，进行专门的呼吸锻炼可使呼吸肌和剩余肺叶以及健侧肺组织充分发挥作用来补偿被切除肺叶的呼吸功能。又如断肢移植患者，经过反复的专门运动训练，可以使断肢功能形成新的运动技巧。

第二章　体育保健与康复的学科理论基础

体育运动保健与体育康复要取得良好的保健和康复效果，就必须遵循科学的运动学相关原理，以便更好地结合运动者和康复者身体和心理的实际状况来拟定体育运动保健与康复计划和内容。本章主要就体育保健与康复的相关学科理论知识进行全面解析，以便体育保健与康复者能科学指导体育运动实践，以更加快速、有效地收到保健和康复效果，改善身体状况。

第一节　体育保健与康复的运动生理学基础

掌握体育保健与康复的运动生理学原理，了解机体在体育保健与康复运动训练参与过程中的生理特征及其变化机制，有助于运动者结合机体实际情况、运动中的变化情况科学参与保健与康复训练实践。

一、体育保健与康复的运动生理学原理

（一）代谢原理

新陈代谢是生命运动的基础，新陈代谢是人体生命活动的基本特征之一，它具有非常重要的作用和意义。如果新陈代谢过程停止，那么人的生命活动也会随之结束，生命终结。物质和能量代谢原理是个体从事运动必须遵循的重要理论依据之一，机体的运动离不开机体的新陈代谢活动。

在机体参与体育保健与康复过程中，人体的新陈代谢活动变得比安静状态时更加积极，良好的新陈代谢能为运动者从事科学的运动训练提供重要的物质保障。从事有效的训练能够提高人体组织细胞内酶系统的适应性，使酶的活性得到提高，从而进行促进人体的物质代谢过程和能量代谢过程，能量物质的恢复更加充分，从而达到比锻炼前更高的水平，人体各器官系统的功能也得到进一步增强，这是现代运动训练增强人体体质的重要原因。另外，在进行运动训练时，能量的供应是运动者保持充沛的体力的重要条件。

物质和能量是人体参与运动的基础，了解人体运动过程中物质和能量的代谢情况及规律有助于运动者更加科学地参与体育保健与康复。

（二）应激原理

应激，又称“应激反应”，是指人体对于外部强负荷刺激会产生的生理和心理的一种综合反应。具体来说，人体应激分为警戒、抵抗和衰竭三个阶段，人体应激的产生与“自我保护反应”有关。

现代运动学研究表明，人体要达到应激状态需要超量负荷，通过超量负荷的施加，机体对原有负荷的平衡和适应状态被打破，通过应激，人体达到新的负荷水平。在运动中，运动者的体育运动能力的有序提高依赖于应激原理的科学应用。

体育保健与康复中，应激原理的指导意义在于，运动者在运动期间，应不断加大运动负荷，利用自身有机体的应激反应，逐渐形成新的平衡，进而促进机体水平和运动能力的提高。

需要注意的是，体育保健与康复的运动负荷不能无限制的增大，要注意极限值，如果超出极限值，则会使运动产生疲劳，甚至导致身体机能出现衰竭现象，因此要重视处理体育健身运动练习的运动负荷量、负荷强度与练习者机体的应激程度三者之间的关系。

（三）人体适应原理

生物具有适应性特征，适应是一切生物的基本特征，是一切生物生存的基本条件。任何生物，如果不能适应就不能生存。当生物生存的环境（自然的、社会的）发生变化时，生物有机体能产生一种变异来适应环境。

就人体来讲，有机体在参与体育运动的过程中，人体各器官和系统会产生对运动负荷的适应。有机体在不断适应的过程中，会出现“用进废退”现象——一些常用的器官会发达起来，而另外一些不常用的器官则会逐渐退化。生物机体在形态、组织和机能方面的变化，能更好地适应环境的改变。

从生理学的角度来看，运动训练过程中机体对训练内容的适应需要经过以下几个阶段。

(1)刺激阶段。体育保健与康复初期，运动者的机体需要接受来自各方面的各种刺激。

(2)应答反应阶段。运动者在体育保健与康复计划所确定的运动负荷的刺激下，机体内部各器官和运动系统的功能产生兴奋，并将兴奋传输到机体各个器官中，最后使整个机体都进入运动状态，以实现机体对外界运动负荷的生物应答反应。

(3)暂时适应阶段。在运动过程中,运动员的机体器官和系统持续接受刺激,并持续对这种刺激作出反应,经过一段时间的体育运动保健与康复训练,运动者的机能就会进入良好的工作状态,在运动过程中的各项生理指标表现出稳定的状态,随着运动训练的继续进行,当机体某应答指标虽不再上升也能承受外部刺激时,表明机体已经适应了当前的体育运动保健与康复训练刺激。

(4)长久适应阶段。长久适应阶段是使各相应的机能系统和组织器官,在全面增加和系统重复各种外部运动刺激的基础上产生较为明显的身体结构和机能方面的改造。主要表现为机体运动器官和身体机能的完善与协调。

(5)适应衰竭阶段。当运动者对自己的运动安排不科学合理时,会在运动过程中产生身体某些机能出现衰竭的情况。例如,为了快速实现保健与康复效果而不顾及身体的实际状况,不合理地过度加大运动量,使机体承受过度训练,不仅无助于机体恢复和康复,还会使机体进一步遭受损伤。

根据人体适应原理,体育保健与康复者,应结合自身的实际情况,使机体逐渐承受运动负荷并逐步达到适应,然后再增加运动的负荷量,使机体在高一级水平上再适应,切不可随心所欲、急于求成。

(四)超量恢复原理

超量恢复,又称"超量代偿",是关于运动时和运动后休息期间能量物质消耗和恢复过程的超量恢复学说,是由苏联学者雅姆波斯卡娅提出来的。

运动生理学认为,超量恢复是人体在运动后出现能量物质代谢适应的一种机能状态。根据超量恢复原理,人体的锻炼过程可以分为三个阶段,即运动时各器官系统工作能力下降阶段、运动后工作能力复原阶段、工作能力超量恢复阶段(图 2-1)。首先,人体在活动过程中,机体所承受一定的负荷量会引起体内物质能量比较强烈的消耗,促使异化作用加强。其次,人体在运动结束后,身体处于恢复阶段,机体的能量物质消耗后却能刺激和导致蛋白质的更新,以此来恢复机体的工作能力。在整个完整的运动及恢复周期中,机体的恢复不是简单的抵偿能量的消耗,而是进行超量代偿,使机体的机能水平的恢复和工作能力的表现在一段时间内超过原有的水平。在经过一段时间锻炼后,通过增加负荷量对机体进行新的刺激,从而不断打破机体机能旧的平衡,使机体逐渐在新的基础上建立起新的平衡,最终的结果就是机体的运动能力和健康水平不断提高。

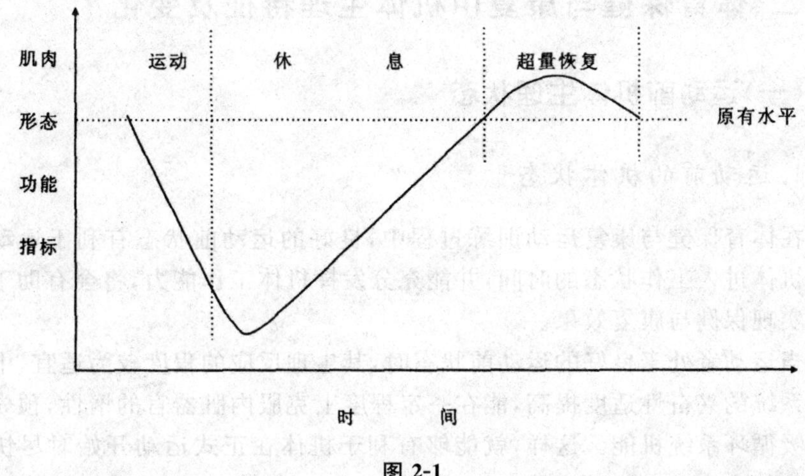

图 2-1

运动超量恢复理论来指导体育保健与康复训练,应注意以下几点。

(1)运动时间短,运动强度不大,不能使机体产生较大的反应,超量恢复不显著。

(2)参与重复性的运动训练时,要掌握好间歇的时间。间歇时间太短,如果身体正处于疲劳状态,会加重身体的疲劳,对运动员的身心健康产生不利的影响;间歇时间太长,只能保持原来体质水平,不能增强身体机能。

(3)要掌握好两次运动训练的间隔时间,一般通过测定心率的方法来进行控制,如运动后的心率达到 140～170 次/分,可等到心率恢复到 100～120 次/分时,再进行下一次运动。

(五)运动负荷原理

运动训练的目的是提高运动员的身体素质水平、运动水平,这一目的主要是通过运动员在运动训练过程中不断承受和适应训练负荷来实现的,通过机体的不断适应来提高机体的运动能力和对外界(运动负荷)的适应能力。这就是训练负荷原理。

在体育保健与康复训练中,遵循运动负荷原理应注意以下两方面内容。

(1)根据负荷因素的基本特征,在体育保健与康复训练初期,为了尽快进入运动状态,通常以增加负荷量使机体的适应过程逐步实现。在专项训练阶段,以提高负荷强度刺激来加深运动员的机体适应过程。

(2)对于运动者而言,其参与的具体体育保健与康复项目不同、训练目的不同,负荷应有所区别。

二、体育保健与康复中机体生理特征及变化

(一)运动前机体生理状态

1.运动前的机体状态

在体育保健与康复运动训练过程中,良好的运动前状态有利于运动者缩短机体进入工作状态的时间,并能充分发挥机体工作能力,将会有助于更好地实现保健与康复效果。

当运动者处于良好的运动前状态时,其生理反应的程度较为适宜,中枢神经系统的兴奋性适度提高,能在一定程度上克服内脏器官的惰性,预先提高呼吸循环系统机能。这样,就能够有利于机体在正式运动开始时尽快发挥工作能力和提高运动成绩。

当运动者处于不好的运动前状态时,这种不良的运动前状态将妨碍机体运动能力的发挥,不利于运动保健与康复效果的获得。运动前状态的生理反应过强或过弱均对运动者在之后的运动过程中的运动能力的发挥带来不利影响。运动前,中枢神经系统的兴奋性过高,就可能会过度紧张,常有寝食不安、四肢无力、全身微微颤抖,以及喉咙发堵等不良反应,使运动者不能正常发挥机体的工作能力,很难进入良好的运动状态。

(1)运动前生理应激变化

运动生理学研究表明,运动者的运动前状态生理机能反应的大小与运动的性质、运动者的技能水平和心理状态有关。

一般来说,一个长期参与体育保健与康复运动训练的人,其在运动前状态的生理反应主要表现在神经系统、氧运输系统和物质代谢等方面。具体如下。

①中枢神经系统兴奋性提高。

②物质代谢过程加强,体温升高。

③内脏器官的活动增强。

④心率加快、收缩压升高、肺通气量和吸氧量增加。

⑤血糖水平升高、泌汗增多和尿频等。

(2)运动前生理变化机制

机体在运动前状态的产生机制可以用条件反射机理来解释。人体进行肌肉活动时,必然会引起机体内脏器官、物质代谢和神经系统等机能的变化。

运动过程中,受许多因素,如运动场地、器材等因素的影响,这些影响因

素经常与肌肉活动相结合，久而久之，这些因素便成为一种条件刺激，只要这些刺激一出现，虽然还没有进行肌肉活动，但运动前状态的生理变化就会表现出来。如运动员一进入训练场、比赛场就兴奋，也是一种条件反射。

(3)机体运动前状态的调整

体育保健与康复运动中，运动者要更好地发挥工作能力，应努力使运动前反应调整至最适宜状态。要求运动者不断提高心理素质，正确认识参加田径运动的作用和意义，端正运动的态度。此外，可通过适当形式的准备活动来调节运动前状态。

2.运动前的准备活动

准备活动是运动前调整机体生理状态的一个重要手段和方法，良好的准备活动能使机体尽快进入体育保健与康复运动训练状态。

(1)准备活动的生理机制

准备活动的生理原理在于，通过预先进行的肌肉活动在神经中枢的相应部位留下了兴奋性升高的痕迹，在这一痕迹效应的基础上进行正式练习能使机体发挥出最佳机能水平。

(2)准备活动的生理作用

体育保健与康复运动前的准备活动，可产生以下几方面的生理作用。

①预先克服机体内脏器官的生理惰性，增强氧运输系统的功能，使肺通气量、吸氧量和心输出量增加，有效地缩短进入工作状态的时程。

②适度提高中枢神经系统的兴奋性，增强内分泌腺的活动，促进参与活动的有关中枢之间的协调，使正式练习时的生理机能迅速达到适宜状态。

③使机体代谢水平提高。促进体内的物质与能量代谢，使产热过程加强，体温升高，有效提高代谢酶的活性和机体代谢水平，加快神经传导速度和肌肉收缩速度；同时，增加肌肉的氧供应。

④增强皮肤血流，有利于散热，防止正式练习时体温过高。

⑤有效地预防运动损伤。体温升高可以降低肌肉的黏滞性，增强肌肉弹性和伸展性，从而预防运动损伤。

⑥调节不良的运动前状态。

(3)准备活动生理效应影响因素

准备活动的时间、强度、内容、形式以及与正式练习之间的时间间隔等，这些因素都能影响准备活动的生理效应。一般认为，准备活动与正式练习的时间间隔不应超过 15 分钟，如果准备活动与正式练习之间的间隔时间过长，其痕迹效应则消失。准备活动强度方面，通常，以 45% VO_2max。强度、心率为 100～120 次/分、时间为 10～30 分钟为宜。

由于不同的运动者之间存在个体差异,因此,在具体的体育保健与康复运动训练过程中,运动者应根据运动项目的特点、季节气候、运动者的技能水平,以及个性特点等因素加以调整准备活动,通常以身体发热或微微出汗为宜。初次参与体育保健与康复运动训练者,应在指导员或医师的指导下进行。

(二)机体工作适应状态

1.机体进入工作状态的生理机制

(1)内脏器官的生理惰性

运动者在参与运动过程中,内脏器官必须动员起来以适应肌肉活动和机体代谢的需要。但与运动器官相比,内脏器官的生理机能惰性大,具体表现如下。

第一,支配内脏器官的植物性神经与躯体运动神经相比,传导兴奋的速度慢。

第二,兴奋传导途径中突触联系较多,因此需要较长时间。

第三,躯体运动器官的活动主要受神经调节,而内脏器官在产生持续性活动中,神经—体液调节的作用更为重要,即由神经系统调节内分泌腺的活动,后者释放的激素随血液循环到达所支配的器官改变其功能状态,这一调节过程比单纯的神经调节作用慢得多。

(2)反射时

反射时是指从刺激作用于感受器起到效应器出现反应所需要的时间。人体进行的各种运动都是在中枢神经系统的控制与整合下所实现的反射活动,完成任何一项反射活动都需要一定的时间。

在体育保健与康复运动中,运动所需要的机体的反射活动越复杂、动作难度越大,机体进入工作状态所需要的时间就越长。

2.机体进入工作状态的生理表现

(1)极点

运动者在进行强度较大、持续时间较长的剧烈运动中,一般来说,运动开始阶段内脏器官的活动不能满足运动器官的需要,练习者常常产生一些非常难受的生理反应。这些生理反应如呼吸困难、胸闷、头晕、肌肉酸软无力、动作迟缓不协调,甚至不想再继续运动下去。这种机能状态就被称为极点。

“极点”现象的产生是因为人体有生理上的惰性。运动生理学研究表明，运动者在运动中产生极点的主要原因在于内脏器官的机能惰性大，运动开始时每分吸氧量水平的提高不能适应肌肉活动对氧的需求，造成体内缺氧或氧供不足，乳酸堆积，血液 pH 向酸性方面偏移。这一内环境的改变不仅影响了运动者神经肌肉的兴奋性，还反射性地引起呼吸和循环系统的活动紊乱。这些机能失调的强烈刺激传入大脑皮质，使运动动力定性暂时遭到破坏。因此，极点出现时，机体的运动强度会暂时降低。

一般来说，不经常参与体育运动的人，“极点”现象出现早，持续时间长，反应强烈。长跑中出现“极点”现象时，应坚持下去，不要停止运动，必要时可适当降低运动强度，注意控制呼吸频率和增进呼吸深度，延缓呼气，都有助于消除“极点”现象或缩短它的持续时间。

(2)第二次呼吸

第二次呼吸是人体在“极点”之后出现的一种特殊生理现象。大强度的运动过程中，极点出现后，如果运动者能依靠意志力和调整运动节奏继续坚持运动，一些不良的生理反应便会逐渐减轻或消失。此时，呼吸变得均匀自如，动作变得轻松有力，运动者能以较好的机能状态继续运动下去，这就是第二次呼吸。

第二次呼吸的出现标志着机体进入工作状态阶段的结束，人体各种机能活动开始进入稳定状态。

第二次呼吸产生的生理机制是，在体育运动过程中，随着运动的持续进行，内脏器官的惰性逐步得到克服，吸氧水平逐渐提高；同时极点出现时，运动速度暂时下降，致使运动的每分需氧量减少。因此使得机体缺氧状态逐步得到缓解，内环境得到改善，呼吸循环系统的机能活动增强，动力定型得以恢复。

通常，运动者的技能水平越低，体育运动训练过程中，其极点出现得越早，反应越强烈，第二次呼吸出现得也越迟。

3. 机体进入工作状态的影响因素

在体育保健与康复运动的开始阶段，运动的机体进入工作状态越快，越有利于发挥其最高工作能力，获取保健与康复效果。进入工作状态所需时间的长短受以下因素影响。

(1)体育运动训练的具体工作性质、工作强度、肌肉活动的复杂程度。

(2)运动者的技能水平、机体机能状态。

(3)运动前的准备活动情况。

(三)机体运动稳定状态

所谓稳定状态,具体是指运动者在进入工作状态结束后,人体各器官系统的机能和工作效率在一段时间内保持在一个较高的、变化范围不大的水平上的一种技能状态。

体育保健与康复训练中,应注意机体的真稳定状态和假稳定状态的区分。

1. 真稳定状态

在中小强度的长时间运动中,机体进入工作状态结束后的摄氧量能够满足需氧量,各项生理指标保持相对稳定,这种状态便被称为真稳定状态。

真稳定状态下,持续运动,机体能量供应以有氧代谢供能为主,很少产生乳酸和氧的亏欠,运动的持续时间较长,可达到几十分钟或几小时。机体氧运输系统的机能越强,稳定状态保持的时间则越长。

2. 假稳定状态

在强度较大、持续时间较长的运动中,机体进入工作状态结束后的摄氧量已达到并稳定在最大摄氧量水平上,但仍不能满足机体对氧的需求,运动过程中氧亏不断增多,这种状态称为假稳定状态。

假稳定状态下,持续运动,由于体内氧供不足,无氧代谢供能占优势,乳酸水平升高,血液 pH 下降,氧亏逐渐积累,运动难以持久。

第二节　体育保健与康复的运动心理学基础

个体在参与体育保健与康复运动训练过程中,表现出一定的心理特征,并产生一定的心理变化,通过分析和掌握这些运动心理过程、特征与影响因素,有助于调整心理状态,积极参与体育保健与康复训练,提高训练效果。

一、体育保健与康复参与的心理过程

(一)感知过程

感知,是人认识事物的第一步。感觉和知觉有共同的特点,都是人脑对于直接作用于感觉器官的客观事物的个别属性和整体的反映,是认识的开端和起点。但是,感觉和知觉是两种不同的认识过程。

1. 感觉

感觉是在事物的直接影响下，脑对于事物个别属性的反映。例如，听声、看色、嗅味、感到凉爽、觉察运动等，都是感觉。视觉对运动训练来说是至关重要的，其中最重要的一点就是与同伴的动作配合离不开视觉的帮助。听觉刺激能够有效诱发动觉枢的兴奋，使人产生强烈的节奏感。良好的触压觉是运动员掌握正确动作的基础。

2. 知觉

知觉是在事物的直接影响下，脑对事物整体的反映。例如，当篮球等客观物体直接作用于各种感觉器官时，人脑中便产生了这些事物的整体形象，即知觉过程。

在体育保健与康复训练过程中，掌握和发挥运动技术首先要有敏锐的感觉能力，即要有较高的感受性，才能更好地感知动作和各个动作之间的微小区别，及时发现细微的错误动作。体育保健与康复训练过程是运动员对不同技术动作的学习和练习过程，这一过程需要运动者多个感觉器官和知觉的共同参与。

（二）思维过程

思维是指事物的本质属性和内部规律性在人脑中的反映。这种对事物本质及规律性的认识活动，是一种很复杂的头脑加工过程。良好的思维能力表现为个体对面临问题能够做出迅速反应，并根据情况的变化能做出及时的调整，即思维的敏捷性和灵活性。

思维是本质的和抽象的，它能舍弃事物的具体形象、外貌、解剖构造等非本质特征，而把事物的本质特征概括起来。如对人的认识，感知觉只能反映出各种各样的、具体的活生生的人，而思维则能舍弃人的具体的形象、肤色、面貌、解剖构造等非本质特征，而把人是能够制造生产劳动工具、使用工具，进行社会生产活动，并具有语言、思想意识和高级感情的本质特征概括起来。一个人通过练习可以学会某一运动技能，但要提高这种运动技能的成绩，却必须通过思维掌握这种运动技能的本质和规律。

思维与运动，二者是相互影响和促进的关系。一方面，系统、科学的体育运动训练对于活跃运动者的思维具有一定的促进意义。另一方面，良好的思维有助于运动者更加清晰地了解、理解运动原理、规律、过程、特点，有助于运动者较快掌握运动技术、获得运动效果。

（三）记忆过程

记忆，是人学习一切事物的基础，没有记忆任何学习活动都无法进行。人在日常生活中的每一个举动都与运动记忆有关。

运动记忆与人体的肌肉活动密切相关，因此它和形象记忆、情绪记忆等有明显的区别。在体育运动过程中，运动表象是人的认识和记忆过程的一个重要因素。运动表象分为内部表象与外部表象。前者是指以内部直觉为基础，以内心体验的方式感受自己的运动操作活动，其实质是动觉表象或者肌肉运动表象；后者是指表象时可从其他人的角度看到其表象的内容，其实质是视觉表象。

体育保健与康复训练过程中，对动作的记忆过程并不是简单的动作表象在大脑中的复制，而是一个对动作表象进行信息加工并储存的过程。大脑是一个十分复杂的生理器官，可以实现对个体所接收到的各类信息的加工和整理，对个体来讲，在短时间单纯依靠记忆是很难准确地记住太多内容的，这时就需要在大脑中进行某种组合加工，将学习内容储入短时记忆，这是个体在体育保健与康复训练中学习各种技术动作、康复动作的重要基础。

（四）情感过程

情感是人对客观事物是否符合自己的需要而产生的体验。当客观事物能满足自己的需要时，便产生积极（愉快、高兴等）情感；而当客观事物不能满足自己的需要时，便会产生消极（痛苦、忧愁等）情感。

在情感过程中，会有心境、激情和应激三种情形的情绪，三者有着不同的表现形式，心境这种情绪状态是感染性的、比较微弱而持久的；激情则是迅速的、猛烈的、爆发的、短暂的，它往往伴随明显的外部表现，如人们在参加体育保健与康复时，可以很高兴地发挥自己，表现为各式各样的状态；应激这种情绪状态则是由出乎意料的紧张情况所引起的，应激状态出现的情况一般是在突如其来的十分危险的情况下，必须迅速地、几乎没有选择余地地采取决定的时刻。

运动实践表明，经常参加体育保健与康复训练，可令运动者能在应激的状态下，进行非常迅速的反应，过去做动作的经验能很快地改变有机体的激活水平，进而引起相应的行动反应。

人的情绪和精神状态对运动者参与体育保健与康复有着重要影响。积极的情绪和精神，使人在体育保健与康复中精力十足，也往往会取得比较理想的效果，而消极的情绪和精神则对人的体育保健与康复是不利的。

(五)意志过程

意志是人为了实现确定的目的,而支配自己的行为,并在运动时自觉克服困难的心理过程。

运动是由一系列的随意动作构成的,是自始至终在意志的支配调节下进行的。就运动项目来说,如跳高、高台跳水、跳伞等需要克服犹豫和恐惧;举重、投掷等要克服短暂间用极大肌肉力量带来的困难;长跑、自行车越野赛、游泳等要克服长时间肌肉紧张而产生的厌倦和疲劳。运动过程,伴随着消耗巨大的生理能量,需要注意力高度集中、紧张而迅速的思维、多变而强烈的情感体验等,对运动者来说必须要克服上述困难,坚强的意志品质在运动中发挥着重要作用。意志是个体参与运动时提高运动效果和成绩的巨大精神力量。

在体育保健与康复中,运动者必须充分发挥自己的主观能动作用,培养自我坚强的意志品质,以克服各种运动困难,很好地学习掌握运动技能、强身健体,提高运动水平,改善机体状态。

二、体育保健与康复者个性心理特征

个性是指具有一定倾向性的比较稳定的心理特征的总和。个性心理是一个人在其心理活动中表现出的稳定的心理特点,对个人的全部行为有重要影响,包括个人的体育运动行为。

(一)性格

性格是指个人对现实的稳定的态度和习惯化的行为方式。性格作为人的个性的一个方面,有着特殊的表现,具体如下。

首先,性格是现实社会关系在人脑的反映,个人对现实的稳固态度和采取某种行为方式,都是一定思想意识和行为习惯的具体表现。

其次,性格特征是一种比较稳定但又可变的倾向,它是稳定、经常、一贯的表现。性格又是可变的。如一个胆小、害怕改变和冒险的人,经过长时间的运动训练和多次比赛,很可能变成一个胆大、勇敢和富有冒险精神的人。

(二)气质

气质是人的心理活动的稳定的动力特征。不同气质类型会有不同的行为表现(表 2-1)。气质类型是个体进行运动的心理依据之一。

了解个体的气质类型,对其科学地进行体育保健与康复训练具有重要意义。不同气质的人的体育运动保健和康复需求不同、运动训练内容选择也不同。

表 2-1　高级神经活动类型及特性与气质对照表

神经系统的特性及类型				气质	
强度	平衡性	灵活性	特殊现象的四种类型	气质类型	主要心理特征
强	不平衡（兴奋占优势）		不可抑制型（兴奋型）	胆汁质	精力充沛，情绪发生快而强，言语动作急速而难以自制，内心外露、率直、热情、易怒、急躁、勇敢
	平衡	灵活	活泼型	多血质	活泼爱动、富于生气，情绪发生快而多变，表情丰富、思维言语动作敏捷，乐观、亲切、浮躁、轻率
		不灵活	安静型	黏液质	沉着冷静、情绪发生慢而弱，思维、言语、动作迟缓，内心少外露，坚韧、执拗、淡漠
弱	不平衡（控制占优势）		弱型（抑制型）	抑郁质	柔弱易倦，情绪发生慢而强，易怒而富于自我体验、言语、动作小，无力、胆小，忸怩、孤僻

（三）能力

能力，这里重点是说心理能力。运动心理学意义上的个人能力具体是指顺利完成某种活动必备的心理特征。包括观察力、记忆力、思考力、想象力和注意力等。它是掌握运动技能，提高运动水平的基础。

不同个体之间，心理能力差别巨大：比如人的能力类型的差异（有人擅于形象思维，有人擅于抽象思维），能力表现早晚的差异、能力发展水平的差异（如有人聪明、有人愚笨；有人敏捷、有人迟钝），所以在参加体育保健与康复运动的过程中，应充分结合个人能力选择相适应的体育运动项目，如此便能在体育保健与康复训练中收到事半功倍的效果。

三、体育保健与康复的心理影响因素

（一）动机

动机是推动一个人进行活动的心理动因或内部动力。动机能引起并维持人的活动，将该活动导向一定目标，如满足运动者的念头、愿望或理想等。动机是个体的内在过程，行为是这种内在过程的结果。

动机具有多种类型，具体参考表 2-2。虽然动机类型不同，但是不同类型的动机对个体的行为都具有始发（动机可引起和发动个体的活动）、指向或选择（动机可引起和发动个体的活动方向）、强化（维持、增加或制止、减弱某一活动）作用。充分运用动机因素，可促进运动者体育保健与康复的积极参与。

表 2-2　动机分类及内容

分类依据	动机类型	动机内容及其表现
动机起源	生理性动机	与个体的生理需要相关，具有先天性，如饥、渴、性、睡眠等动机。在一定程度上受社会生活条件的制约
	社会性动机	与人的社会性需要相关，是后天习得的，如兴趣、交往动机、成就动机、权力动机等
动机原因	内在动机	由活动所产生的快乐和满足引起，不受外界条件影响，如个体从事某项活动能感到快乐而非为了得到表扬
	外在动机	由活动以外的刺激诱发引起，受外界条件的影响，如努力工作是为了获得更高的报酬而并非工作兴趣
动机作用	主导性动机	在个体的活动中的作用强烈、稳定，处于支配地位
	辅助性动机	在个体的活动中的作用较弱、较不稳定，处于辅助地位
动机行为与目标关系	近景动机	与个体的近期目标密切相关，如努力工作以获得更多绩效奖金
	远景动机	与个体的长远目标密切相关，如努力工作期望成为本行业的专家
动机行为带给个体的体验	丰富性动机	又称满足和兴趣动机，激发个体探索、创造、成就和自我实现的动力，与个体的生存、安全、痛苦、危险等无关。个体通过动机产生行为追求快乐
	缺乏性动机	又称生存和安全动机，如个体行为不能达成目标满足自身需要，个体会体验到痛苦和不安，会通过动机产生行为消除痛苦

（二）认知

人的认知能力和运动训练是相互影响的。

运动实践表明，科学、系统的体育运动可以提高个人智力水平，也可以提高个人的记忆、注意、思维、反应和想象等能力，还可以稳定情绪，使性格开朗、身体健康，可延缓衰老等。

认知的提高对运动者的体育保健与康复训练是十分有利的，这些非智力成分对于提高和发展人的智力水平有着非常重要的作用，进而促进个体在体育保健与康复训练中快速学会技术动作和领会动作要点，科学参与体育保健与康复训练活动，并提高保健与康复效果。

（三）情绪

心理学认为，良好的情绪可以起到“增力”作用，如明显地提高人的活动能力，能促进人体运动能力的提高，使人精神焕发、干劲倍增、积极主动、坚忍不拔、持之以恒。不良的情绪起着“减力”作用，如可以使人表现为精神不振、无精打采、心灰意冷、注意力不集中等。可见情绪对体育保健与康复的影响很大。

体育运动中，运动者情绪体验具有鲜明、强烈、多样、易变的特点。这些特点造成了体育运动中情绪与动机关系的特殊性。例如，在体育运动中，渴望成功、惧怕失败是两种经常出现的基本动机，它们由情绪体验和认知过程促成的，成功后的喜悦感和失败后的沮丧感、内疚感，在人的认知系统中留下较深的印记后，会使人无意识地去努力追求成功，避免失败。因此，在体育保健与康复训练中，应注意运动者的积极情绪的调动和形成。

（四）注意力

注意力是个体心理活动对一定对象的选择性指向和集中，是个体的一种心理状态。

运动心理学研究表明，长期坚持参与系统的运动训练，能够逐渐改善运动者的身体素质，同时能使大脑细胞更加柔韧，细胞之间的相互联系也更加紧密。大脑细胞之间的联系越紧密，对于运动者接受新的运动训练知识和技能知识的速度加快越具有重要的帮助作用。同时，进行系统的运动训练还有助于改善过度训练对机体产生的巨大压力感，有助于运动者放松身心、解除训练负担，集中精力和注意力参与运动训练。

(五)意志力

意志和行动是不可分割的。意志支配行动,同时也在行动中得以体现。体育保健与康复能培养运动者坚强的意志品质,运动者坚强的意志品质对于其掌握动作技能,提高运动成绩,增强身体素质等十分有益。

(1)体育保健与康复训练初期,对于一些基础比较薄弱的运动者来说,有时一些动作比较难完成,容易对运动者增添畏惧心理,而坚定的意志则有助于运动者克服这种畏惧恐慌的心理,顺利完成动作。

(2)体育保健与康复训练过程中,运动者机体肌肉有时会处于非常高的紧张程度之中,并且需要完成各种不同难度的动作,此时意志努力能够满足完成动作的需要。

(3)体育保健与康复训练过程中,运动者需要高度集中注意力,在意志努力作用下,克服外部和内部刺激的不良影响。

(4)体育保健与康复训练过程中,运动者需要其机体各系统全面运转,容易导致疲劳,甚至是运动损伤的产生,意志坚强者能够克服由于疲劳和运动损伤而产生的消极情绪,并坚持持续进行保健与康复训练。

(六)智力

人的智力和身体活动密切相关,尽管随着年龄的增长,运动者的智力的发展与其身体活动能力的发展逐渐分化开来,它们之间的关系变得不明显了。但是,智力的发展与身体活动能力的发展仍然存在着联系。

体育保健与康复要求参与者具有良好的智力特征,如精确的记忆能力、敏锐的观察能力、丰富的想象能力、快速的思维能力等。因此,智力较高者,能更快领会运动作用、原理、过程,更快进入体育保健与康复状态、更快收到体育保健与康复效果。

第三节　体育保健与康复的运动生物力学基础

一、人体参与体育保健与康复的运动系统构成

(一)骨

作为人体运动系统的构成系统成分,骨在运动员参与运动训练中起着非常重要的作用,骨有着非常多的功能,如支持功能、造血功能、储备钙和磷

的功能、运动功能等。

骨的功能主要包括以下几个方面。

(1)支持功能。骨与骨连接,构成人体坚固的支架。不仅支持机体的各种柔软组织,使人体得到一定的身体轮廓和外形,保持着某些器官的特定位置,使血管和神经能有规律地定向执行循环和传导功能;还支持着身体局部或整体的重量。

(2)运动功能。骨是运动的杠杆,人体的骨骼在神经系统的调节下实现运动,当肌肉收缩时,可牵引骨绕关节的运动轴产生各种运动。

(3)保护功能。骨通过构成体腔的壁,对腔内的重要器官进行保护,如脊柱保护脊髓、胸廓保护心和肺、骨盆保护膀胱和子宫等。

(4)造血功能。骨是重要的造血器官,红骨髓可以制造血细胞。

(5)储备功能。骨骼可以产生钙和磷,骨盐中的钙和磷参与体内钙、磷代谢,处于不断变化的状态,因此骨还是体内钙、磷的储备仓库。

(二)关节

人体的关节是通过韧带联结在一起的,人体内的骨联结是骨与骨之间借致密结缔组织和软骨组织的联结,借助它,全身和骨构成了骨骼,对整个人体起支撑和保护作用。骨联结是关节的一部分,对人体的运动起着重要的支点作用。韧带的相连可以加固骨与骨之间的关节,肌腱附着于骨上。由于韧带和肌腱是通过互相协作来发挥作用,因此锻炼对其影响也相似。

人体的运动离不开关节的运动。在骨骼肌的牵引下,运动环节(指两个相邻关节之间的部分)可绕关节的某一轴运动,从而使人体完成各种运动。

人体关节运动的基本形式有如下几种。

(1)屈和伸运动环节在矢状面内绕冠状轴的运动:运动时两骨互相靠拢,角度减小为屈;反之为伸。

(2)外展和内收运动环节在冠状面内绕矢轴的运动:运动环节离开正中面的运动为外展;反之为内收。

(3)旋转运动环节在水平面内绕垂直轴的运动:运动环节的前面向内侧旋转称旋内,反之为旋外。

(4)环运动:环转运动环节的近侧端在原位转动,远侧端做圆周运动,整个环节的运动轨迹为圆锥体。

(5)滑动、水平屈和水平伸的运动形式。

(三)肌肉

1.肌肉的构成

肌肉在人体的运动系统中据占重要地位。肌肉最基本的组成单位是肌纤维,许多肌纤维通过拥挤的排列组成肌束,表面有肌束膜包绕,许多肌束聚集在一起构成一块肌肉。肌肉中,大约占 3/4 的是水,能量物质、蛋白质、酶等固体物质占 1/4;另外,肌肉中还有着丰富的毛细血管网及神经纤维,其主要功能在于为肌肉供应所需的氧气和养料,使神经协调得到有力的保证。

以骨骼肌为例,骨骼肌是是肌肉的一种,它附着于骨骼上,在人体内分布广、数量多,是运动系统的主体部分。骨骼肌在神经系统支配下,可以收缩牵动骨骼,或维持人体处于某种姿势,或产生人体局部运动及整体运动,最终促进机体完成运动所需的各种动作。一般地,人体的骨骼肌有 400 多块,其占体重的比例因性别、年龄不同而有差异。成年男性约占 40%,成年女性约占 35%。

2.肌肉的工作过程

在人体的肌肉中,肌组织和结缔组织分别构成肌肉的收缩成分和弹性成分。其中,肌组织是肌肉的收缩成分,人体通过肌纤维的主动收缩和放松,实现各种运动;结缔组织是肌肉中的弹性成分,它与肌肉中的收缩成分并联或串联着,称并联(或平行)弹性成分或串联弹性成分。

二、体育保健与康复中人体肌肉运动力学原理

(一)肌肉运动受力与形式

体育保健与康复训练的主要形式就是身体练习,在运动保健和康复训练的过程中,运动者明确了解肌肉的运动原理,有助于科学参与训练,促进机体尽快适应和康复。人体在进行各种运动时,肌肉进行各种收缩以完成各种动作。人体肌肉在参与运动过程中主要表现为两种运动形式,具体分析如下。

1.动力运动(等张收缩)

所谓动力运动,是指肌肉收缩产生的力使关节位置改变,肌肉长度发生变化。动力性运动具体又可细分为向心运动和离心运动两种。向心运动主

要表现为肌肉收缩克服阻力，肌力大于阻力，使运动环节朝肌肉拉力方向运动。离心运动主要表现为肌肉在阻力作用下逐渐被拉长，阻力大于肌力，使运动环节朝肌肉拉力相反方向运动。

2. 静力运动(等长收缩)

所谓静力运动，是指肌肉持续收缩，但长度不变，从而使关节在某种位置上固定以维持一定姿势的运动。肌肉的静力运动又可细分为支持工作、加固工作和固定工作三种。支持工作指位于关节某一侧的肌肉持续收缩，以平衡阻力矩，使关节保持一定的姿势工作状态。加固工作指位于关节周围的肌肉同时持续收缩，以对抗关节由于外力牵拉作用而分离的工作状态。固定工作指关节运动轴两侧相互对抗的肌肉同时持续收缩，使关节保持固定不动。

(二)肌肉收缩的力学特征

肌肉收缩时的张力与速度、长度与张力的关系便是肌肉收缩的力学特征，其反映了负荷对肌肉收缩的影响。肌肉收缩能力不同，肌肉收缩时表现的力学特征也不一样。

1. 前负荷对肌肉收缩的影响——长度与张力的关系

所谓前负荷，具体是指在肌肉收缩前就加在肌肉上的负荷，它使肌肉收缩前就处于某种被拉长状态。

人体运动状态下，改变前负荷实际上是改变肌肉收缩的初长度。通常把引起肌肉收缩张力最大的初长度称为适宜初长度。如果在坐标图上将肌肉在不同前负荷作用下长度与张力的变化绘制下来，就可以得到一条曲线，该曲线称为肌肉收缩的长度—张力曲线(图 2-2)，其顶点显示适宜初长度时，肌肉收缩产生的张力最大。

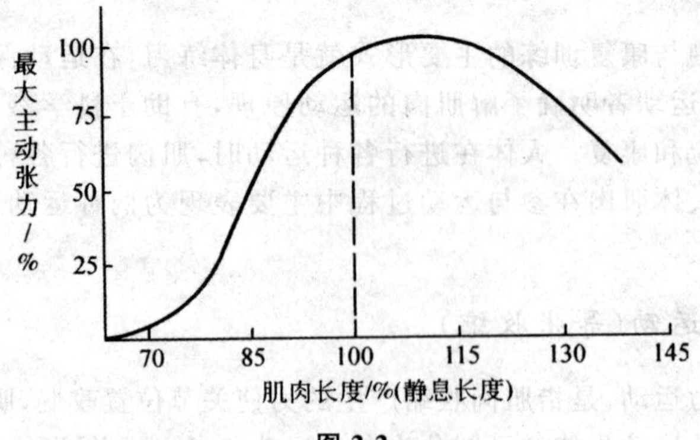

图 2-2

骨骼肌在正常机体内所处的自然长度，大都相当于它们最适初长度范围。健身时，常须运用理想的最适初长度，以此发挥最大收缩张力。例如，纵跳前的屈筋、屈髋、屈膝动作，以拉长臀大肌、股二头肌、半腱肌、半膜肌而快速伸髋；拉长股四头肌、小腿三头肌以快速伸腿，而获得最大收缩张力，跳得也最高。

2. 后负荷对肌肉收缩的影响——张力与速度的关系

所谓后负荷，具体是指肌肉开始收缩时才遇到的负荷或阻力。后负荷的条件下肌肉收缩，最初由于肌肉遇到阻力而不能缩短，只表现为张力的增加，但当肌肉张力发展到大于外加的负荷阻力时，肌肉开始以一定的速度缩短，负荷被移动。

人体运动过程中，肌肉在后负荷作用下表现的张力与速度的这种关系描绘在直角坐标系上可得到一条曲线，称张力—速度曲线（图 2-3）。该曲线说明：在一定的范围内，肌肉收缩产生的张力和速度呈反比关系；当后负荷增加到某一数值时，张力可达到最大，但收缩速度为零，肌肉只能作等长收缩；当后负荷为零时，张力在理论上为零，肌肉收缩速度达到最大。肌肉收缩的张力一速度关系提示，要获得收缩的较大速度，负荷必须相应减少；要克服较大阻力，即产生较大的张力，收缩速度必须减慢。

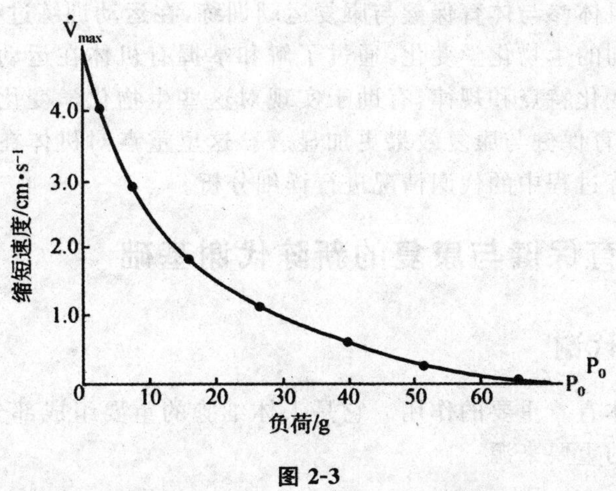

图 2-3

体育运动实践表明，运动训练可改变肌肉收缩的张力—速度曲线。经过训练的运动员，其张力一速度曲线向右上方偏移，即在相同的力量下，可发挥更大的速度；或在相同的速度下，可表现出更大的力量。而不同训练负荷对张力一速度曲线可产生不同的专门性影响。无负荷（0％Pmax）的最大缩短收缩训练，能最有效地增进最大速度；而 100％Pmax 的等长训练，则使最大力量增进最多;30%Pmax 和 60%Pmax 训练,可增强力量和速度。

(三)肌肉工作的杠杆原理

从运动力学的角度分析,肌肉工作是完全遵循杠杆原理来进行的。人体在运动中完成各种动作都是以骨为杠杆,关节为支点,肌肉收缩为动力来完成的。

人体肌肉运动的杠杆具有三个点:支点、力点和阻力点。其中,由支点至肌拉力作用线的垂直距离,称为拉力臂;肌拉力与拉力臂的乘积为肌力矩;阻力与阻力臂的乘积为阻力矩;肌力矩和阻力矩分别表示肌力和阻力对骨杠杆所产生转动作用的大小。在人体肌肉参与运动过程中,肌力矩和阻力矩的关系大致有以下三种情况。

(1)肌力矩等于阻力矩:肌肉做静力工作。

(2)肌力矩大于阻力矩:肌肉做向心工作。

(3)肌力矩小于阻力矩:肌肉做离心工作。

第四节　体育保健与康复的运动生物化学基础

人体有机体参与体育保健与康复运动训练,在运动训练过程中,有机体会发生一系列的生物化学变化,通过了解和掌握有机体在运动状态下的运动生物化学变化特点和规律,有助于实现对这些生物化学变化的正向引导和利用,使体育保健与康复效果更加显著。这里重点对机体在体育保健与康复运动训练过程中的代谢情况进行详细分析。

一、体育保健与康复的新陈代谢基础

(一)糖代谢

糖对人体有着重要的作用。它是人体细胞的重要组成部分,也是运动者所需能量的重要来源。

1. 糖的生化功能

(1)糖在体内可迅速氧化及时提供能量。如果糖类摄入不足,就会导致水分的流失和新陈代谢的减慢。糖类提供了人体每日摄取的总热量的50%~55%,即主要来自人们的主食。

(2)糖类对减肥和形体的保持有重要作用。糖类能够促进脂肪的新陈代谢。饿肚子减肥是不可取的，减肥者身上脂肪多，如果采用饿肚子减肥方法，不进食，糖类也就无法摄入，少了糖类提供的能量，脂肪代谢无法进行，因此是不消耗的，并未达到减肥的效果。饿肚子会瘦主要是因为水分和蛋白质的流失，脂肪不代谢，蛋白质的分解在所难免。而减肥主要是减脂肪，可见糖类的重要作用。

(3)糖类通过转化为葡萄糖而被身体吸收。胰岛素可以运送葡萄糖进入细胞，同时还具有降低血糖的作用，促进血糖储存成肌糖和脂肪，减少脂肪细胞释放脂肪酸。

(4)保肝解毒作用：糖与蛋白质结合成糖蛋白，通过保持蛋白质在肝中储备量，摄取充足的糖量，能够使肝糖原的储备量有所增加，从而使肝对某些化学毒物等有毒物质的解毒作用进一步加强。

2. 糖的合成代谢

人体摄取的糖质，不管是植物性食物还是动物性食物中的糖，它们都会在消化酶的作用之下，逐渐转变为葡萄糖(Glucose，Glc)分子(果糖可直接被吸收，不需经转变)，是可以被人体直接吸收的，经小肠黏膜的上皮细胞葡萄糖运载蛋白转运进入血液，成为血液中的葡萄糖——血糖(Blood glucose)。血糖可以合成糖原(Glycogen，Gn)，成为大分子的糖。一般来说，可以将糖原分为两类，一类是肌糖原，即肌肉中合成并储存的糖原；另一类是肝糖原，即在肝脏中合成并储存的糖原。除此之外，肝脏还能够将体内的乳酸、丙氨酸、甘油等一些非糖质物质合成葡萄糖或糖原，这一过程就是所谓的糖的异生作用。可见，人体中糖的合成代谢是由两个过程组成的，即人体合成糖原的过程和糖异生的过程。

3. 糖的分解代谢

人体内的糖原和葡萄糖通过糖酵解过程、有氧氧化过程、戊糖磷酸途径、乙醛酸途径等进行分解代谢。糖的分解代谢过程所释放的能量，是有机体参与运动的重要能量来源。

体育保健与康复过程中，糖作为能源物质分解代谢供能，运动后的恢复期或长时间运动过程中，机体又可以重新合成糖作为能源。在体育保健与康复中，当氧供应充足的情况下，机体的肌糖原或葡萄糖被彻底氧化分解成 H_2O 和 CO_2，并释放大量能量的过程，称为糖有氧代谢。可简单表示为：

$$\text{骨骼肌糖原或葡萄糖} \xrightarrow{\text{有氧氧化}} ATP + CO_2 + H_2O$$

运动中，机体主要通过糖的代谢提供机体运动所需能量，运动后的恢复期或长时间运动过程中，机体又可以重新合成糖来提供所需的能源。

（二）脂代谢

脂肪是人体基本的能源物质之一，是以有氧代谢为主的运动中的主要能源物质，脂代谢与人体健康密切相关，有规律、有计划的体育保健与康复对于改善机体的脂代谢状况、预防和治疗心血管疾病等有积极的作用。

1. 脂肪的生化功能

（1）脂肪是人体细胞的重要组成成分。脂肪类营养素是组成每个细胞的细胞膜的不可缺少的成分之一，它对于脑、外周神经组织、肝、卵等组织细胞具有重要作用。

（2）人体主要的能量来源之一。脂肪具有非常高的热量，每克脂肪经过氧化可以产生 9 千卡热量，比同量糖和蛋白质所产热量的两倍还多。

（3）调节人体新陈代谢和生长发育的肾上腺皮质激素和性激素，这些激素的主要成分便是脂肪类物质。

（4）保持体温和保护内脏器官。脂肪主要分布在皮下、肠系膜、大网膜和肾脏的周围，它能够阻止体能散发大量的热量，固定脏器位置，并减少摩擦，起到缓冲的作用。

2. 脂肪的合成代谢

脂肪具有疏水性，能在体液的水环境中被酶解，但需要借助机体自身的以及随食物摄入的各种乳化剂，形成乳浊液。因此，脂肪的吸收和转运过程要比糖复杂一些。在机体内部，脂肪的吸收主要有以下两种方式：一种是小肠上皮细胞直接吞噬脂肪微粒；另一种是脂肪微粒的各种成分分别进入小肠上皮细胞，在细胞内，进入的脂肪分解产物又重新合成脂肪，形成乳糜微粒。乳糜微粒和分子较大的脂肪酸最后转移进入淋巴管，甘油和分子较小的脂肪酸可溶于水，在吸收后扩散入毛细血管。因此，脂肪的吸收有淋巴途径和血液途径两种，但以前者为主。

3. 脂肪的分解代谢

运动实践表明，只有在长时间运动时脂肪才会被动员供能，随着运动时间的延长，脂肪供能的比例会增加；机体氧化利用脂肪酸供能的能力可通过运动训练获得提高，血脂升高通过长期运动可获得改善，血浆中低密度脂蛋白（LDL）含量也会降低，血浆中高密度脂蛋白（HDL）含量增加；长期运动可减少体脂的积累，改善身体成分。

人体脂肪的分解代谢首先是脂肪分解成甘油和脂肪酸，其次是甘油和脂肪酸再进一步分解成二碳单位，最后生成 CO_2 和水。脂肪的有氧氧化过程可简单表示为：

$$\text{脂肪} \xrightarrow{\text{有氧氧化}} ATP + CO_2 + H_2O$$

体育保健与康复训练过程中，脂肪分解代谢可为运动提供能量，具体来说，脂肪分解代谢产生的能量能够提供给多种生命活动过程，能够作为长时间中低强度运动的主要供能物质。

（三）蛋白质代谢

1.蛋白质的生化功能

蛋白质是重要的生命物质，它在人体中起着非常重要的作用，包括建造、修补和重新合成细胞成分以实现自我更新，合成酶、激素等生物活性物质，作为机体的能源物质等。

2.蛋白质的合成代谢

在代谢过程中，糖和脂肪能在体内贮存，而蛋白质不同，蛋白质过多，则会由肝脏分解，由肾脏排出。因此一般情况下，正常人每日应摄取一定量的蛋白质，摄取量应与每天消耗的量几乎是相等的，以维持蛋白质平衡。

蛋白质的合成要经历一个复杂的过程。首先，蛋白质按照 DNA 模板上核苷酸排列顺序转录成 mRNA（携带遗传信息的能指导蛋白合成的一类单链核糖核酸）。其次，以接受了 DNA 遗传信息的 mRNA 作为蛋白质生物合成的直接模板，在 tRNA（具有携带并转运氨基酸功能的一类小分子核糖核酸）、rRNA（核糖体 RNA）的共同参与下，按照 mRNA 上核苷酸的排列顺序翻译成蛋白质中氨基酸的排列顺序。参与蛋白质合成的氨基酸有 20 种，它们又可称为蛋白质氨基酸。

3.蛋白质的分解代谢

蛋白质的分解较为简单。首先，蛋白质分子在消化液作用下分解成其基本单位——氨基酸，然后被小肠主动吸收，几乎全部通过毛细血管进入血液。其次，氨基酸再经脱氨基作用等代谢过程，最终生成氨、CO_2 和水。氨基酸在分解代谢中释放的能量可提供运动中的能量需要，但和糖与脂肪相比，氨基酸分解所供应的能量占人体运动时消耗总能量的比例较低。

在体育保健与康复运动中，运动者机体的蛋白质代谢主要表现在两个方面：一方面，运动导致骨骼肌蛋白质合成增加，主要外在生理表现为肌肉壮大；另一方面，机体运动时蛋白质可提供一部分能量。

体育保健与康复运动训练中，蛋白质不像糖和脂肪一样，可直接提供运动所需的能量。在长时间大强度运动中，即使当食物中供糖不足或糖被大量消耗后，蛋白质供能也只占总耗能量的15%～18%。但是，蛋白质分解代谢过程中能产生许多物质，对糖和脂肪的供能有着重要的作用。

（四）无机盐代谢

无机盐，也称矿物质，是人体重要组成部分，有些元素是身体保持适当生理功能所必需的，能够维持生理系统，强化骨骼结构和肌肉、神经系统，辅助酶、激素、维生素和其他元素发挥作用。

无机盐需要不断地从食物中摄取，无机盐在人所摄入的食物中大量存在。一般单价碱性盐类，如钠、钾、铵盐被人体吸收得很快；而多价碱性盐类被人体吸收得很慢。凡能与钙结合而形成沉淀的盐，如硫酸盐、磷酸盐和草酸盐等，不能被人体吸收。无机盐在人体内主要以磷酸盐的形式存在于骨骼中（如钙、镁、磷元素等），作为结构物质，其他少量的无机盐（如钙、镁）以离子形式存在。无机盐在体液中解离为离子，称为电解质，具有调节渗透压和维持酸碱平衡等重要作用。体液中主要的阳离子有 Na^+、K^+、Ca^{2+}、Mg^{2+} 等；主要的阴离子有 Cl^-、HPO_4^{2-}、HCO_3^- 等。

在体育保健与康复运动训练过程中，人体内的离子在人体的细胞代谢活动中具有十分重要的作用，同时，伴随运动的进行，人体内的离子会随着大量出汗而流失，电解质流失过多很可能出现肌肉无力、心脏节律紊乱、肌肉抽搐、运动能力下降、易疲劳等不良运动状态，不仅会影响体育健身效果，而且还容易诱发运动损伤。

（五）维生素代谢

维生素是维持人体生长发育和代谢所必需的一类小分子有机物。人体内不能合成维生素，必须由食物供给，每天摄取毫克或者微克维生素就足够人体所需了。

维生素在结构上不具有共性，一般可分为水溶性维生素和脂溶性维生素。水溶性维生素包括维生素 B_1、维生素 B_2、维生素 B_6、维生素 B_{12}、烟酸（PP）、烟酰胺、叶酸和维生素 C 等。脂溶性维生素包括维生素 A、维生素 D、维生素 E、维生素 K 等。

维生素具有调节和维持机体的正常代谢、促进生长发育的作用。人体内所进行的各种生化反应都是在酶的催化作用下进行的，而许多维生素是酶的辅酶或者是辅酶的组成分子。此外，维生素对机体的能量代谢及其调节过程有着重要的作用。在人体中，大多数维生素都会参与辅酶的组成，因此，如果缺乏维生素就会对酶的催化能力产生影响，引起代谢失调，从而使机体运动能力有所降低。

在人体中，大多数维生素都会参与辅酶的组成，因此维生素缺乏会影响酶的催化能力，引起代谢失调，从而降低机体运动能力。但是，在体内不缺乏维生素时，过量摄入维生素并不会提高运动能力。

（六）水代谢

水是组成生命体的重要成分。在人体组织中，水的含量最多。成人体内含水量约占体重的65%，人体内的水分布于各种器官组织及体液中。

水的吸收：人体对水的需求主要通过食物和饮水获取水，体内大部分水分是从食物和饮料中而来的，此外，体内的物质代谢过程中也会产生水，但这部分水非常少。

水的排泄：人体内水的排出形式有两种，一种是通过肾脏以尿液的形式排出体外，另一种是通过皮肤、肺以及随粪便排出。人体剧烈运动时，体内产热量增加，水分排出及维持体温恒定的主要途径就是出汗。

水的代谢有重要的生理意义，有维持体温的作用。在人体内，水还是生物化学反应的场所，与机体电解质的平衡密切相关。一次大负荷的运动训练中，会导致大量出汗而丢失大量的水，严重失水会造成机体脱水而降低运动能力。

二、体育保健与康复的能量代谢基础

（一）磷酸原系统

1. ATP

ATP是肌肉活动唯一的直接能源，也是人体其他任何细胞活动的直接能源，主要储存在细胞中，其中以肌细胞最多。ATP是由一个腺苷大分子和三个较简单的磷酸根组成的，后两个磷酸根上有“高能键”，“高能键”储有大量化学能，故ATP又被称为高能磷化物。

根据运动训练的情况，ATP能量来源有三个方面：一是磷酸肌酸分解，二是糖原酵解；三是糖和脂肪及部分蛋白质氧化。

运动时，肌肉内ATP分解直接供能，这是人体内能量代谢的中心环节。ATP水解的放能反应可以为各种需要能量的生命过程供能，完成各种生理功能。如肌肉收缩、生物电活动、物质合成及体温维持等(图 2-4)。

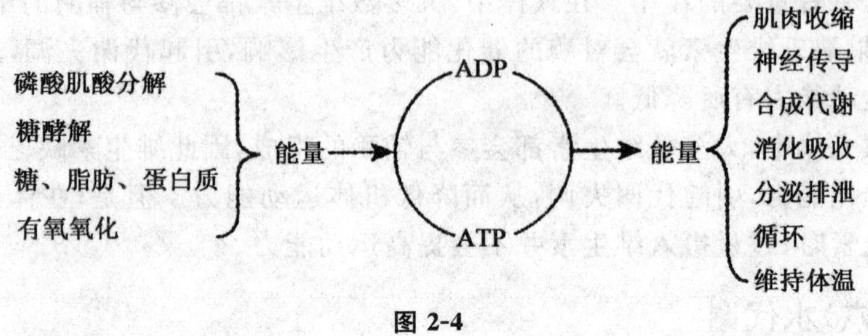

图 2-4

2. CP

CP (磷酸肌酸)是贮存在肌细胞中与 ATP 紧密相关的另一种高能磷化物,分解时能放出能量。CP 在磷酸肌酸激酶(CK)作用下迅速分解放能,供 ADP 与 Pi 重新合成 ATP(图 2-5)。此外,CP 还是能量传递者,由 CP—Cr(肌酸)构成的能量穿梭系统负责将线粒体内有氧代谢释放的部分能量转移到细胞质,即将能量从产能部位传递到耗能部位。CP 在人体内的储存量十分有限,人体全身的肌肉内只有 450～510 毫摩尔 CP。

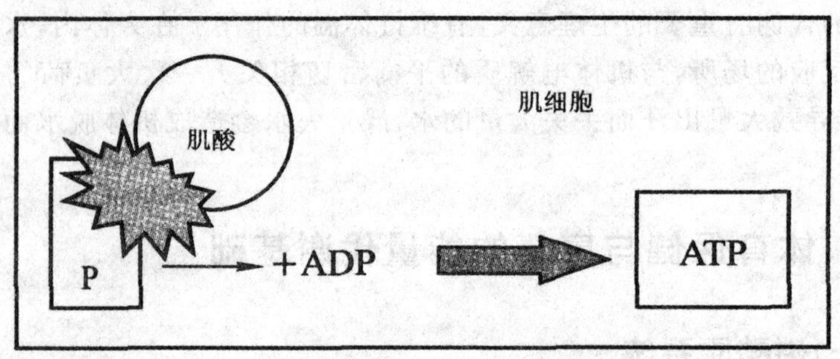

图 2-5

CP 供能对于 ATP 再合成的重要意义,不在于它的含量,而在其快速可动用性,又不需氧,且不产生乳酸。CP 和 ATP 不能直接用作营养补充,因为其分子过大,不能被人体吸收。

3. ATP-CP 系统

ATP-CP 系统是人体内最迅速的能量来源。由于磷酸肌酸既能迅速分解放能,又不需氧、不产生乳酸,所以它与 ATP 一起在供能系统中称为磷酸原系统,即 ATP-CP 系统。

ATP-CP 系统是人体内最迅速的能量来源，也是最大强度运动中能量的主要来源，且供能的最大功率输出高。

首先，ATP-CP 系统并不需要把氧气输送到肌肉中才能运作，所需的能量物质也早已储存于肌肉细胞之中，且其反应涉及的化学反应相对较少，因此供能迅速。

其次，ATP-CP 系统供能维持运动时间短（一般为 5～8 秒），但输出功率最大，超过机体内所有其他供能系统。实验表明，在 5～10 秒的大强度运动中，机体能量的供应几乎全部来源于 ATP-CP 系统，在恢复间歇中会生成少量乳酸。磷酸原在肌肉中贮量很少，在运动开始时最早启动，最快被利用。

磷酸原供能系统的运动训练参与，应注意休息间歇的时间把握。如果间歇时间太短，磷酸原恢复量少，则重复运动时的部分能量由糖酵解提供，使血乳酸水平明显上升，不利于磷酸原供能能力的发展。反之，休息间歇时间过长，磷酸原虽能完全恢复，但是根据运动训练学的超量负荷原则，训练密度不足以刺激磷酸原，不利于磷酸原系统供能能力的提高。

（二）糖酵解系统

当机体运动持续的时间在 10 秒以上且强度很大时，磷酸原系统所供给的能量就难以达到机体所需。这时，以支持运动所需的 ATP 再合成的能量就不能靠磷酸原系统供给，而是主要靠糖原酵解来提供。

糖酵解过程，具体是指葡萄糖或糖原分解为乳酸、同时生成少量 ATP 的过程。此过程是在细胞质中进行的一连串复杂的酶促反应（图 2-6）。

糖酵解的过程是在细胞质中进行，不需要氧的参与。在缺氧条件下，丙酮酸在乳酸脱氢酶的催化下接受磷酸丙糖脱下的氢，被还原为乳酸，故称乳酸能系统。其重要意义是在缺氧情况下仍能产生能量，以供体内急需。

在糖酵解供能系统中，肌糖原是糖酵解的原料，强烈的体育运动中可分解供能并产生乳酸。作为一种强酸，乳酸在体内积聚过多会对内环境的酸碱平衡产生一定的破坏作用，使肌肉工作能力下降，造成肌肉暂时性疲劳。

磷酸原系统和糖酵解系统供能过程都是不需要消耗氧的无氧代谢过程，它们构成人体运动时的无氧代谢供能系统，提供短时间人体进行极量运动时所需的能量。

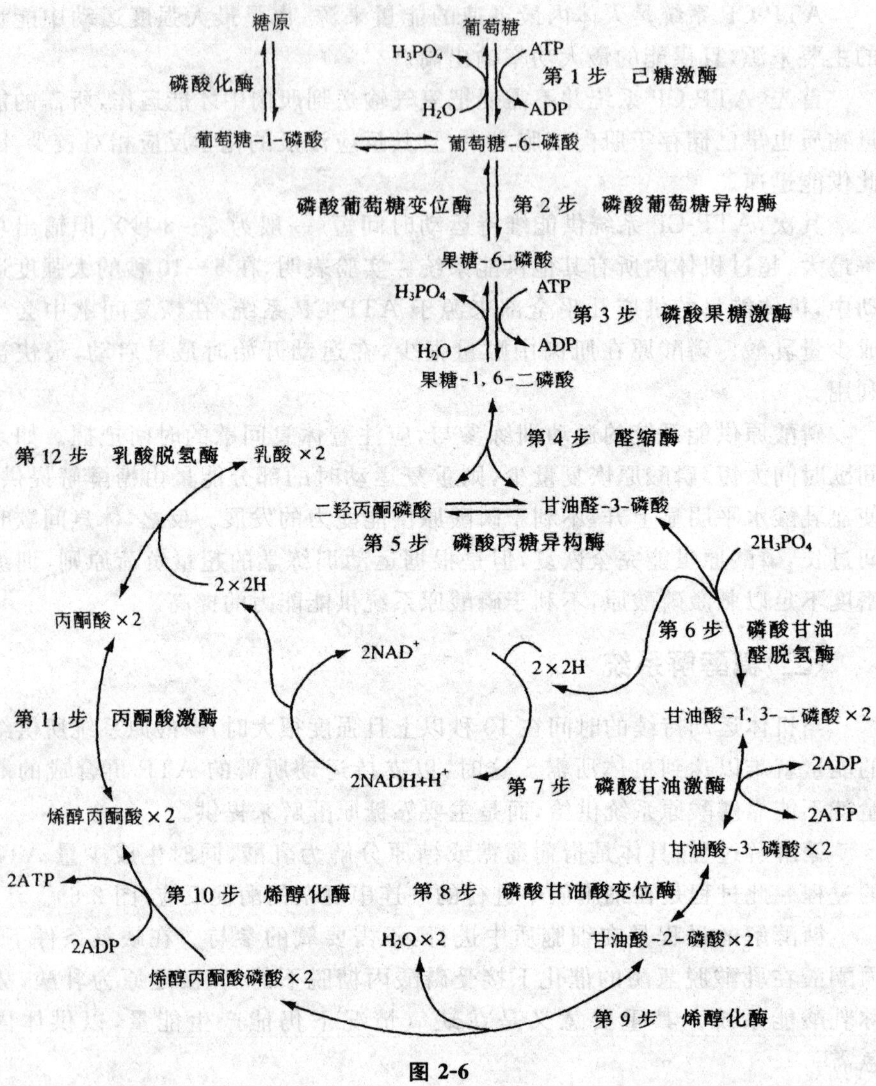

图 2-6

(三)有氧氧化系统

人体在参与运动的过程中，当氧的供应充足时，运动所需的 ATP 便主要由糖、脂肪的有氧氧化来供能。有氧氧化能提供大量的能量，从而能维持肌肉较长的工作时间，这种有氧氧化供能系统，即为有氧氧化系统。

1. 糖的有氧代谢

运动期间，当氧供应充足时，肌糖原或葡萄糖可被彻底氧化分解成

H_2O和CO_2,并释放大量能量的过程,这称为糖有氧代谢。一般地,1摩尔糖原可以被完全氧化成二氧化碳和水,并产生39摩尔ATP,其要消耗6摩尔(134.4升)的氧气。也就是说在有氧系统运作之下,以糖原作为燃料,每重新合成1摩尔ATP,人体便要摄取134.4÷39=3.45升的氧气。安静的时候可能要用10~15分钟,但剧烈运动只需要不到1分钟。糖有氧代谢可以简单表示如下。

$$\text{骨骼肌糖原或葡萄糖} \xrightarrow{\text{有氧氧化}} ATP + CO_2 + H_2O$$

2. 脂肪的有氧代谢

作为细胞燃料,人体内贮存的脂肪参与供能只能通过有氧代谢这一途径,有氧运动可有效达到燃烧脂肪的目的。在有氧系统运作之下,以脂肪作为燃料,每重新合成1摩尔ATP,人体便要摄取512.2÷130=3.96升的氧气,这比用糖原作为燃料时消耗多约15%的氧气。脂肪的有氧氧化过程可简单表示如下。

$$\text{脂肪} \xrightarrow{\text{有氧氧化}} ATP + CO_2 + H_2O$$

3. 蛋白质的有氧代谢

在长时间大强度运动中,人体内存在蛋白质降解和氨基酸参与供能的情况。但即使当食物中供糖不足或糖被大量消耗后,蛋白质供能也很少。蛋白质供能代谢不是人体运动所需能量的主要来源。

有氧氧化系统是人进行长时间耐力活动的主要耐力系统。有氧代谢能力和人体心肺功能有着密切的关系,是耐力素质的基础。而良好的耐力素质是运动训练员专项耐力提高的重要基础。

就机体运动参与的三大供能系统来说,运动过程中不可能只靠一个供能系统就能够完成的,而是需要两个甚至三个供能系统共同完成。每个供能系统都有其独特的特点和供能能力(表2-3)。要想使体育保健与康复的效果达到最佳,就必须充分、合理地利用好这三大供能系统,以实现不同运动时的主要供能系统的积极促进作用(图2-7)。

表2-3 三大供能系统的特点

供能系统	能源物质	输出功率	供能时间
ATP-CP系统	ATP、CP	最大	最大为6~8秒
糖酵解系统	肌糖原、血糖	约为ATP-CP系统的50%	30~60秒达最大, 可维持2~3分钟

续表

供能系统	能源物质	输出功率	供能时间
有氧氧化系统	肌糖原、血糖	约为糖酵解系统的 50%	1～2 小时
	脂肪	约为糖酵解系统的 20%	理论上无限

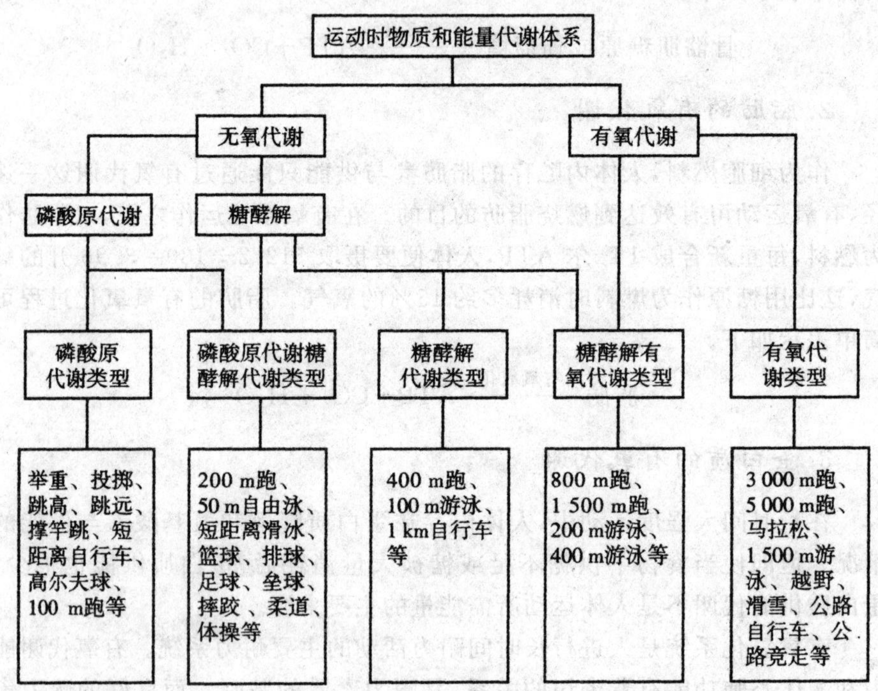

图 2-7

第三章　体育保健与康复的原理与方法

体育保健与康复已成为现代人生活、工作、学习，尤其是参与体育运动的重要环节，也是最为重要、具有实效的手段和方法。为了使体育保健和康复更加具有实效，帮助人们更好地保持健康状态，从伤病中得以快速康复，就必须要有一定的科学理论来进行指导。因此，本章就体育保健与康复的原理与方法进行研究。

第一节　体育保健与康复的机制与原理

一、体育保健与康复的机制

通过长时间的发展和经验积累，在各个领域中，我国体育保健与康复都形成了自身独特的理论体系和保健机制，其中，对“天人合一”的整体观念的确立便是其最大的特点，这一理念始终强调体育保健的改善人体机能和预防措施，并做到“防病于未然”。

（一）体育保健与康复的基本理论

1. 整体观

在我国古代，养生家和医家就提出了这样一种说法，即人体以脏腑为核心，通过经络联系着四肢百骸、五官七窍。人体的各器官、脏腑、系统都是紧密联系，相互依赖，并形成一个相对稳定的内部环境。人体经络的外在表现反映了脏腑的各种变化。此外，人体各器官、系统的变化又影响相应的脏腑。

2. 形神统一观

所谓的形神统一，就是指人们的形体与精神能够有机地结合起来，形成一个统一的整体。这里所指的“形”主要包括人体的一切组织器官；“神”则指人们的意识、精神和思想活动。一方面，形与神关系密切，完整统一，形是神的物质基础，神是形的机能体现。另一方面，神主宰形，人体生命存在的基本保证就是形神统一，精、气则是构成形体的基本物质。

3. 正气为主的发病观

通常所说的正气，是指人体生理活动正常并能够自我抵抗疾病和恢复健康的能力；而邪气是指能使人体致病的各种因素。中医认为正气决定疾病的发生，正气旺，则气血充盈，能够抵抗邪气的侵入，疾病就不会发生。因此，中医认为通过体育锻炼、养生保健、注意起居饮食能够调整精神活动，有效地防止疾病的发生。

4. 天人相应

自然环境的变化影响着人的变化，季节的不同、自然环境的差异及昼夜的变化，对人体都会产生重要的影响，如心理、病理、生理、生长、发育、衰老等。通过长期的生活，人们必须了解自然环境的变化规律，并适应这一规律来调节身体的各种技能，从而达到人与自然相互协调、统一，只有这样才能做到保健防病的目的。

5. 阴阳协调

阴阳学说认为一切生命活动与现象，都由阴阳两个方面构成。在人的生命活动中，阴阳双方在人体内通过互为消长来保持动态的相对平衡，从而维持生命活动的正常进行。阴阳相互依存，相互转化，缺一不可，任何一方虚损到一定程度就会导致另一方的不足，即所谓“阳损及阴”或“阴损及阳”。①

（二）体育保健与康复的基本作用

1. 注意科学饮食

(1)人体需要不同种类的营养物质来维持正常的生理功能和生长发育。因此，要对食物进行合理的搭配，这样才能气血以流，骨正筋柔，腠理以密，五脏功能达到平衡。反之，则会导致脏腑功能失调。此外，人的身体素质各不相同，在搭配食物上要注意因人而异，只有根据自己的体质选用食品才能达到健康长寿的目的。

(2)科学饮食对体育保健具有重要的作用，要有合理的饮食时间和规

① 唐健. 大学体育理论与方法教程[M]. 南京：东南大学出版社，2008.

律。做到先渴而饮，先饥而食，细嚼慢咽。反之，则会损伤脾胃功能。每日三餐的间隔应保持在5小时左右。

(3)合理烹调，注意饮食卫生，充分利用食物中的营养，避免营养丢失，增强食欲，有利于胃肠的吸收。要注意饮食卫生，不吃变味、变色、腐败的食物，这样才能血脉通畅，骨正筋柔，健康长寿。

2.起居有常

有规律的生活方式，叫作起居有常，主要包括适宜环境、四时起居、衣着舒适和定时作息四个方面。我国体育保健十分注重养成良好的生活规律，因为它是保养正气、防御外邪、祛病延年的重要方法。

(1)根据气候的变化，合理调节起居

春季早起散步或慢跑；夏季宜晚睡、早起，适当地接受阳光照射；秋季宜早睡、晚起，冬季亦是如此。此外，还应注意春防风寒，夏避烈日，秋防雨露，冬天莫触霜雪等。

(2)合理的作息时间

根据生活中的具体情况，如自身条件、周围环境及工作情况等，合理安排作息时间，同时做到持之以恒，坚持不懈，以养成良好的生活习惯。衣着舒适的同时要注意以下几点。

①冷暖适宜。根据气候的变化，调节衣物，如暑日不可太薄，寒时不可极厚，春天穿得暖些，秋天微感凉意为佳。

②清洁卫生。要勤洗澡，勤洗被褥、卧具，勤换内衣等；大量出汗后要及时换衣并沐浴。

③穿着适体。人的衣着要根据机体生理变化的要求设计，而不应新颖、奇特；衣服应以宽松、适合为宜；内衣应柔软，吸水性强。

(3)人体适应环境的动态平衡理论与方法

人与外部环境相互协调、统一，才能维持正常的生命活动。我国体育保健中就认识到环境气候对人体健康的重要影响，其中就有专门研究人与自然环境的关系。

掌握自然界的变化规律，有助于人们顺应自然、适应自然。对人而言，自然环境的变化主要以气候变化为主，人体生理功能的自我调节能够适应气候变化规律，才能更好地生存下去。

人体的绝大部分细胞生存在细胞外液之中，并与外界隔离，人体主要靠细胞外液进行营养物质的吸收、排泄，并维持正常的生理心理活动。人的有机体对内外环境的适应性决定了人体能否适应周围环境，环境的变化影响机体变化，机体内的环境变化又以外界环境的变化为转移。

二、体育保健与康复的原理

(一)对身体机能进行调节

通过“松”和“静”调节精神,提高机体的调整功能和抗病能力。我国医学强调锻炼时要做到“恬淡虚无”,即排除杂念、专一放松。这不仅使肌肉放松,而且可以使肌肉进入大脑皮层的冲动减少,使人体处于一种“松弛反应状态”,达到改善生理功能的效果。例如,高血压的流行病学认为,紧张状态可影响一些生理指标,环境的压力使肌体在行为上不得不连续调整而导致所谓“应激反应”,使骨骼肌血流增加、血压升高、心率和呼吸加快。而“松弛反应”正相反,它使交感神经系统活动性减弱,动脉血乳酸含量降低,代谢速率下降,肾素活动性下降,有利于患者康复。同样,体育保健锻炼可以使人感到心情舒畅、消除消极情绪、脱离病态心理,对中枢神经系统、呼吸系统、消化系统和心血管系统都有明显的调节作用。①

(二)扶正祛邪

我国医学对健康的认识,贯穿着以“正气”为本的论点。就是说疾病的发生不仅取决于病邪,而且取决于人体抵抗病邪、维持健康的能力。

体育保健就是锻炼人体的正气,提高人体抵抗病邪的能力,促进健康身体的发展。这里的“气”有两种含义:一是指构成人体和维持人体生命活动的精微物质,如水谷之气、呼吸之气等;二是指脏腑组织的生理机能,如脏腑之气、经络之气等。两者紧密相连,前者是后者的物质基础,后者为前者的功能表现。

体育保健根据这一观点,通过体育锻炼扶正祛邪,使人体脏腑协调、血脉流通,代谢正常,使身体更加健康。

(三)疏通经络

经络阻滞同样会导致疾病的发生。据观察,经络不通、气血不调者,其肢体两侧的体温差异很大。锻炼后,其差别明显减小,并趋于稳定。再经过较长时间的体育锻炼,对调节体内气血运行有很大帮助。

由于血液会主动再分配,出现微循环改善、末梢血管扩张、组织血流量增加、局部温度升高等现象。用热成像仪观察,锻炼时气到之处,亮度明显,

① 唐健.大学体育理论与方法教程[M].南京:东南大学出版社,2008.

其亮点并随意念的移动而移动。

测试局部温度时，锻炼前后的温差在 2℃～4℃。意到、气到的部位，其区域性血流量也增加 30%左右。同时，测出血浆内的多巴胺和 B－羟化酶的活性降低，嗜酸粒细胞有所增加，白细胞吞噬能力提高，红细胞和血红蛋白有所增长，血浆皮质素分泌量减少一半。

由此可看出，体育保健具有调和气血、疏通经络、防病、治病的功效。

（四）延年益寿

据测定，体育保健锻炼后血浆中催乳激素浓度增加，这意味着作为中枢介质的多巴胺活性降低。因此，锻炼者会感到安宁、轻松。另外，血浆皮质素的减少意味着人体免疫系统功能增强，衰老过程变慢。因此，体育保健锻炼有预防疾病、延年益寿的作用。

（五）平衡阴阳

我国医学认为，疾病的发生主要是阴阳平衡所导致。我国体育保健主要通过“抑亢扶弱”的双调制效应来实现阴阳平衡。实验证明，体育锻炼者，在安静状态时，交感神经兴奋强度减弱，机体代谢降低，高反应状态得以纠正，亢强的功能得到调整，这都是气功抑阳扶阴作用的表现。

反之，肾阳虚者，练功后出现四肢由厥冷变暖，尿酮类固醇恢复到正常水平，血浆内环腺苷酸、三磷酸腺苷含量增加，白细胞吞噬能力增强等变化，都是补阳作用的体现。这种作用可以在不同层次水平上表现出来，这就是体育保健治病、保健的机制所在。

第二节　体育保健与康复的内容与选择

一、体育保健与康复的内容

（一）身体锻炼

1. 健身运动

健身运动是指健康者、体弱但无病者为了强健身体而从事的一切身体锻炼活动。运动者通过健身运动的练习，能增强机体各个器官、各个系统的机能，提高各项身体素质水平，增强运动能力。

在健身运动实践中，运动者可根据自身的年龄、性别、爱好、身体素质水平等选择合适的身体锻炼手段，任何一项竞技体育项目或日常生活中有锻炼价值的动作都可以作为身体锻炼手段。

2. 健美运动

健美运动是指运动者在健身的基础上，为了提高身体的美感而进行的一切身体锻炼活动。运动者通过健美运动的练习，能形成良好的体型和姿态。

在健美运动实践中，运动者应结合自己的健美目标有针对性地进行锻炼。例如，如果是为了发展肌肉力量，可进行举重和器械体操的练习；如果是为了养成端庄优美的体姿，提高肢体的协调性和身体运动的韵律感，可进行健美操、艺术体操和舞蹈等的练习。

（二）医疗体育

医疗体育又称“康复体育”，是指病患者为了治愈某些疾病而进行的身体锻炼。一般包括动作轻缓、负荷较小的散步、慢跑、气功、太极拳、保健操、按摩等运动形式。

病患者在进行医疗体育运动时，应结合自己的疾病性质采取相应的医疗运动方式。为了提高机体的康复效果、缩短疗程，病患者可在医生和教练员的指导下配合药物治疗，按照一定的运动处方进行锻炼。

（三）娱乐体育

娱乐体育是指为丰富生活、调节情绪、欢度余暇而进行的体育活动。娱乐体育的根本目的是消遣、欢乐、放松，娱乐体育运动内容的选择主要以运动者个人爱好为依据，运动者和运动者之间存在个体差异性较大。任何一种运动形式都有可能作为娱乐运动项目。

（四）矫正体育

矫正体育是指可弥补身体缺陷或克服机体功能障碍的身体锻炼。矫正体育的内容比较丰富，运动形式也多种多样，但都是针对运动者身体的特殊性而专门开展和安排的身体锻炼。例如，轻度驼背进行的脊柱弯曲矫正操，近视眼患者进行的眼保健操等。

（五）防卫体育

防卫体育是指为提高防身和应变能力而进行的身体锻炼。防卫体育具有健身性强、实用性强和对抗性强的特点。主要包括摔跤、拳术、擒拿等运动，另外，攀登、爬越和练习个体反应、灵敏的专门练习也可以作为防卫体育的辅助练习。

二、体育保健与康复内容的选择

（一）体育保健与康复内容选择的依据

1. 体育保健与康复运动的目标

体育保健与康复以各种身体运动动作作为基本手段，在运动实践中重视与自然环境因素的配合和环境卫生的实施，目的是发展运动者的身体素质，增强其体质、增进其身心健康的全面发展。

在进行体育保健与康复活动中，运动者应重视锻炼身体的实效性，运动形式和锻炼方法的选择都应该为提高运动者的生理和心理健康水平服务。任何不利于运动者的身心健康发展的活动都是不符合运动者的体育保健与康复内容。

2. 运动者身心发展规律

和一般的身体锻炼活动不同，体育保健与康复通过体育工作计划、体育保健与康复运动目标、体育保健与康复活动形式等有针对性地、有计划地改善不同年龄、性别、身体状况等运动者的身心发展状况，促进其生理和心理的发展。因此，体育保健与康复内容的选择必须符合运动者的身体生长和心理发展的特点和规律。

3. 有利于运动者心智发展

生理健康和心理健康是相辅相成、互为依托的。运动者进行体育保健与康复的主要目的是促进生理运动水平的提高，但应同样重视在运动中培养自己良好的道德品德、优秀的意志品质、正确的行为规范和健康的审美观，在运动中强调体育、德育、智育、美育的协调一致发展。

体育保健与康复运动项目应不仅仅促进运动者的姿态美和形体美，还要促进运动者的心灵美。具体来说，美的心灵、美的情操可以通过外在的行为表现出来。通过体育保健与康复运动的健身练习，应使“外在美”与“内在美”很好地统一起来，实现人的和谐发展。

(二)体育保健与康复内容选择的要求

1.目的性

明确目的和端正态度是运动者稳定而持久地进行体育保健与康复活动健身的前提,运动者进行身体锻炼前必须有明确的健身目的。

首先,运动者应结合自身情况确定锻炼目的,认真考虑进行体育保健与康复的直接目的和间接目的,并通过在运动实践中坚持锻炼,实现直接目的与间接目的的统一。例如,运动者进行体育保健与康复活动的目的是为了治疗自身的慢性疾病,就应该从医疗价值较高的体育项目中寻求锻炼方法,然后再考虑如何通过身体锻炼促进身体的进一步健壮。

其次,运动者的锻炼目的应重点突出,尽量细化。目的过于抽象化不利于运动者制订有针对性的运动计划。例如,运动者只单纯地讲健身,其对锻炼内容的选择就有很大的随意性;而如果运动者着重于发展身体的某项素质,那么锻炼内容的选择就会有的放矢。

2.实效性

运动者在选择锻炼内容时,要注意体育保健与康复项目的特点、作用和实际价值,不要追求表面的欣赏性。

首先,运动者应从实际出发选择锻炼内容,使体育保健与康复活动内容尽量符合自己的年龄、性别、体质状况、体育基础等。

其次,运动者应在进行体育保健与康复活动的过程中,多渠道、多方式地调查研究,力争全面、及时、准确地了解和掌握自己的锻炼现状和锻炼效果。针对锻炼中遇到的各种问题及时发现、及时处理。同时不断丰富自己的体育保健与康复常识,提高运动保健效果。

3.可行性

运动者确定锻炼内容必须充分考虑到锻炼的客观环境状况和条件,例如,场地、设备、器材等实际情况。

首先,锻炼场地以就近为宜,尽量以运动者15分钟以内可到达为宜。

其次,锻炼器材应小型、轻便,便于携带为宜。

4.季节性

运动者在进行锻炼时应充分考虑该锻炼项目的练习是否有季节、气候的要求。采用季节性较强的项目进行身体锻炼时,应随着季节的变化合理安排。如夏季锻炼可选择游泳、足球运动，冬季锻炼可选择长跑、滑冰项目。

总之，运动者对体育保健与康复内容的选择应尽量科学化、系统化。对锻炼的内容不必一次确定，可结合实际情况进行适当的调整。另外，身体锻炼项目不一定是单一的，运动者可以在确定主项之外，适当选择其他活动形式辅助练习。

第三节　常用的体育保健与康复方法

体育保健与康复方法是运动者在一定的体育保健与康复学习环境中，按照一定的计划进行体育保健与康复实践活动的学习和练习方法，是运动者增强体质、改善心智的具体实施要求。

一、自学法

自学法是指运动者通过阅读、观察、比较和讨论的方式，学习体育卫生及保健知识，自学动作的方法。

（一）观察法

观察法是指运动者通过机体的感官对体育保健项目内容和动作进行有目的和有计划的感知，以初步建立起正确的动作概念和表象的方法。

观察是机体的一种有目的的感知，运动者在学习体育保健内容，尤其是动作时，应有意识地观察教师、教练员或优秀运动员的示范动作，观察动作的方向、运动路线和持续时间等。当然，运动者也可以通过图片、电视、电影、幻灯、录像等方式直观地观察对象，并在观察过程中明确观察目的和观察的重点，以提高观察效果。

（二）阅读法

阅读法是指运动者通过阅读和体育保健有关的报刊和书籍来丰富自己的体育基础理论和卫生保健知识，不断扩大知识领域，以更好地理解动作、指导动作学练的一种方法。

运动者在阅读体育保健类报刊、书籍时，应注意理论联系实际，重点领会动作要领与技术方法，掌握动作方向、动作路线、动作时间与动作的用力情况等，同时重视体育运动保健中一些保护措施和方法的学习。

(三)比较法和讨论法

比较法和讨论法是指运动者在体育保健运动的学习中就体育保健知识中的某一问题、某一方面,集中地有针对性地进行学习和对比学习,或与同伴、教师或教练进行交流和讨论。

比较法和讨论法适用于有一定体育保健运动基础的运动者,目的是强化对动作、技术的认识,了解动作表象背后一些本质性的东西。

二、自练法

自练法是运动者以自身的独立活动为主,有目的地通过模仿练习、适应练习、反馈练习、强化练习等方式练习体育保健运动项目的具体动作的实践操作活动和方法。

(一)适应练习法

适应练习法是指运动者通过再现性动作练习,使自身产生生理方面和心理方面的适应性变化,以更好地掌握体育保健运动动作的基本技术和技能的方法。

适应练习是运动者机体不断适应新动作、新技术、新技能并最终形成动作自动化的过程。运动者的适应练习必须建立在正确的生理定势和心理定势的基础之上。因此,运动者必须加强对体育保健运动的基本知识和动作要领的学习,在实践练习前形成正确的动作表象和概念,否则,一旦形成错误的动作就很难在以后的练习中纠正过来。运动者可以选择一些诱导性、辅助性练习,以不断提高自身的学习和适应能力,提高自身的运动实践能力,只有这样,才能取得良好的锻炼效果。

(二)模仿练习法

模仿练习法是指运动者模仿他人的演示动作来熟悉动作技术、技能的方法。

模仿练习是运动者学习动作技术、技能的最基本的途径和方法,是运动者对他人的动作行为所作出的直接反应和行动。

(三)反馈练习法

反馈练习法是指运动者为了了解与掌握动作模式与实际练习的目标差,并不断获取反馈信息,通过自我诊断和自我矫正,改进和提高动作技术、技能的方法。

反馈练习法的目的是在练习实践中及时预防、发现和纠正错误动作。运动者在练习实践中，应针对自己产生错误的原因进行分析，并选择有效的手段和措施及时进行纠正，以免形成错误的动作技术定型而影响对正确动作技术的掌握。此外，通过反馈信息的及时获得还能避免运动者在练习实践中因细微的错误而导致的伤害事故的发生。

（四）重复练习法

重复法是指运动者在体育保健运动过程中，多次重复同一练习以增加负荷的锻炼方法。

重复锻炼是锻炼身体、增强体质，为追求必要的负荷而去一次又一次地反复做动作的过程。关键应掌握好以下三点：首先，一次练习完毕后，间歇时间应当充分，以提高锻炼者的无氧、有氧混合代谢能力，提高技术应用的熟练性与机体的耐久性。其次，注意根据锻炼项目的不同特点和不同体质状况，随时加以调整，以免机械呆板和产生厌倦情绪。最后，掌握好负荷的有效价值范围（最有锻炼价值负荷量下的心率），并据此调节重复次数。在重复锻炼中，对负荷量的控制和重复方式应视实际情况而定。通常认为，运动者的负荷心率在130～170次/分钟的范围为宜。

一般地，重复次数越多，身体对运动反应就越大。如果重复次数持续增加可能使身体过度负荷而破坏有机体的正常状态而造成伤害。

（五）强化练习法

强化练习法是指运动者在反复练习的基础上，通过自我强化的手段创设难度较大的、复杂多变的练习条件和外部环境，以巩固和提高技术、技能，形成动作技巧的方法。

强化练习法的目的是使已经掌握的动作技术形成正确的动力定型和熟练的动作技巧。强化练习必须建立在强烈的学习动机的基础之上，同时，运动者必须具备较高的独立自主学习的能力和长期坚持练习的意志。

（六）间歇练习法

间歇练习法是指运动者严格要求动作结构、负荷强度、间歇时间，以使机体在不完全恢复状态下反复进行练习的方法。

运动学认为，人体体质的增强是在运动中实现的，体质内部增强的本质是机体是在休息的过程中获得了超量恢复。实践证实，间歇对增强体质的作用并不亚于运动本身，间歇时间内有机体的各种变化体现了保持同化优势的重要性。运动者在练习实践中，应依据负荷的有效价值标准来调节间歇，把负荷量调节到负荷有效价值范围之内。一般地，当负荷反应(心率)指标低于有效价值标准时，可缩短间歇时间；当负荷反应(心率)指标高于价值标准时，可延长间歇时间。当运动者的心率在 130 次/分钟左右时，就应再次开始锻炼。间歇期间应进行积极性的休息，可进行慢走、深呼吸、整理运动等放松肌肉和帮助机体的新陈代谢，避免静止休息。

(七)循环练习法

循环练习法是由几个不同的练习点(或作业站)共同组成的，运动者按照既定的顺序和路线，依次完成各个点的练习任务的方法。

练习过程中，运动者完成一个点上的练习任务后，应迅速转移到下一个点，完成下一个点的练习任务后，继续进行接下来的各个练习点的练习，直到完成各个点上的练习，就算完成了一次循环。运用循环锻炼法的关键是要按照全面性原则去搭配项目。即在练习中既要发展四肢，也要发展躯干；既要运动胸背部，又要运动腰腹部；既要追求身体形态的健美，也需重视机体各项素质的全面发展。

循环练习法对运动者的技术要求不高，选择的项目内容以较轻度的负荷练习为宜。另外，循环练习应建立在浓厚的兴趣基础之上，以充分调动练习者的积极性和主动性。在练习过程中，可针对实际情况对练习内容、练习负荷、练习点的顺序安排等进行适当的调整。

(八)连续练习法

连续练习法是指运动者进行的较为恒定的基本上无间歇活动时间或间歇时间很短的方法。

连续练习法的目的是为了增强体质，连续的作用在于持续负荷量，将负荷量维持在一定的水平上，使身体充分地受到运动的作用。在练习实践中，连续锻炼时间的长短应根据负荷价值有效范围而确定，实验表明，运动者在 140 次/分钟左右心率下连续锻炼 20～30 分钟可使机体的各个部位都持续获得充分的血液和氧的供应，可有效地发展机体的有氧代谢能力。

运动实践中，运动者进行连续锻炼时应选择一些比较容易操作的项目内容进行，也可选择运动者本身较为熟悉的项目内容进行，切忌强负荷、大运动量的长时间持续运动，以免造成身体不适或机体损伤。此外，连续、间歇、重复都是在同一锻炼过程中实现的，三种锻炼方法可结合起来使用。

(九)负重练习法

负重练习法是指运动者使用杠铃、哑铃、沙袋等重物辅助身体进行锻炼来增强体质的方法。

负重练习法在体育保健运动中被广泛采用，它既可以用于增强普通健身者的体质而使其身体得到锻炼，又适用于各类专业运动员进行专项身体训练，还适用于身体疾患者的康复练习。

运动者的负重应结合机体的承受标准和计划运动持续时间来综合确定。一般地，以增强体质为目的的负重练习，应采用机体最大摄氧量和最大心排血量以下的负荷，以免负荷过大而对运动者的心血管和呼吸系统带来不良的影响。

（十）变换练习法

变换练习法是指运动者通过不断变换运动负荷、运动形式、运动内容、运动条件等，以提高自身的积极性、适应性及应变能力的方法。

变换练习法可通过对运动者的练习内容、练习时间、动作速率等提出新的要求，来有效地调节其生理负荷，提高其锻炼的兴奋性，强化其锻炼意识，克服锻炼过程中产生的疲劳和厌倦情绪，不断提高锻炼效果。

变换练习法应结合不同运动者的具体情况进行合理安排，做到因人而异。例如，运动者刚参加锻炼时，可多做些诱导性练习和辅助性练习，提高运动者的兴奋性，激发其运动兴趣；锻炼一段时间后，可加大练习的难度以给予运动者机体新的刺激，提高机体对负荷的承受能力，使机体不断产生适应性变化，逐渐提高其运动水平和锻炼效果。

三、评价法

评价法是指运动者在体育保健实践中，通过对学、练行为价值的评定和判断，及时对锻炼情况进行控制与调节的方法。它是运动者在评价和自我评价的基础上不断提高锻炼效果的重要途径，主要包括以下几种。

（一）目标评价法

目标评价法是在运动者的体育保健实践中，他人或运动者自己对学习情况、锻炼目标、自我监督意识、实施目标的意志与行为等进行评价，并对运动者的练习实践提出具体的改正措施和改进方向的方法。

目标评价法能为运动者的锻炼提供一个正确的方向，同时便于运动者发现练习实践中存在的具体问题和自己与目标行为之间的差距，使运动者积极、主动、有效、有针对性地进行锻炼。

（二）负荷评价法

负荷评价法是指在运动者的体育保健实践中，他人或运动者自己结合人体生理机能和心理状态变化的规律，对运动生理负荷和心理负荷进行评价，并对运动者的练习实践提出具体的改正措施和改进方向的方法。

生理负荷和心理负荷是影响运动者体育保健运动的重要因素，是评价其体育保健效果和质量的重要标准，直接影响运动者学习体育保健知识、技术、技能的效果，关乎运动者的身体健康和身体素质水平。因此，合理安排运动负荷是运动者在体育保健运动实践中首先需要考虑和解决的问题。

（三）动作评价法

动作评价法是指在运动者的体育保健实践中，他人或运动者自己对动作的质量和成绩进行评价的方法，并对运动者的练习实践提出具体的改正措施和改进方向的方法。

动作评价法能帮助运动者认真审视自己的动作行为方式和特点，并通过他人或自身的思维活动正确地认识自身特点，理解动作技术、技能的结构、要领、特征、要素和注意事项等，对运动者发现新颖独特并具有理论与实践指导意义的体育保健知识和技术非常有益，能有效地发展运动者的身体素质和运动能力，使其终身受益。

（四）效果评价法

效果评价法是指在运动者的体育保健实践中，他人或运动者自己通过一定的检测手段（如测验、考核、达标与技评等）来评价运动者的体育知识、动作技术、体能发展和一般健康水平，并对运动者的练习实践提出具体的改正措施和改进方向的方法。

运动者在体育保健实践中，应根据教师或教练员的具体教学情况，掌握一些自我测试、自我检查的知识与方法。在锻炼过程中对自己或同伴的身高、体重、围度、脉搏、血压等进行简单地测量，通过测量所得的信息，进行定量化的自我评价和相互评价。

运动者针对定量化的评价结果，应及时调整自己的运动负荷、运动时间、运动量等，同时注重对锻炼过程中安全问题的防范，预防并尽可能杜绝因场地、器材、设施、服装等方面原因而导致的运动损伤和伤害事故的发生，学会自我保护和相互保护。

四、自然力法

自然力法是指运动者充分利用大自然的各种因素，如日光、空气、水等的作用来锻炼身体的方法，该方法能有效提高运动者对大自然各种环境的适应能力和对疾病的抵抗能力。下面重点介绍水浴和日光浴。

（一）水浴

水浴有热水浴、冷水浴和温水浴三种。热水浴和温水浴能消除疲劳，清洁皮肤。下面重点介绍冷水浴。

1. 冷水浴的作用

（1）冷水浴能锻炼人体的血管、心肺功能，使之适应外界温度的变化，能预防感冒，提高身体抵御寒冷刺激的能力。

（2）冷水浴可提高神经系统对皮肤血管的反应，使身体习惯于外界低温的刺激，使皮肤血管能迅速适应外界温度的骤然变化。

（3）冷水浴能刺激提高中枢神经的紧张性，引起兴奋，减轻或消除大脑皮层的抑制过程，可改善精神萎靡、情绪抑郁、疲倦欲睡的神经衰弱（抑制型）患者的情绪。

2. 冷水浴的适用症

冷水浴可以治疗以下常见疾病：神经官能症；习惯性便秘；新陈代谢疾患；肺结核（稳定期，机能代偿良好者）等。

3. 冷水浴的注意事项

（1）发烧、各种急性亚急性疾患以及严重心脏病患者不宜进行冷水浴。

（2）空腹或饭后不宜立即冷水浴（可饭后 1 小时沐浴或浴后 20 分钟进餐）。

（3）激烈运动后皮肤有汗时须先消汗，待脉搏呼吸平定后再进行冷水浴。

（4）冷水浴前一定要认真做好徒手操、跑步等热身活动，使身体发热。

（5）进行冷水浴时最好先做擦浴和冲浴，经过一个时期的过渡和适应后，再转为淋浴或盆浴。

（6）冷水浴的水温和时间应因人因地而异。水温愈低持续时间应越短，一般应在 30 秒～5 分钟，以不出现嘴唇青紫和寒战为准。

（7）初次洗冷水浴，最好选择温暖的季节，之后过渡到全年。

（8）经常洗冷水浴的人，要注意加强医务监督。

（二）日光浴

日光浴俗称“晒太阳”，一般多在海滨、游泳场、庭院、阳台上裸露部分身体或全身照射，时间最好在一天中的上午 9～12 时或下午 4～6 时进行，随地区、季节不同可进行适当的调整，气温最好在 18℃～30℃。行浴时身体各部分晒的时间基本相等。

1. 日光浴的作用

(1)阳光中的红外线能够刺激脑的兴奋过程，可锻炼中枢神经系统，使皮肤和皮下组织产热，活跃各器官的机能，促进新陈代谢。

(2)阳光中的紫外线不仅有杀菌作用，还能促进体内维生素 D 的合成，保证钙、磷的正常代谢，促进骨骼生长，提高免疫力。

(3)日光浴能使身体适应外界高温，抵抗过热的刺激，提高耐热能力。

(4)日光浴可影响心脏、血液和淋巴液的活动，增加心脏每搏输出量。

(5)日光浴能使呼吸加深，提高肺通气量和机体对氧的利用率。

(6)局部日光浴可改善病理过程、缓解疼痛。

2. 日光浴的适用症

日光浴可以治疗以下常见疾病：肺结核；关节炎（风湿性、类风湿性关节炎）；神经官能症（偏于抑制型）；心血管系统疾病；慢性肠炎；佝偻病等。

3. 日光浴的注意事项

(1)各种急性或亚急性的疾患者应禁忌日光浴。

(2)空腹或饱腹、过度疲劳、情绪低落、妇女经期及产后一月内不宜进行日光浴。

(3)关节疾病、肌痛者，照射时只露出伤痛部位，其余部位应遮盖。

(4)体质弱的人应先晒身体某一部分，再逐步增加照射范围。

(5)日光浴的时间要循序渐进，最多不超过 2 个小时；长时间照射中，要间歇几次，到阴凉地方休息几分钟。根据个人体质而定。

(6)日光浴时用帽子遮住头部，戴墨镜保护眼睛。

(7)日光浴时不要睡觉、看报或抽烟，若出现头疼、皮肤潮红、有烧灼感、瘙痒、恶心等症状应立即停止。

(8)日光浴后如出现头痛、失眠、心跳亢进、消化不良、体重持续下降等状况应休息数天或减少照射时间。

第四章　体育运动卫生与保健系统的建立

体育运动保健与康复系统包含着非常丰富的内容，其中卫生和保健系统是最为基础的一个系统，具有非常重要的作用和地位，其能够为体育运动的顺利进行奠定坚实的安全和卫生基础。因此，建立体育运动卫生与保健系统是非常重要且必要的。本章主要从加强运动环境卫生管理、保持个人运动卫生、做好传染病的预防以及运动医疗保障工作几个方面入手，来做好体育运动卫生与保健系统的建立工作。

第一节　加强运动环境卫生管理

环境是人类和生物赖以生存的地方，是以人类为中心的所有客观外界条件的总和。通常情况下，环境是由两个部分构成的，一个是自然环境，一个是社会环境，两者紧密联系，相互影响，共同作用于人体。

环境和人类是相互对立又相互制约、相互依存又相互转化的，环境既是人类生长发育所必需的物质和能量的来源，又是一切感觉、反射活动的源泉，还是新陈代谢产物和废弃物的净化场所。具体来说，一方面，人类通过调节自身以适应不断变化的外界环境；另一方面，人类的生活、生产活动也不断地改造环境，创造有利于自身生存和发展的环境条件。

一、运动环境对人体健康及运动能力的影响

运动环境是多种多样的，一般地，可以大致分为三个较为典型的类型，即冷环境、热环境以及高原环境。在不同的运动环境中进行体育运动锻炼，会受到不同的影响。下面就对这三种类型运动环境对人体健康和运动能力方面的影响加以分析。

（一）冷环境的影响

一般来说，气温在0℃以下就会被成为是冷环境，人们之所以能在寒冷的环境中劳动和生活，除了必要的衣着保护外，更重要的是依赖于自身的调节和适应能力。坚持在冷环境中运动，能够使人体对寒冷的适应能力得到

改善，耐寒力有所提高，同时，这对于进一步加强身体各系统机能也是有所助益的。

1. 机体对冷环境的适应

从相关的研究中可以发现，人处在较冷气温中几个星期后，寒战发生推迟，冷适应的人可以增加非寒战产热过程以保证产热，使寒战减轻。非寒战产热过程主要来自人体棕色脂肪组织产热和运动产热。在朝鲜和日本南部生活的一些妇女，冬季，她们能在约 10℃ 的冰冷海水中潜水作业数小时。有人作过研究，她们的代谢能力要比生活在同一地区的其他妇女高 25% 左右。

2. 寒冷环境中运动能力的变化

在寒冷环境中进行体育活动会因外周血管的舒张降低身体对寒冷的绝缘能力，但是，运动中旺盛的新陈代谢率会使体内产热量增加，仍然能够保持与热平衡的相适应。如果是在温度较低的水中游泳或潜水，尽管运动中代谢产热量增加，但仍可能低于身体热量的散失。长距离项目的游泳运动员一般都具有较高的体脂百分比，使得在长时间游泳时的散热速率减慢。经常在冷环境中进行体育运动锻炼，能够使人体对寒冷的适应速度提升，适应能力也会有所提高。

3. 在寒冷环境中运动时的疾病预防

如果长时间暴露在寒冷的环境中，低温的刺激会使机体发生损伤。一般分为局部性损伤（或称冻伤）和全身性损伤（或称冻僵）。在冬季或在寒冷地区运动的人应该十分注意机体的保暖，运动前增加热身活动可以提高机体的新陈代谢能力，使机体作好抵御寒冷的准备。

（二）热环境的影响

环境温度对运动能力的影响主要从两个相矛盾的方面得到体现：一方面，是需要充分的血液供应以保证肌肉代谢所需；另一方面，代谢产生的热又必须尽快通过血液从深部组织传递到皮肤表面散热，这样一来又无法满足收缩中的肌肉对氧的需求。

具体来说，热环境对人体健康及运动能力的影响主要表现在以下两个方面。

1. 体温调节与热适应

在高温与热辐射的长期反复作用下,人体会在一定限度内逐渐产生对这种特殊环境的适应,主要表现在体温调节、水盐代谢和心血管机能方面的改善。热适应锻炼所需的时间与锻炼的强度和气候条件有关,一般需 5～7 天。

2. 热环境中运动能力的变化

人体从事体育运动时的最佳体温是 37.2℃,骨骼肌的温度是 38.12℃。在温度适宜的环境中从事体力工作,体温会因体内产热量增加升高达 40℃,剧烈运动时可能还要高。因此,在高气温、热辐射、高温度的环境条件下长时间剧烈运动,由于体表散热效率低易形成体内淤热而导致热疾患的产生。

3. 运动中的热疾患的有效预防

人体的热适应有一定的限度,如果超过适应能力的范围,可引起正常生理机能的紊乱,造成运动热疾患的发生。为了使这种情况的发生得到有效避免,要求在热环境中进行体育锻炼时,应尽量选择在早上和傍晚较凉爽的时候进行,并安排有规律的饮水和休息时间。

(三)高原环境的影响

高原环境作为一项非常特殊的运动环境,已经在运动锻炼中得到了较为广泛的运用,这与其特殊的影响有着不可分割的密切联系。具体来说,可以从以下几个方面得到体现。

1. 不同海拔高度对人体的氧运输能力产生不同的影响

在高原,人体被迫处于一种低气压、低氧分压的特殊缺氧环境中,大气环境中氧气的密度或氧分压会随海拔高度的上升所导致的大气压下降而下降。一般的人在海拔 2 000 米以上时,由于缺氧可能会出现轻微的视觉症状,3 000～4 000 米以上呼吸频率及心率加快及头痛、眩晕等缺氧症状就表现出来,4 000～5 000 米以上则必须供氧才能保证安全,7 000～8 000 米如果不供氧,大部分人将出现异常病理症状,久之甚至会危及生命。

2. 高原适应——人体对缺氧环境的生理适应

相较于世居高原的人来说,平原人初上高原,经数周或数月的高山适应,机体对特殊环境会产生迅速的调节反应,使对缺氧的耐受能力得到有效提升,这一过程就是所谓的高山或高原适应。

人体对高原环境产生的调节、适应,包括了由环境氧至细胞线粒体的氧运输系统的各个环节。适应中,脑、心和骨骼肌等组织器官和毛细血管网密度增加,肌肉内有氧代谢的供能站——线粒体及有氧代谢酶的活性增加,这就使机体氧的运输和利用能力得到非常大的提升,从而部分代偿了环境缺氧。

3. 高原环境下运动能力的变化

即使是在海拔较低的高山地区,机体对缺氧的调节与适应并不能完全代偿环境的缺氧,高原环境下运动时更是如此。适应一周后,人体运动时受最大心率和心脏搏出血量的影响,最大心输出量降低。因此,在高原或高山进行有氧运动,如高山滑雪或越野滑雪,应适当降低运动强度,否则,运动中的能量供应将由无氧酵解形式取代,极易引起疲劳。

4. 在高原环境进行运动锻炼需要注意的医学问题

虽然人体能对缺氧环境产生迅速的应激反应,但多数平原人在上高原的头几天会出现急性高山病,主要症状有精神倦怠、头痛、恶心、呕吐、虚脱、睡眠紊乱和呼吸困难等,有的甚至出现充血性心力衰竭。

对进入高原的体育爱好者,事先应做 X 射线胸透、心电图、血象和血压等医学检查,异常者以不进入高原为宜。在实施高原运动计划前,有针对性地进行一些适应性锻炼,对尽快适应高原环境无疑是一种积极有效的预防措施。

二、运动建筑设备卫生

运动建筑设备卫生对于体育运动也是非常重要的,具体来说,要做到相应的一些基本要求,同时,还要了解运动建筑设备卫生所涉及的范围和内容。

(一)运动建筑设备的一般卫生要求

对于运动建筑设备来说,需要具备的基本卫生要求主要有以下几个方面。

1. 基地选择及坐落方向方面的要求

体育建筑的基地选择应避开空气、土质污染和噪声较严重的地区,选择地势稍高，且土质颗粒较大、通透性好的地方。

室内体育建筑要充分利用日照，一般应坐北朝南，或偏向东南、西南，使建筑物的长轴尽量与赤道平行。室外运动场的方位最好是正南北方向，即运动场的长轴与子午线平行，避免阳光的直射炫目。

2. 采光与照明方面的要求

良好的采光与照明，除了有利于体育活动的进行外，还具有保护体育运动参加者的视力、杀菌、预防疾病和调节室温等积极作用。采光照明可分为自然采光和人工照明两类。

自然采光利用日光作为光源的称为自然采光，体育馆都应有足够的自然采光。一般以采光系数作为自然采光的评定指标。采光系数即建筑物窗门面积与室内地面积之比，系数越大，光线越好。对运动建筑物来说，系数的标准应为1∶3～1∶5。

$$\text{采光系数}=\frac{\text{窗门面积}}{\text{室内地面积}}\times 100\%$$

人工照明的卫生要求，首先是注意照度充足，照度是指物体被照明的程度，用照度计测量，光照度的计量单位是勒克斯(LX)，室内光照度不能低于50 LX。

3. 采暖与降温方面的要求

室内运动建筑应保持适宜的温度，室内的适宜温度一般应控制在21℃左右。

采暖最常用的方法是蒸气和热水管道采暖。

室内降温的方法有自然通风、人工通风、冰块降温和空气调节等多种方式。

4. 通风方面的要求

通风是指更新室内的空气，室内运动建筑应有良好的通风设施。通风可分为自然通风和人工通风两种：自然通风是指通过门窗和气流作用，与外界进行的气体交换。人工通风是指使用机械手段促进气体的交换。

(二)运动建筑设备卫生的具体内容及要求

一般来说，运动建筑设备主要包括体育场馆和具体的运动场地，这里就对常见的一些运动建筑设备的卫生情况进行分析和说明。

1. 体育馆卫生及其要求

体育馆的大小应根据用途和卫生要求来设计。体育馆的地面应平坦、坚固、防滑和不炫目,以木质地板为好。体育馆的墙壁应无明显的棱角和突出部分,空调、暖气设备应尽可能地安装在墙内。

2. 田径场卫生及其要求

从总体上说,田径场的跑道应坚固,不怕雨水冲淋,并具有一定的弹性。跑道还应保持一定的湿度,且便于雨水向底层渗透,跑道的表面应平坦,无凹坑、碎石、浮土和其他杂物,不能太滑,以防运动者滑倒摔伤。在炎热的季节里应经常在跑道上洒水等。

具体来说,可以将田径场分为具体的跳跃场地、投掷区等方面,因此,其卫生方面的具体要求也会有所差别。

(1)跳跃场地的方位安排应合理,在助跑跳跃时,应能避免阳光耀眼,助跑场地应平坦、结实和富有弹性,起跳板与跑道应处于同一平面上。沙坑内沙子应松软,没有砖头、石块等硬物,在干燥的季节里不会起尘土。

(2)投掷区应有明确的划分,铅球和铁饼的练习区应设置保护网,投掷场地的助跑区应平坦、坚实而富有弹性。

(3)田径场地上所用到的器械应合乎规格,长度、高度和重量要符合不同年龄对象的需要,练习前应检查器械的安全性能,如跳高架是否结实,标枪杆有无裂纹等。

3. 球场卫生及其要求

不同球类运动的球场卫生及其要求也会存在着一定的差异性。比如,足球和篮球、排球运动的场地卫生要求就有所差别,具体如下。

足球场地应平坦,最好铺有草皮,草地上不应有石子、砖块、碎玻璃、铁钉等硬物。在炎热干燥的季节里,练习前 30～40 分钟应在场地上洒水。

篮球、排球场地地面应平坦、结实、无碎石和浮土,地面不宜过硬过滑,以减少震动和防止跌倒时摔伤。

4. 游泳池(场)卫生及其要求

对于游泳池的卫生要求是非常高的,具体可以从以下几个方面得到体现。

(1)池水卫生要求

池水卫生是游泳池(场)卫生的关键,池水卫生要求与饮用水基本相同。

(2)水质卫生要求

透明度水质要求清澈透底，无色透明，无臭无异味，不允许有藻类繁殖或肉眼可见的浮游生物。

(3)含菌程度要求

含菌程度各地区情况不同，可根据当地卫生防疫标准制定，如对大肠杆菌和杂菌数目应作出限制。

(4)余氯量要求

余氯量池水应保持适当的余氯量，其标准为任何一个采样点的余氯量都必须保持在0.2毫克/升～0.4毫克/升。

(5)pH值要求

池水的pH值应保持在7.2～8.0。

(6)池水温度要求

夏季应为22℃～26℃，对外开放的游泳池，池水温度可适当提高。

(7)换水要求

为了使池水达到以上要求，应经常换水、清洗和消毒泳池，换水的方式一般有全换式、流水式和循环式三种。

5.冰场卫生及其要求

如利用天然冰修建冰场，为确保安全，冰的厚度不得少于25厘米，人工冰场冰的厚度不得少于15厘米，冰场的表面应平坦、光洁、无裂纹。

6.轮滑场卫生及其要求

轮滑场的地面应平坦、光洁并无裂纹，场地表面应保持清洁，无碎石、纸屑和尘土，每次练习前应进行安全检查，以防意外事故的发生。

第二节　保持个人运动卫生

通常来说，运动卫生主要包括三个方面，即个人卫生、精神卫生和运动训练卫生。了解并研究运动卫生的基本内容及其与人体健康、体育锻炼效果之间的相互关系，对保护和增进体育运动参加者的身体健康、更好地指导各类体育运动参加者，尤其是培养青少年具有良好的个人卫生习惯、注意个人精神卫生和选择良好的锻炼环境的能力等方面具有重要意义。

具体来说，要想保持良好的个人运动卫生，需要做到以下三个方面的要求。

一、保持良好的个人卫生

个人卫生是体育卫生的重要组成部分。体育运动参加者的个人卫生状况,不仅对增进人体健康预防疾病具有重要意义,同时,还能对身体锻炼的效能起到积极的促进作用,使伤害事故得到有效的预防。

具体来说,保持良好的个人卫生,应该从以下几个方面着手。

(一)建立合理的生活制度

对一天内的睡眠、饮食、工作(或学习)、休息和体育锻炼等各项活动作出基本固定的时间安排,这就是所谓的生活制度。

人体的一切活动都是在大脑皮质的支配下进行的,大脑有关神经细胞建立有规律的活动秩序,这就是大脑皮质活动的“动力定型”。“动力定型”建立后,机体会在一定的时间内,对即将进行的活动在生理上作出准备。例如,有了定时进行体育活动的习惯,到了相应的时间,神经系统的兴奋性会增高,在神经体液的调节下,呼吸、循环系统以及机体的代谢能力也会随即加强,从而与体育活动的需要相适应。具体来说,要做到以下几个方面的要求。

1. 要使睡眠的质量得到保证

睡眠是人的一种生理需求,约占人生 1/3 的时间,皮质细胞中由于工作所消耗的能量物质可在睡眠中得到恢复。睡眠不足,可使大脑皮质工作能力下降,长期睡眠不足,可使大脑皮质细胞的功能失调,严重影响身体健康。

人每天应保证一定的睡眠时间,年龄越小,需要睡眠的时间也就越长。一般来说,成年人每天应有 8 小时的睡眠,中学生约需 9 小时,小学生则需 10 小时左右。身体活动量较大时,应适当增加睡眠时间。夏季,为补充夜晚睡眠的不足,最好有一定的午睡时间,睡眠时间充足,才能有效地提高人们的学习和工作效率。

2. 要养成良好的饮食卫生习惯

良好的饮食卫生习惯,对保证消化系统的正常生理活动和营养物质的吸收具有重要意义。对体育运动参加者来说,还应注意进餐与体育运动之间应有一定的时间间隔。

3. 要对工作(学习)和休息进行科学合理的安排

工作和学习是一天中最重要的活动,对此应作出科学的安排。成人每天的工作学习时间，应为 9 小时左右，中学生每天的学习时间约以 6 小时为宜，而小学生则应更少，因为过长的学习时间会对儿童少年的身心健康产生不良影响。因此，在学习和工作中，尤其要注意张弛有度、劳逸结合。

休息可分为安静性休息和活动性休息。安静性休息是指原地站立或坐卧不动的静态休息，活动性休息是指以身体主动运动来替代原来的工作或学习的动态休息，如散步、做操、打太极拳等。

4. 持之以恒地参与到体育锻炼中

体育锻炼是以增强体质为目的的身体活动过程，通过体育锻炼能促进机体的新陈代谢，增进身体健康。因此，在每天的生活中，应保证有一定的体育锻炼时间。儿童少年正处在生长发育时期，每天安排适当的体育活动，对促进他们的正常生长发育具有重要意义。

5. 经常性地参与到自然力锻炼中

自然力锻炼是指利用日光、空气和水等自然条件进行的一种身体锻炼。自然力锻炼对于提高机体对外界自然环境的适应能力和对疾病的抵御力有积极的作用。自然力锻炼还能增强中枢神经系统的调节功能，改善心血管、呼吸、皮肤等器官系统的功能，促进新陈代谢，从而达到增进人体健康的目的。

一般地，较为常见的自然力锻炼的方式和方法主要有以下几种，具体要根据实际情况和需要加以选择和锻炼。

(1)空气浴

空气浴主要是利用空气的温度、湿度、流速以及离子作用来刺激皮肤，反射性地引起体表血管的收缩和舒张，借以改善体温调节功能。

从事空气浴时，锻炼者应尽量裸露肢体或穿着较单薄的衣服在户外活动，也可与其他项目的锻炼结合起来，如裸露肢体在室外打球、跑步等。

(2)冷水浴

冷水浴主要是利用水的温度、压力和化学作用等进行身体锻炼的一种方式。冷水浴有提高神经系统的兴奋性，使呼吸加快、心脏搏动加强、体表血管收缩及加速人体物质代谢过程等作用。一般来说，冷水浴的基本方法主要有冷水擦身、冲淋和游淋等多种形式。

采用冷水浴要因人而异，且应有一个适应过程，一般经过一段时间的适应后，人在水中的兴奋状态和技术动作、活动能力都会趋向于正常。如果开始出现关节活动灵活性下降或有畏寒感觉时，即应结束冷水浴。

(3)日光浴

日光浴主要是利用日光光谱射线对机体的作用来增进身体健康的一种锻炼方法。紫外线有杀菌和预防佝偻病等作用。

在采用日光浴时，最好在毗邻江湖、海滨或郊外空气清新的地方进行，时间应根据日光强度来决定。在炎热的夏季，应安排在上午 7～10 时，下午 4～6 时进行，而在寒冷的冬季，则应选择在中午 11～14 时进行。进行日光浴的气温一般应在 18℃～32℃。在温暖的季节进行日光浴时，头部和眼睛应避免太阳的直射，身体其他部位应尽量裸露。日光浴后应在阴凉处休息一段时间后再进行冷水浴或其他运动。

(二)注意穿着要清洁、舒适、美观

人的穿着不仅仅是指服饰，还包括鞋帽等方面，它们对人体起着保暖和防止外界不良因素侵害的作用。平时的穿着应提倡舒适、清洁、美观和富有个性。

在进行体育运动时，对服装的要求主要为：舒适、松柔、透气性好和有利于运动能力发挥的服装。

在进行体育锻炼时，穿着的鞋子应轻便、柔软、富有弹性和具有良好的通风透气性能，并与运动项目的特点相符。

(三)做好皮肤和牙齿的保护工作

皮肤除了能保护机体免受外界侵害外，它还是一个感觉器官。皮肤里分布着丰富的神经末梢、大量的汗腺以及皮脂腺。当汗腺和皮脂腺的开口被封堵时，就有可能因细菌的繁殖发生疖肿和毛囊炎，所以，体育锻炼后应洗澡或擦身，以保持皮肤清洁。

牙齿间经常会留有食物残渣，因此餐后要用温水漱口，以保证口腔的卫生。

(四)做好视力的保护工作，有效预防近视

视力对人们的工作、学习和家庭生活都有重要的影响，注意用眼卫生，保持良好的视力是个人卫生中不可忽视的内容。尤其是重视保护学生的视力，对青少年一代的全面健康成长具有重要意义。

为了保护青少年的视力和预防近视眼的发生，应注意培养他们形成良好的用眼卫生习惯，如应经常参加体育锻炼，全面增强体质。读书写字时，姿势要端正，眼与书本的距离要保持在 30～35 厘米，并尽可能使书本平面与视线成直角。切勿躺着、走路和在摇晃的车厢里看书读报，避免在昏暗和

耀眼的光线下学习、阅读和书写，看电视时间不宜过长。实践证明，每天坚持做眼保健操，保持眼睛清洁，是保护视力的有效手段。

（五）不良的生活嗜好要严格禁止

一般来说，生活中的不良嗜好，主要是指吸烟和饮酒过度，这两种不良嗜好都会导致许多疾病的发生，对身体健康产生非常不利的影响。

1. 吸烟的危害

烟草中含有尼古丁（烟碱）、吡啶、烟焦油、一氧化碳等多种有毒物质，对人体健康危害很大。

(1)吸烟对人体机能产生的危害

吸烟对中枢神经系统虽有短暂的兴奋作用，但随后即产生持久性麻痹，扰乱大脑皮层兴奋与抑制过程的动力平衡，引起植物神经系统功能紊乱，久而出现神经过敏、记忆力减退、失眠、多梦等。

吸烟对呼吸道损害很大，烟尘刺激支气管上皮的杯状细胞，使其分泌增加而致多痰，并使气管、支气管纤毛摆动变慢或紊乱，从而破坏上呼吸道的正常防御功能，使呼吸道易感性增加，引起咽喉炎、气管炎、肺气肿、肺癌的发病率增高。

烟草中的烟碱刺激植物神经系统，引起血管痉挛、血流变慢，血压轻度升高，心率加快，甚至出现心律不齐，并能加速动脉粥样硬化的过程。烟草中的一氧化碳可削弱血红蛋白携带氧气的能力，致使组织缺氧，可导致冠状动脉功能不全的人诱发心绞痛。

烟碱能抑制胰酶的活性，减少消化液的分泌，改变胃液的酸碱度，扰乱幽门的正常活动，抑制胃肠蠕动。因此，吸烟者患慢性胃炎、胃和十二指肠溃疡病的比率比不吸烟者高数倍。同时，吸烟可刺激口腔黏膜，引起慢性炎症，甚至在腭、颊黏膜和舌等部发生白斑（烟斑），形成癌前病变式癌变。吸烟可使牙齿发黄、松动和短缺、脱落、舌苔厚腻，味觉减退。

(2)吸烟对孕妇和胎儿的影响

孕妇吸烟将会影响胎儿发育，使婴儿体重、体力、智力等发育水平均低于一般婴儿的平均水平。吸烟还可损害中耳，使听力下降。

从上述内容中可以看出，吸烟对人体健康的危害是多方面的，尤其对儿童、青少年的危害更大。因此，教育青少年养成不吸烟的良好习惯是非常重要且必要的。

2. 饮酒的危害

酒中含有会影响人体健康的酒精物质，酒精含量越高对人体的危害就越大。一般白酒的酒精含量为 40％～60％，葡萄酒、橘子酒含酒精 8％～12％，啤酒含酒精 3％～5％。经常饮用高度酒，会对人体的高级神经中枢、消化系统及心血管系统等产生极为不利的影响。

酒精首先对高级神经系统起麻痹作用，使神经抑制能力降低。

酒精对消化系统的不利影响也十分明显，它可直接刺激咽、食道和胃等器官，可引起咽炎及慢性胃炎等疾病，影响消化器官的功能。酒精可降低心肌的收缩力，影响心脏的正常功能。吸收到体内的酒精，90％由肝脏处理，研究发现，肝脏处理相当于一瓶啤酒的酒精需要 4 小时。

因此，大量饮酒会导致肝脏工作量加大，给肝脏造成沉重负担，并导致运动能力下降。

由此可以看出，吸烟和饮酒过度都会产生较大的危害，不利于人体健康，而如果吸烟和饮酒同时进行，对人体的危害就更大了，究其原因，主要是由于溶解在酒精中的烟碱和其他有害物质可以通过胃肠吸收而直接进入血液，影响心血管系统的功能。饮酒后血流速度加快，加快了有毒物质通过循环系统传递到身体各部位的过程。

因此，这就要求人们在日常生活中，要做到不吸烟，少饮酒，更要避免烟、酒同进的情况，养成良好的生活习惯，保证身体健康。

（六）做好精神卫生教育工作

不同年龄段的人们，其生理和心理特点都存在着一定的差异性，都具有他们各自的特殊性。因此，要想开展科学有效的精神卫生教育工作，就需要遵循针对性原则，具体如下。

1. 儿童期的精神卫生教育

儿童时期要对以下三个方面的精神卫生教育加以重视。

第一，人际关系的正确处理（与伙伴、同学、老师的关系）。

第二，学习成绩的问题（德、智、体、美、劳各方面的综合评价）。

第三，不良行为的纠正（偷窃、说谎、逃学等）。

2. 少年期的精神卫生教育

少年期是儿童期向青年期过渡的时期，在人的一生之中起着特殊的作用。少年期的精神卫生教育需要重点关注的问题主要有以下几个方面。

第一，开展青春期教育(应在女子月经初潮之前和男子首次遗精之前进行生理卫生知识教育)。

第二，正确发展独立性(既要充分发展其独立性和自觉性，又要克服其幼稚性、冲动性、依赖性)。

第三，适应新的学习环境(学习方法的转变、广泛的学习兴趣等)。

第四，处理好人际关系(与父母、亲友、同学、教师之间的关系)。

3. 青年期的精神卫生教育

青年时期是人的一生中体格最健壮，精力最充沛，思维最敏锐，感情最丰富的时期，这一时期需要做的精神卫生方面的教育需要对以下几个方面加以重视。

第一，对性成熟状态要有良好的适应(进行性知识教育)。

第二，解决好理想与现实的矛盾(既要树立远大理想，又要善于克服现实前进中所遇到的困难与挫折)。

第三，力戒酗酒、吸烟(加强酗酒、吸烟对身心健康危害的教育)。

4. 中年期的精神卫生教育

中年人承受的心理压力较大，主要在家庭方面(子女管教、升学、就业等)，婚姻方面(夫妻生活、婆媳关系、家庭成员之间的关系等)，人际关系(同事、亲友等)及其他方面(事业、工作、经济、健康等)得到体现。中年人在36～45岁阶段紧张程度达到高峰，相应健康水平有所降低，主要表现在躯体症状与强迫症。

5. 老年期的精神卫生教育

老年人健康水平受到很多方面因素的影响，其中，最主要的有：健康问题(丧偶、自己患病、亲友患病)，家庭问题(婆媳关系不和)，环境问题(环境突然改变，惊骇等)。老年人主要表现为衰老感、孤独感、失落感、求助感。重视中老年人精神卫生工作是卫生保健工作中的一个重要的新问题，这将是全社会应该高度重视的一个重要课题。

二、保持良好的精神卫生

(一)精神卫生的概念

精神卫生的本义，即保护精神(心理)健康。

新编大英百科全书认为："精神卫生就是用以维护精神健康和改进健康

的种种措施。”

较完整的精神卫生概念是:“维护和增进个体的精神健康水平,培养健全的人格,完善良好的社会适应能力以及防治心理障碍和心理疾病。”

(二)精神健康的标准

按照生物—心理—社会医学模式,躯体健康、心理健康、社会适应良好和道德健康这四方面都健康者,才算是真正的健康。心理因素除受躯体健康制约外,还与社会学、伦理学及行为科学互相渗透,精神健康的基本标准主要有以下几个方面。

1.智力正常

正常智力是人的观察力、注意力、想象力、思维力和实践活动能力的综合体现,智力正常是人正常生活的最基本的生理条件。

2.善于协调与控制情绪,保持良好的心境

良好心理健康者能经常保持愉快、开朗、自信和满足之心,善于从生活中寻求乐趣,对生活充满希望。同时,还应具有较好的自我控制力及适应环境的能力。

3.具有坚强的意志品质

意志是人意识能动性的集中体现,是个性重要的精神支柱。健康的意志有以下特点:目的明确合理、自觉性高,善于分析情况。果断,有毅力,心理承受力强。自制力好,不放纵任性。

4.具有和谐的人际关系

个体的心理健康状况主要是在与他人交往中表现出来的。具体表现为:乐于与人交往,既有广泛的人际关系,又有知己的朋友。在交往中保持独立而完整的人格,有自知之明,不卑不亢。能客观评估别人,取人之长补己之短,宽以待人,友好相处,乐于助人。交往中积极态度多于消极态度。

5.具有对现实环境进行适应和改造的能力

有积极的处世态度,对社会现状有较正确的认识,其心理行为能顺应社会文化的进步趋势,勇于改造现实环境,以达到自我实现与奉献的协调统一。

6.能够使人格的完整与健康得以较好的保持

人格是个人比较稳定的心理特征的总和。人格完整与健康标志是:第一,以积极进取的人生观作为人格的核心,并以此有效地支配自己的心理行为。第二,具有清醒的自我意识,不产生自我同一性混乱。第三,有相对完整统一的心理特征。第四,人格的各个结构要素不存在明显缺陷与偏差。

7.行为与年龄特征相适应

心理健康者应具有与同年龄多数人相符合的心理行为特征。一个人的心理行为如经常偏离其年龄特征,一般都是心理不健康的表现。

(三)保持精神卫生的基本要求

精神卫生与人体的生理活动和社会实践有着密切的联系。客观现实的刺激和人所特有的大脑功能所产生的心理活动,如思想、情感、意志和行为等,都会影响机体的某种生理活动过程,进而影响机体的内部平衡和适应环境的能力,即影响人体的健康。现代大量的医学研究和临床实践证明,心理因素对疾病的发生、发展、治疗和预防,都具有一定的作用,故有人将高血压、消化性溃疡、支气管哮喘等与精神因素特别有关的疾病,称为所谓的"精神生理疾患"。

具体来说,要保持良好的个人精神卫生,需要做到以下两个方面的要求。

一方面,要加强自身的思想修养,陶冶道德情操,提倡精神文明。在社会活动中应努力做到胸襟开阔,乐观开朗,勤于奋斗,敢于开拓,时时生机勃勃,愉快活泼。在社交活动中,要正确地对待自己和别人,严以律己、宽以待人并乐于助人。

另一方面,必须加强学习,培养自己广泛的兴趣爱好,提高自己对美好事物的欣赏能力,从而使生活丰富多彩,对生活充满信心。

三、保持良好的运动训练卫生

运动训练卫生也是个人运动卫生的一个重要内容,为了增进健康、保障安全、提高运动技术水平,在进行运动训练时,需要遵循一定的原则,具体包括以下几个方面。

(一)全面性原则

这里所说的全面性,主要是指全面发展身体素质,包括速度、力量、耐力和灵敏。全面发展身体素质对掌握和发挥技术有利,是创造优异成绩的重要条件。一般说来,任何一项运动对身体各种素质都会有影响,但某项运动对某一素质有更为突出的作用,全面训练对身体健康有良好影响,同时,在运动损伤的预防方面也有着非常重要的作用。

(二)系统性原则

这里所说的系统性,就是运动训练必须经常系统进行,多次重复才能巩固运动技能,达到高度训练水平,才能巩固肌肉和内脏器官之间的协调联系。已巩固建立起来的各种条件反射必须经常强化,否则就会消退。不仅如此,经过训练的运动员突然停止训练会引起停训综合征,影响身体健康,为了预防停训综合征,不再集训的运动员不宜突然停止全部训练活动,应逐渐降低强度,减少运动量,以后长期维持一定量的体力活动。

(三)循序渐进原则

在学习运动技能时,要由简单到复杂,由易到难,逐步地学会和掌握某项运动技术。在运动量安排上也要由小到大,逐渐增加。每次训练课都要做适当的准备活动和整理活动。

运动技能形成的过程具有一定的生理学规律,所谓运动技能的实质是条件反射的形成,是在大脑皮质建立的一种暂时性神经联系,复杂的有意识的运动需要脑的某部分参与,其形成可分为三个阶段。其中,第一阶段的特点是兴奋过程广泛扩散;第二阶段的特点是分化性抑制(又称内抑制)逐渐发生,皮层兴奋和抑制过程在时间和空间上集中起来,确立了分化;第三阶段为稳定阶段,完成动作高度协调,皮层动力定型巩固,机体各系统活动的协调性改善,很多动作的完成达到自动化程度。由此可以看出,掌握运动技能及提高机体各系统机能都要有一个过程,在训练中注意遵守这一原则可防止发生过度紧张和创伤等。

(四)个别对待原则

进行运动锻炼时,一定要对参加者的健康状况、身体素质、技术水平、年龄、性别和心理状态等个人特点加以注意,并且以这些方面为依据来将不同的训练计划制订出来。具体来说,健康状况良好者可进行较大运动量和较复杂的运动,体弱者则要特别注意逐渐增加运动量,而患有某种慢性疾病者更要注意根据具体情况安排体育活动。由于技术水平各有不同,有的训练水平较高者可在全面训练的基础上做专项训练,并不断提高成绩。训练水平较低者应从事基本练习,进行全面身体训练。运动项目和运动量应符合性别及年龄特点。

第三节 做好传染病的预防

一、传染病的基本知识

(一)传染病的概念

传染病生物性病原体进入人体,破坏了机体平衡,能在人群中传播和引起流行的疾病,就是所谓的传染病。为了更好地了解和认识传染病,需要对相关的一些因素加以分析,具体如下。

1.病原体

病原体是一种能致病的微生物,在人体内经过一定时期可以生长繁殖或分泌毒素,使人致病。通常,可以将病原体大致分为三种类型,即动物性寄生虫、细菌和滤过性病毒。

2.传染源

病原体进入机体后,在体内繁殖,这种被感染的人或动物叫作传染源(如流感病患者、艾滋病病毒携带者等)。通常可以将传染源分为三种类型,即病人、病原携带者和动物传染源。

3.传播途径

病原体由传染源传播给他人所经过的路线叫传播途径。传播途径有很多种,其中,最为常见的有飞沫传播、空气传播、饮食饮水传播、虫媒传播、接触传播、血和血制品传播、性传播等。各种传染病其传播途径也不尽相同,比如,流行性感冒、肺结核可通过飞沫、空气等传播;甲肝、细菌性痢疾可通过饮食、饮水等传播;乙肝、艾滋病可通过血、血制品和性生活等传播;狂犬病、流行性出血热可通过动物传播;血吸虫病、流行性乙型脑炎可通过虫媒传播。

4.抗原和抗体

抗原,就是任何外界侵入人体的特异物质。各种传染病原体均属于抗原,如乙肝病毒表面抗原。抗体,则是在抗原的刺激下,人体组织所产生抵抗它的物质,如乙肝病毒表面抗体。

5.免疫与免疫力

所谓的免疫,实际上就是由特殊的抗原使人体组织产生抵抗这种抗原的特殊抗体的过程。免疫力则是人体的这种自发地或者被动地产生的对某种疾病的抵抗能力。通常,可以将人体的免疫分为两种类型:一类是非特异性免疫,又称先天性免疫,由遗传得来,如皮肤、黏膜屏障、白细胞吞噬作用等。另一类是特异性免疫,又称获得性免疫,是在后天环境中,机体受到外界抗原性异物刺激所产生的免疫力。

(二)传染病的发生与流行

1.传染病的发生

传染病的发生,主要是由病原体、环境和人体共同完成的。具体来说,就是必须有生物性病原体(细菌、滤过性病毒、动物性寄生虫),并且在一定的时间和空间内(环境),同时或相继使一群人(人体)发生相同的疾病,造成流行,从而对健康产生相应的影响。

2.传染病的流行

传染病的流行有三个基本环节:传染源、传播途径和易感人群。其中,传染源是传染病流行的根源。传染源是病原体生存繁殖的客体,它能向外界环境排出病原体,从传染源排出的病原体经过一定的传播途径,侵入免疫力差的易感人体后,经过一定时期的繁殖,达到一定的数量时,就会使人患病。传染病的流行与自然因素和社会因素也都有关系。影响传染病流行的自然因素主要指地理环境及气候条件(如水灾等),社会因素主要包括卫生设施、卫生管理、卫生检疫、消毒和卫生宣传教育等。

总的来说,传染病在人群中的传播必须具备上述三个基本环节,缺一不可,否则,新的传染就不可能继续发生。

二、传染病的预防措施

相较于其他疾病来说,传染病具有显著的传染性,一旦流行,会殃及周围人群的健康。特别是运动员,多为集体生活方式,加之经常外出训练或比赛,身体易疲劳,这些因素导致他们比一般人对传染病的易感性增高,患传染病的可能性更大。一旦传染病在运动队中传播,将影响正常训练和比赛的进行,危害运动员的身体健康。此外,传染病的治疗处理也不同于其他疾病,必须与隔离、消毒、检疫、流行病学调查、卫生宣传教育工作等各项措施结合进行。因此,加强传染病的预防是非常重要且必要的。

要预防传染病,需要遵循的重要原则就是预防原则即控制传染源、切断传播途径、保护易感人群,换句话说,就是阻断流行过程中的任何一个环节就可以达到预防传染的目的。具体来说,常用的预防措施主要有以下几种。

(一)对传染源加以控制

具体来说,就是对传染源加强管理,限制活动范围。包括对传染病人的早发现、早诊断、早隔离、早治疗和早报告(向卫生防疫部门报告疫情)。

(二)将传播途径切断

大力开展爱国卫生运动,注意环境卫生(包括运动场地卫生),加强个人卫生,注意保持公共场所、运动场馆、家庭居室内的空气新鲜,加强水源保护及饮食管理,严格遵守食品卫生有关规定,防止“病从口入”。猫犬的饲养应遵循有关规定,病人的粪便、污物应消毒处理。

(三)对易感人群做好保护工作

对某种疾病缺乏免疫力的人群,就是所谓的易感人群。传染病的病原体侵入人体后,由于人体免疫力不同,病原体不一定都能在体内致病,只有当人体缺乏免疫力时,才能引起传染病的发生。所以,积极参加体育锻炼、合理营养、建立良好的生活制度、避免过度疲劳,是增强机体对环境的适应能力和抗疾病能力的有效措施。必要时,可对易感人群进行预防接种,提高机体特异性免疫力,使人群的易感性降低,预防传染病的发生与流行。

(四)对于外界环境进行消毒

通过消毒,能够在外界环境内消灭传染病的病原体,切断传播途径,使患者周围的设备及排泄物和被污染物变为无害。通常情况下,所采用的消毒方法主要有两种,即物理消毒法和化学消毒法,具体如下。

1.物理消毒法

物理消毒法有机械消毒法(如清扫、洗刷等)、燃烧法(没有经济价值或经得起燃烧的物品)、煮沸法(器皿等)及紫外线照射法(室内环境等)。

2.化学消毒法

应用化学药品进行消毒的方法,就是化学消毒法。常用消毒药品有25%漂白粉、生石灰、石碳酸、来苏尔、高锰酸钾、新洁尔灭、过氧乙酸等。漂白粉可用于食具、用具、排泄物、饮水等消毒。生石灰可用于粪便、呕吐物、痰液消毒。石碳酸可用于器械、家具、门窗、地板、墙壁消毒。来苏尔可用于手、器械、家具门窗、地板、墙壁消毒。高锰酸钾可用于茶具、食具、水果消毒。新洁尔灭可用于器械、食具消毒。过氧乙酸可用于对肝炎病人污染区消毒。以上消毒药品按一定浓度配制后,可分别使用喷洒、拭擦、浸洗和加入等方法进行消毒。

(五)借助相关的药物

传染病流行期间,除及时预防注射外,可采取药物预防。例如,给流脑接触者服用磺胺或呋喃西林液喷喉等。选用中草药煎服对某些传染病的预防也有显著效果。

三、常见传染病的预防

传染病的类型较多,因此,在日常生活中,很容易接触传染病,其中,较为常见的传染病主要有以下三种,具体要根据实际情况采取相应的预防措施。

(一)流行性感冒

流行性感冒,简称流感。临床类型有单纯流感、肺炎型流感、胃肠型流感和中毒型流感。

1. 流行性感冒的致病原因

流感病毒有甲、乙、丙三型,每型中又包括抗原性不同的亚型,流感病毒极异变异,人群对其缺乏免疫力。流感病毒对高温抵抗力弱,加热至 56℃数分钟后即丧失致病性,加热至 100℃1 分钟即可灭活。

2. 流行性感冒的病学分析

(1)传染源

流感病患者是本病的传染源。在发病 3 日内传染性最强。其流行特点是发生突然、蔓延迅速、感染众多,没有明显的季节性(常以冬季多见)。往往沿交通干线传播,先集体、后散居,以学校、运动队、厂矿、机关等发病率最高。其潜伏期很短,为 1～3 天。

(2)传播途径

流感病毒大量存在于病人的呼吸道黏膜上皮细胞内,随喷嚏、咳嗽、说话、呼吸向外播散。其传播途径主要是通过空气、飞沫,也可通过接触传染。

(3)易感人群

凡免疫能力低下、抗病能力差、营养不良、运动疲劳、对环境适应能力差及身体虚弱者，极易感染发病。

3.流行性感冒的临床表现

(1)单纯型

最多见，表现为头痛、发热、畏寒、乏力、全身酸痛等症状。病程早期可出现鼻塞、流涕、喷嚏、咽痛、干咳等。在全身症状和发热消退时，呼吸道症状常较明显。

(2)肺炎型

流感伴发肺炎时，可出现高热不退、气急、紫绀、阵咳、咯血等症状。病程可延至3～4周。

(3)中毒型

表现为高热不退、神志昏迷，成人常有谵妄，儿童可发生抽搐，并出现脑膜刺激症，如颈项强直、抬腿试验阳性等。

(4)胃肠型

主要症状为恶心、呕吐及腹泻，病程2～3日，恢复较快。

4.流行性感冒的治疗方法

因流感病毒极易变异，目前尚无针对病原的特效疗法。患病后应注意休息，避免剧烈运动和劳动，以免引起病毒性心肌炎。加强营养、补充维生素C、流质饮食，并辅以药物治疗，如病毒灵、板蓝根冲剂、强力银翘等。若合并呼吸道感染可加用抗菌素。对早期畏寒明显者，口服姜糖水有辅助治疗作用。

5.流行性感冒的预防措施

加强体育锻炼，提高机体对冷热环境的适应能力。科学训练，避免运动性疲劳。合理营养，增强机体抗病能力。讲究卫生，教室、宿舍、室内运动场馆应经常通风换气。在流感流行期间，尽量少去人多的公共场所，室内进行空气消毒，如紫外线照射、食醋煮熏，还可采用中草药预防，如贯众、板蓝根、野菊花等泡茶饮或水煎服。

(二)病毒性肝炎

病毒性肝炎，简称肝炎，有甲型、乙型、非甲非乙型(丙型)肝炎之分。

1. 病毒性肝炎的致病原因

病毒性肝炎由多种肝炎病毒引起。肝炎病毒存在于病人血液、粪便及分泌物(唾液、精液等)中。肝炎病毒对一般化学消毒剂的抵抗力强。紫外线照射 1 小时或煮沸 30 分钟以上可使病毒失去活力,漂白粉有一定灭活作用,过氧乙酸可使肝炎病毒灭活。

2. 病毒性肝炎的病学分析

(1)传染源

肝炎的传染源是肝炎病人和病毒携带者。甲型肝炎潜伏期一般为 2～6 周,自潜伏期末到发病后一个月左右都有较大的传染性。乙型肝炎患者的血液中可较长时期地携带病毒。

(2)传播途径

肝炎的传播途径主要有以下几种。

①粪便—口传染

肝炎病毒可随粪便排出体外,通过苍蝇、食物、食具、物品、手和饮水等直接或间接地经口腔传给健康人。水源或食物污染可引起爆发流行。

②血液传染

通过采血、输血、预防接种、注射、手术等方式造成传染。

③垂直传染

患有肝炎的孕妇,分娩时可直接将病毒传给婴儿。

(3)易感人群

人对肝炎病毒普遍容易感染,患肝炎后可产生一定程度的免疫力,但不很稳定,也不持久,且甲乙两型无交叉免疫,不能防止再感染。甲型肝炎在儿童青少年中发病率较高,且多发生在秋冬季节。乙型肝炎多见于成年人,且四季散发。医务人员、饮食服务员、清洁工人以及过集体生活者发病机会较多。

3. 病毒性肝炎的临床表现

肝炎主要临床表现为食欲减退、恶心、疲乏无力、肝区不适或隐痛,多数患者有肝脏肿大(右肋下 2～3 厘米)、压痛、叩击痛,少数患者发热较高。若无黄疸出现,则为无黄疸型。黄疸型肝炎患者起病大多较急,症状似流感,常伴畏寒、发热、全身不适。随着病情的发展,巩膜、皮肤、尿液出现黄染,且日益加深,1～2 周内达高峰,部分患者因黄疸刺激出现皮肤瘙痒。爆发型肝炎(急性肝坏死者)患者,起病急骤、高热持续不退、很快出现黄疸并迅速加深、消化道症状严重、恶心、呕吐频繁持续、皮肤黏膜出血、肝功能显著减退、伴腹水、下肢浮肿、肝浊音界明显缩小(肝萎缩)、伴明显肝臭、蛋白尿等。最后患者烦躁、谵妄、昏迷,多于数日内因肝肾综合征、肝功能衰竭或严重出血而死亡。此型死亡率较高。

一般的肝炎患者多在6周～3个月内恢复正常。若超过半年未见明显好转者则转为迁延型。若超过1年以上未见明显好转者则转为慢性肝炎。慢性肝炎有转发为肝硬化、肝癌的可能。

4. 病毒性肝炎的治疗方法

病毒性肝炎目前尚缺乏特效治疗方法。治疗原则是休息和营养为主,加上护肝疗法。一般患肝炎的病人应注意休息、减少活动。运动员患肝炎时应停止训练和比赛,必要时住院卧床休息。避免油腻饮食,注意新鲜蔬菜、水果、牛奶的摄取,避免饮酒。配合中西药物进行保肝、护肝、疏肝等治疗,促进肝功能恢复。

5. 病毒性肝炎的预防措施

发现肝炎病人要早隔离、早治疗,对病人用过的物品应进行消毒。学校、运动队等炊事人员,食堂管理人员,托幼人员要定期检查身体,及时发现病毒携带者和隐性肝炎患者。切断传播途径,对手术器械严格消毒,采用一次性注射器和输液针管,注意个人卫生,做到不与人共用茶具和餐具,养成饭前、便后流水洗手的习惯,防止病从口入。对接触过肝炎患者的人,要密切观察并进行必要的医学检查,保护易感人群。

中药预防可试用茵陈、甘草、山栀煎水服或蒲公英、甘草煎水服,连服3天。

注射预防,在流行期间注射丙种球蛋白或胎盘球蛋白对甲型肝炎有一定预防作用,但其预防期分别为6～8周和2～3周。注射乙型肝炎疫苗可预防乙型肝炎。

(三)细菌性痢疾

细菌性痢疾,简称菌痢,是一种急性肠道传染病,以结肠化脓性炎症为主要病变。

1. 细菌性痢疾的致病原因

细菌性痢疾的病原体是痢疾杆菌。痢疾杆菌侵入肠道后,可引起结肠充血、水肿、溃疡及出血。痢疾杆菌最适宜生存的温度为37℃,在室温下可存活10天左右,阳光直射对其有杀灭作用,加热至60℃10分钟即可死亡,一般消毒剂能迅速将其杀灭。

2. 细菌性痢疾的病学分析

(1)传染源

痢疾患者和带菌者是本病的传染源。腹泻症状明显的患者传染性最强,有些慢性病人或健康带菌者,是造成菌痢常年发病的重要原因(因其症状不明,容易延误治疗和隔离)。

(2)传播途径

传播方式主要经口腔传染。手也是传播痢疾的媒介,健康人的手接触被污染的物品,如食具、便盆等,加之未养成饭前便后洗手的卫生习惯,就易感染痢疾。患病后仅产生暂时的不稳定免疫,故重复感染的可能性极大。终年均可发病,以夏秋季节最为多见。

(3)易感人群

无论男、女、老、少均容易感染痢疾,儿童发病率高于成年人。

3. 细菌性痢疾的临床表现

细菌性痢疾的潜伏期为数小时至1周,多数为1～2天。通常可分为急性与慢性两种。病程超过2个月以上者可列为慢性。急性和慢性细菌性痢疾的临床表现是有所差别的。

(1)急性菌痢

主要临床症状有全身中毒症状与肠道症状。起病急、伴畏寒发热、头痛、全身不适,继而出现腹痛、腹泻。腹痛部位主要在下腹部。腹泻次数较频,一日数次或数十次,开始大便质稀或呈水样,继而出现黏液或脓血便。严重者伴恶心、呕吐、大便失禁、明显脱水、四肢冰凉、血压下降、剧烈腹痛等。少数患者出现循环衰竭、呼吸衰竭和精神萎靡或反复惊厥或神志不清等中毒性脑炎症状,称为中毒型菌痢,若抢救不及时,可导致死亡。

(2)慢性菌痢

因急性菌痢治疗不彻底而转为慢性。其临床表现为营养不良、贫血、消瘦、经常腹痛、大便质稀且带脓血,食欲不振,病情时好时坏,病程可长达数年。

4. 细菌性痢疾的治疗方法

急性菌痢应卧床休息,进流食和半流食。药物治疗可选用庆大霉素、痢特灵,磺胺与甲氧苄氨嘧啶合用效果较好,中药有一定疗效。对慢性菌痢除上述治疗外，选用“马齿苋”食疗也有一定疗效。中毒型菌痢，病情严重多变，应送医院进行抢救治疗。

5. 细菌性痢疾的预防措施

早期发现病人和带菌者，做到及时隔离和彻底治疗，粪便培养阳性的病人，虽其临床症状不明显，仍应待3次粪检阴性后方可撤销隔离。切断传播途径应采取综合措施，如粪便消毒处理、饮水消毒、餐具消毒、防蝇灭蝇、饭前便后洗手、卫生宣传教育等，防止感染和重复感染。

第四节　做好运动医疗保健工作

一、运动队医疗保健工作的任务

保护运动员身体健康和安全，提高运动能力，保证训练和比赛正常进行，为增强体质，发挥技术水平和创造优异运动成绩服务，是运动队医疗保健工作的任务所在。

二、运动队医疗保健工作的内容与方法

运动队医疗保健工作做得好坏，会对运动员的身心健康、正常训练和比赛，以及运动技术水平和运动成绩的提高都产生直接的影响。因此，这就要求以运动队医疗保健工作的任务和内容为主要依据，将运动队医疗保健工作做好，具体来说，运动队医疗保健工作的具体内容及方法主要有以下几种。

（一）将运动员的健康档案建立起来

运动队医疗保健工作的内容之一、按体格检查和机能评定的要求，对运动员进行初诊检查、复诊检查、赛前检查、会诊检查及不定期检查。将检查结果分类做详细记载，建立健康情况和机能状况等资料档案，并定期作分析。了解和掌握运动员通过训练和比赛后，尤其是大运动量训练和剧烈比赛后，身体各器官系统的反应，以及身体健康状况和身体机能变化情况，并及时向队领导、教练员、运动员通报和解释运动员健康情况和机能状态及医学检查结果，提出在训练和比赛中需注意观察的医学方面问题。为教练员合理安排训练和比赛，运动员从事符合自身身体状况的训练和比赛提供依

据，共同完成训练和比赛任务。

（二）做好运动锻炼的医学评定

现代竞技体育的发展，要求运动员进行系统和大运动量科学训练以获得最大的适应，创造优异的运动成绩。因此，在训练过程中，医疗保健工作要通过医学检查来综合地评定运动员的一般适应能力和专项适应能力、训练状态和机能潜力，并在形态特点、机能状况和心理状态等客观指标的基础上进行评定。对于初参加训练者，可采用较简易的方法和指标，如身高、体重、脉搏、血压、台阶试验或血红蛋白及尿蛋白、体脂、心电图、肌力（背力和握力）、神经反应和肌张力测定等。对于高水平的运动员，可采用较复杂的方法，应用特殊的仪器设备，如用脑电图评定神经系统机能，用超声心动图、心缩间期、心输出量测定、最大吸氧量和无氧阈等判断心肺功能，用肌电图了解肌肉情况等。而在机能评定中，生物化学方法日益受到重视，如乳酸、乳酸脱氢酶、磷酸肌酸激酶、儿茶酚胺和尿素氮等均得到普遍应用。通过以上医学评定，为训练安排提供科学依据，并根据一些评定的科学依据协助和配合教练员合理安排运动量，防止伤害事故发生，达到通过运动训练提高运动成绩的效果。

（三）做好比赛过程中的医学服务工作

为保证运动员以良好的竞技状态参加竞赛，并取得较好的运动成绩，以及保证比赛的顺利进行，医疗保健应做好比赛中的医学服务工作。

1. 对运动员检查体格并评定机能

运动员在入队时和训练比赛一个周期后以及赛前进行体格检查和机能评定是非常重要的，主要是为了了解、熟悉和掌握运动员身体健康情况和机能状态，从而为训练和比赛提供资料及依据。

体格检查和机能评定包括物理检查、器械检查、化验检查及运动负荷试验等。通常情况下，可以将运动员的体格检查分为四种形式，即初诊检查、复诊检查、赛前检查和会诊检查。每一种检查形式都具有自身的特点和作用，具体如下。

（1）初诊检查：是对新入队的运动员进行检查，除健康和机能评定外，应结合运动员选材要求进行，并建立运动员健康水平和生理机能情况的基础资料档案，为制订训练计划和选择训练方法提供依据。

（2）复诊检查：是对集训队运动员按周期训练计划训练后或一般每年进行 2～3 次的检查，主要是了解运动员健康和机能状况的变化，为掌握和评定训练效果、调整和制订新的训练计划提供依据。

(3)赛前检查：是除按专项竞赛要求进行必要的检查外，在重大比赛前均应进行的检查，主要是了解和掌握运动员能否参加比赛和比赛中应注意的问题。

(4)会诊检查：是运动员遇有某些特殊或疑难医学问题应请有关专家会诊所进行的检查，主要是对运动员已有的特殊或疑难问题进行确诊，以便查明原因，及时处理。

体格检查的方法种类较多，具体要根据实际情况，与这些检查方法的特点和作用有机结合起来加以运用。通常情况下，要尽可能对运动员的一般健康史、运动史、伤病史、体表和肌肉骨骼、人体测量、各系统和器官、心肺机能试验及心电图等进行检查。

2. 加强卫生检查和管理

检查比赛场地器械和食宿安排是否达到和符合一定的卫生要求，主动向竞赛组织部门反映意见和提出建议，以利改进工作，防止运动伤病。还应加强宿舍环境卫生、饮食卫生及生活制度方面的卫生管理，避免运动员发生过度紧张、过度疲劳及其他运动性疾病，尤其注意传染病和食物中毒的预防。

3. 做好运动伤病及传染病的防治工作

在竞赛过程中常因多种原因而造成运动性伤病，以及运动员因在比赛期间身体疲劳和人群接触较多等原因而对传染病的易感性较高，因此，比赛期间应做好急性运动伤病和传染病的防治工作。也应当时刻预防和警惕发生传染病的可能性，并注意早期和正确的诊断，以便早治、早防和制止传染病的扩散。为了防止运动伤病和传染病在比赛期间发生，应加强运动场地卫生、个人防护、个人卫生和环境卫生等防病措施。

4. 做好现场急救工作

赛前要做好现场急救站、急救药箱和急救车等急救准备工作，以便对比赛中发生的急性运动伤病进行及时处理和转运严重伤病者。运动员在大强度训练和激烈的竞赛中，有时可能发生诸如窒息、心脏骤停、创伤、出血、中暑及休克等紧急情况，如能及时而正确地处理，部分患者可转危为安，为后续治疗赢得时间。反之会贻误时机，给救治工作带来困难，甚至造成严重后果。因此，对急症的现场急救十分重要，应做好这方面的工作。由于运动项目不同，急救的范围十分广泛，医疗保健工作者也应掌握急救原则和技术。

5. 做好女运动员经期参加比赛的工作

女运动员在月经期参加比赛要因人而异。观察发现，有29%的运动员在经期参加比赛并取得最好成绩，63%成绩无改变，8%低于过去最好成绩。个别运动员月经期参加奥运会比赛获得金牌。为了避免在月经期比赛，需要采用药物使月经提前或推迟时，应掌握好用药时间，赛前用药，赛中不用，最好在赛前一周来潮。实践证明，口服短效18甲避孕药使月经周期提前法最佳。但不能连续3个周期用药调整月经，每年最多调整两次，以免引起日后月经不调。月经期参加比赛的女运动员的正常妊娠和分娩一般不受影响。人工调整月经周期有可能引起日后月经不调，故参加一般性比赛时不宜采用。

除了上述几个方面的具体工作之外，还应做好运动员到外地比赛旅途疲劳的消除和参加国际比赛时时差反应的消除，让运动员尽快适应新的环境。要加强兴奋剂检测和熟悉有关兴奋剂控制的规则，尤其在治疗运动员哮喘、过敏等疾病时，勿用含有兴奋剂成分的违禁药物，以免造成误会，从而使运动员的公平竞争得到有力保证。

（四）对运动医学知识进行积极的宣传和普及

在运动队中可通过一般性讲课、专题讲座、科普读物、发表的专业性文章及咨询等各种普及和宣传途径，对教练员和运动员进行经常性的运动医学知识普及和宣传，提高他们的运动医学知识水平，使他们掌握运动训练卫生原则、运动医务监督常用方法和一些防治运动伤病的常识等，使运动员在教练员的指导和医疗保健工作者的协助下，进行科学、合理的运动训练和比赛。

（五）将运动员科学选材工作做好

随着现代竞技运动技术水平的不断提高，运动员科学选材问题已越来越引起教练员和医疗保健工作者的广泛关注及重视。因此，医疗保健工作要配合教练员共同搞好运动员科学选材工作。运动员科学选材要在充分研究和认识儿童少年生长发育规律及其遗传特征基础上，根据不同运动项目的特点及要求，综合运用有关学科的知识，采用调查、测试、评价和预测等科学方法，把具有发展前途的天才儿童和少年选拔出来进行科学训练，以达到高水平的运动成绩。如从父母身高预测本人的身高，从父母的运动能力推测本人的运动潜力，从骨龄、体型、最大吸氧量及肌纤维成分等各方面进行分析预测，以及进行心理学检查等。

（六）做好科学研究方面的组织工作

运动队日常医疗保健工作应与科学研究相结合，不断总结经验，提高业务水平。尤其应注重对运动队医疗保健工作方法、机能评定、中西医结合治疗软组织损伤、应用中西药消除运动性疲劳、控制体重、心理治疗、营养食品、伤病规律调查等方面进行多层次研究，为运动训练和竞赛服务。通过科学研究，不断提高科学训练水平，最终达到提高运动成绩的目的。

三、运动队医疗保健箱的配置

队医随运动队参加训练和比赛时进行现场救治的一个必备工具，就是医疗保健箱，这对于运动员训练和比赛中突然发生的伤病和急症的及时处理能够提供非常大的便利，从而使进一步损伤和急症的进一步加重得到有效避免，进而解除疼痛和恐惧，为受伤运动员的初期康复和转运治疗创造条件，保护运动员生命安全。因此，医疗保健箱的配置应用是运动队中不可缺少的工作之一。

一般来说，运动队医疗保健箱的配置往往有三个方面，即医疗器械、敷料和常用药品，具体如下。

（一）医疗器械

医疗器械种类繁多，在配备医疗器械方面，首先要遵循两个原则：一个是便于携带，一个是能对不同运动项目训练和比赛中可能会发生的伤病和急症及时进行处理，鉴于此，往往会配备镊子、剪刀、大别针、止血钳、止血带、开口器、通气管、弯盘、注射器、氧气口罩、缝合包、听诊器和体温计等。此外，还可以以现场救治需要为依据来准备相应的氧气袋、简易呼吸器和各种夹板等可能用到的医疗器械。

（二）敷料

敷料主要是对在训练和比赛中发生的开放性和闭合性损伤进行及时处理，一般来说，其主要包括常用的消毒纱布、棉球、凡士林纱布、弹力绷带、绷带、棉花、三角巾和粘膏等。

（三）药品

药品主要是对训练和比赛期间运动员发生伤病和急症对症及时治疗，防治病情加重和争取早日康复。由于药品的种类繁多，因此，这就要求以各种伤病对症治疗的需要和治疗效果为依据来配备常用药品。

1. 常用药品

生理盐水、注射用水、氨水、75％酒精、碘酊、红汞、紫药水、1‰新洁尔灭、磺胺粉、创可贴、人丹、十滴水、清凉油、眼药水、滴耳剂、冷镇痛气雾剂等。

2. 镇静止痛剂

苯巴比妥钠、吗啡、杜冷丁。

3. 呼吸心脏兴奋剂

可拉明、樟脑、苯甲酸钠咖啡因、肾上腺素。

4. 止血剂

维生素C、K、仙鹤草素等注射剂。

5. 口服剂

头孢氨苄、复方新诺明、痢特灵、黄连素、阿斯匹林、安定、复方降压片、可待因、止泻宁、乘晕宁、感冒通速效胶囊、硝酸甘油等。

最后需要强调的是，在进行运动队医疗保健箱配置时，医疗保健箱的内容要做到简单、实用及携带方便。同时，也要以使用者的经验、技术和不同运动项目的需要为依据而确定其中配备的器械和药品。

第五章　体育运动医务监督系统的建立

在体育锻炼、运动训练和比赛中，都需要通过临床医学、体育学的理论知识和方法对运动者进行医务监督与指导，做好医务保健工作，从而保障运动者的安全与健康，使其顺利实现运动目的。本章主要就体育运动医务监督系统的建立进行分析与研究，该系统主要包括体格检查、准备与整理活动、营养补充、运动疲劳消除、运动疾病处理、运动锻炼医务监督及运动处方制定等内容。

第一节　进行体格检查

一、体格检查的概念与目的

（一）体格检查的概念

体格检查是运用感官（眼、耳、鼻）或借助于医学检查工具来了解人的身体状况的基本方法。通过定期体格检查，可以了解人体的体质状况和健康水平，通过分析体格检查资料，能够建立人体的健康档案，从而更好地研究不同年龄阶段人体体质状况与健康水平的变化规律，并及时发现疾病和预防疾病，保障人体的健康。

（二）体格检查的目的

在体育运动中首先进行体格检查主要是为了实现如下目的。

(1)了解运动者的身体健康状况和身体机能水平。

(2)观察运动者是否有近视、脊柱变形、心电图异常、四肢形态异常、视网膜病变、扁平足等身体病变，并分析这些缺陷与病变是否会影响其对某些运动项目的参与。

(3)判断儿童青少年的身体发育和成熟程度。

(4)充分了解运动者的健康和伤病状况，为其参与体育运动提供科学的医疗保障。

(5)检查运动者的身体是否存在易患伤病的因素，是否有运动性损伤。

(6)为运动者提出科学的体育卫生要求以及合理的忠告和建议，从而有效预防运动性伤病，保障运动者的健康。

(7)通过体格检查来对运动员参加职业竞技运动项目进行分级。

二、体格检查的内容

(一)一般史和运动史

1.一般史

一般史的主要内容包括家族史、病史、生活史、过敏史。对运动者进行医学评定和诊断，需要以全面、客观的病史采集信息为基础。一般从以下几方面来了解一般史。

(1)询问运动者是否有 50 岁前发生心肌梗塞的直系亲属，从而判断其是否存在家族性心脏危险因素。

(2)询问运动者是否有既往病史(如肺结核、麻疹、风湿病、肝炎、脑震荡、昏厥等)，是否有伤病后留下的后遗症等。

(3)询问运动者在以往的心脏检查中是否有杂音，心电图正常与否，是否做过心脏相关手术。

(4)询问运动者的生活制度、劳动条件、营养条件、有无不良生活习惯(酒、吸烟及偏食等)等情况，以了解运动者的生活史。

(5)询问运动者是否对花草、蚊虫以及药物过敏。

2.运动史

运动者参与体育运动的情况就是其运动史，调查运动者的运动史，主要就是对其是不是经常进行体育运动锻炼、经常参与哪些运动项目、运动年限、运动成绩、是否有过运动性损伤或疾病等情况进行了解。

(二)体表检查

对运动者进行体格检查时，要特别注意对体表情况的检查，通过进行体表检查，能够对运动者的身体发育和训练水平进行评价，这有利于运动者进行运动专项的选择。要在光线明亮，温度适宜的检查室内进行体表检查。体表检查的内容包括甲状腺、皮肤黏膜、淋巴结、鼠蹊环等。

(三)形态测量

在体格检查中,对人体基本形态的测量是非常重要的一部分。该项检查一般在早晨实施,并且要确保检查对象处于空腹状态。体重计、肺活量计和皮尺等是形态测量的常用工具。主要测量内容有体重、身高、胸围、颈围、四肢围、肩宽、骨盆宽、胸廓前后径、胸廓横径、皮皱厚度、脊柱形态、腿形与足形等。

(四)内脏器官系统物理及功能检查

内脏系统物理及功能检查的主要内容包括呼吸系统、运动系统、神经系统、心血管系统等。

三、体格检查的方法

(一)视诊

通过视觉来对被检查者全身或局部表现进行观察的诊断方法就是视诊,其可以分为局部视诊和全身视诊。

通过局部视诊,能够对被检查者皮肤、黏膜、舌苔、巩膜、透镜、胸廓、腹形、四肢、肌肉、骨骼、关节外形等身体各部分的变化情况进行了解。

通过全身视诊,能够了解被检查者的年龄、发育、营养、意识状态、面容、表情、体位、步态和姿势等一般状态。

(二)触诊

通过手的感觉进行判断的诊法就是触诊。触诊时,检查者通常会用到指腹和掌指关节。对身体各部分进行检查都可以采用触诊的方法,对腹部进行检查尤其需要采用这一方法。有些体征(如体温、湿度、震颤、摩擦感以及身体包块的位置、大小、轮廓、硬度、表面性质、移动度和压痛等)经过视诊检查后可能还不能够明确,这时需通过触诊来进一步明确。

(三)叩诊

叩诊是指运用手指叩击身体表面的某一个部位,以震动和声音的特点为依据来对该部位的器脏状态是否正常进行判断的方法。叩诊时,被检查者的检测部位需充分暴露,并要放松肌肉,检查者要特别注意听对称部位音响的不同。叩诊多用于以下检查中。

(1)确定肺脏的边界,判断胸膜的病变情况、胸膜腔中的液体量或气体量、肺部病变部位的大小和性质等。

(2)确定心脏的边界、大小以及形状。

(3)判断肝脏的边界、有无腹水等。

(4)判断子宫、卵巢、膀胱有无肿大等情况。

(四)听诊

以听取被检查者身体各部位发出的声音特点而判断正常与否的诊断方法就是所谓的听诊。检查者可以用听诊器检查,也可以直接用耳检查。临床医师一般都需要用听诊器听诊,这是一项基本功,以此来对病人的心肺健康与疾病情况进行诊断。通过借助听诊器,检查者可以听到肺部的呼吸音(正常或病理)以及心脏的心音、心率和心律等。

第二节　做好准备活动与整理活动

一、准备活动

(一)准备活动的概念与作用

准备活动是指在体育运动或比赛前所进行的各种身体练习,其目的主要是使人体为即将进行的运动或比赛作好机能上的动员和准备,使体内各器官系统机能迅速地进入工作状态。

准备活动分一般性准备部分和专项性准备部分。一般性准备部分是为了牵拉肌肉,提高神经系统和内脏系统兴奋性;专项性准备部分是在专项运动前做的一些准备活动。

准备活动的作用主要表现在以下几方面。

(1)提高中枢神经系统的兴奋性。

(2)扩大肌肉、肌腱和关节的活动范围。

(3)克服内脏器官机能的惰性,加强心血管和呼吸器官的活动能力,使机体各方面的功能达到适应运动或比赛时的要求,预防或减少肌肉、关节和韧带的损伤。

(二)准备活动的安排

准备活动量的大小和时间的长短应根据年龄、锻炼项目、内容、强度以及季节气候的不同而定,一般达到微微出汗,身体各大肌肉群和韧带、关节都得到适量的活动，心率逐渐增加到110～140次/分。感到身体灵活、舒适即可。

准备活动的内容最好是缓缓地预习将要做的运动，如踢球前先练一练颠球，近距离传接球等，打乒乓球或网球前先做几次挥臂击球的动作等。需要注意的是，准备活动也应循序渐进，充分活动关节。

二、整理活动

整理活动是指在正式练习后所做的一些加速机体功能恢复的较轻松的身体练习，是消除疲劳、促进体力恢复的好方法，因此在体育运动锻炼中应将其充分重视起来。如果一个人在奔跑至终点后，立刻停止运动，血液会大量集中在下肢扩张的血管内，使静脉回心血量减少，因而心输出量下降，致使血压降低而造成暂时性脑贫血，会引起一系列不适感觉，甚至出现"重力性休克"。而在剧烈运动后进行整理活动的主要意义在于，不仅能够使心血管系统、呼吸系统仍保持在较高水平，而且对排除乳酸也有非常积极的促进作用。

一般整理活动应包括慢跑、深呼吸、体操、肌肉放松练习、静力牵伸练习等内容，时间一般在10分钟左右。肌肉静力牵伸练习对缓解运动后的肌肉紧张、放松肌肉、预防延迟性肌肉酸痛、消除肌肉疲劳、保持和改善肌肉质量都有良好的作用。

总而言之，整理活动具有及时放松肌肉，避免由于局部循环障碍而影响代谢过程，因而延长恢复过程的重要作用。但是，为了能够保证理想的恢复效果，在做整理活动时需要注意，活动量不能太大，尽量以缓和、放松的活动为主，使身体逐渐恢复到安静状态。

第三节　加强运动营养补充

一、运动营养补充的原则

参加体育运动会增加能量的消耗，因此，必须靠科学的营养补充作保证，才能保持充沛的精力，从而增强体质，促进健康，提高生活品质。

运动营养的补充需遵循以下几项原则。

(1)要合理安排饮水和进食时间。

(2)运动后应及时补充帮助恢复的营养品。

(3)如果进行长时间运动,注意补充水和能量物质。

(4)注意可提高抗过氧化物和增强免疫力的营养品的补充。

(5)注意补充碳水化合物、蛋白质、维生素、矿物质(铁、钙、镁)等人体运动需要量高的营养素。

(6)蛋白质、脂肪、碳水化合物三者较为适宜的比例为1∶1∶4,根据运动项目不同,可以适当灵活调整比例,如参加力量型健身运动,要增加蛋白质摄入量,而参加耐力运动,需要增加糖的摄入量。

二、运动营养补充的方法

(一)补充糖

在日常生活中,由于人们生活习惯、饮食结构和劳动强度的不同,因此糖的补充量也不相同。国外关于补糖比较认可的观点是:糖的食用量每日控制在0.5克/千克体重左右。婴幼儿的主食是牛羊奶,应注意少加糖,少吃甜食。

运动过程中应根据运动需要和机体状态合理补糖。具体如下。

1.运动前补糖

可在参加运动前的数日增加膳食中的糖类食物,也可在参加运动前的1～4小时补糖1～5克/每千克体重。但应避免在运动前30～90分钟补糖,以防止运动时血中胰岛素升高。

2.运动中补糖

运动者在运动过程中,应每隔20分钟补充含糖饮料或容易吸收的含糖食物,补糖量一般不大于20～60克/小时或1克/分钟,通常饮用含糖饮料要少量多次。

3.运动后补糖

大强度的运动后,运动者补糖的时间越早效果越好。因为运动后6小时以内,肌肉中糖原合成酶活性高,可有效地促进糖原的合成。理想的方法是在运动后即刻补糖、运动后2小时内补糖、每隔1～2小时连续补糖。补糖量以0.75～1.0克/千克体重为宜。

(二)补充维生素

研究表明,激烈的运动会加速水溶性维生素从汗、尿排泄,尤其是维生素C的排泄。此外,运动会引起线粒体的数量和体积增大,酶和功能蛋白质数量增多,参与这些物质更新的维生素的需要量增加。运动者长时间持续大强度的运动,会大大增加机体的能量消耗,加速了物质能量代谢过程,同时也促进了各组织的更新,使维生素利用和消耗增多,因此,应及时补充适量的维生素。

补充各种维生素时应结合运动项目、运动强度、运动时间等因素合理进行。

1. 维生素A的补充

维生素A是形成眼视网膜中视紫质的原料,有利于保护角膜上皮防止角质化。因此,参加要求视力集中的运动项目时要特别注意维生素A的补充。

2. 维生素 B_1 的补充

维生素 B_1 是糖代谢中丙酮酸等氧化脱羧所必需的辅酶的组成成分。并与神经递质乙酰胆碱的合成与分解有关。如果缺乏维生素 B_1,运动后的丙酮酸及乳酸堆积,使机体容易疲劳,并可引起乳酸脱氢酶活力减低,影响心脏和骨骼肌的功能,因此,要及时补充维生素 B_1。

3. 维生素 B_2 的补充

维生素 B_2 是构成体内多种呼吸酶的辅酶的成分,与体内的氧化还原反应和细胞呼吸有关。如果运动者在运动过程中缺乏维生素 B_2,会导致肌肉无力、耐久力下降,从而容易疲劳。

4. 维生素 B_6 的补充

维生素 B_6 是氨基酸脱羧酶的辅酶,可参与机体蛋白质的分解与合成,因此,它与运动者的运动能力,特别是力量素质有很大的关系,运动员要注意维生素 B_6 的补充。

5. 维生素 B_{12} 的补充

维生素 B_{12} 是一组含钴的钴胺素生理活性物质,参与同型半胱氨酸甲基化转变为蛋氨酸和甲基丙氨酸—琥珀酸异构化过程。维生素 B_{12} 参与细胞的核酸代谢,与机体的造血过程有关,当维生素 B_{12} 缺乏时,血红蛋白浓度下降、细胞的平均容量增加,可诱发巨幼红细胞贫血,使氧的运输能力下降,影响最大有氧能力和亚极量运动能力,还可能引起神经系统损害。

6. 维生素C的补充

运动者在运动过程中，机体的维生素C代谢会加强，短时间运动后血液维生素C的含量升高，但长时间运动后下降。不同的运动负荷后，不论血中维生素量是升高还是下降，组织维生素C均表现为减少。运动机体维生素C不足时，就会导致白细胞的吞噬功能下降。运动者在过度训练时，血液维生素C的水平和白细胞吞噬功能都下降。合理补充维生素C可提高运动者的耐力水平，消除运动疲劳，此外对运动创伤的愈合也有利。

7. 维生素E的补充

维生素E具有抗氧化作用，有促进蛋白质的合成和防止肌肉萎缩等生物学作用，可提高运动者的肌肉力量，因此在整个运动过程中应注意维生素E的补充。

（三）补充蛋白质

成年人蛋白质需要量以每日1.2克/每千克体重为宜。婴幼儿、青少年、怀孕期间的妇女、伤员和运动员通常每日需要摄入更多蛋白质，尤其是早餐中要摄入充足的蛋白质。

参加体育运动的人每日蛋白质需要量是1.0～1.8克/千克体重。随着运动水平的提高，需求量逐渐增加。连续数天大负荷耐力运动时，每日补充蛋白质1.0克/千克体重，身体仍然出现负氮平衡，这表明体内蛋白质分解多于补充；而以1.5克/千克体重摄入蛋白质时，身体处于正氮平衡。长期运动者为满足运动需要应选择含优质蛋白的食物，蛋白质食物提供的热量占总摄能量的20%左右。

（四）补液

1. 运动前补液

运动前，补充含有电解质和糖的饮料，补充的量应根据具体情况而定，如在运动前2小时可以饮用400～600毫升的含电解质和糖的运动饮料。要少量多次摄入，建议每次可摄入饮料100～200毫升。切记不要在短时间内大量饮水，否则会产生恶心和排尿现象。

2. 运动中补液

运动者运动过程中出汗量大，为预防脱水的发生，在运动中补液是很有必要的。运动中补液应采取少量多次的方法，可每隔15～20分钟，补充含糖和电解质的运动饮料150～300毫升。注意每小时补液量不超过800毫升。

3. 运动后补液

运动后补液也称复水。运动者在运动中补充的液体往往小于丢失的体液量，因此运动后要及时补液。运动后的补液要注意避免暴饮，补充的液体以含有糖和电解质的运动饮料为宜。补液的需要量也会受到钠含量高低的影响。当钠浓度高时，尿量会减少，因为钠离子在体内能留住水分，从而帮助体液的恢复，减少补液量。运动后的体液恢复以摄取含糖和电解质饮料效果最佳，饮料的糖含量可为5%～10%，钠盐含量为30～40毫摩尔/升。

（五）补充矿物质

1. 锌的补充

锌与运动能力的关系十分密切，它是多种酶的组成成分和激活剂，能调节体内各种代谢。机体中，红细胞的含锌量约为血浆的10倍，主要以碳酸酐酶和其他含锌金属酶类的形式存在。另外，锌还会对睾酮的产生和运输造成影响。

2. 铜的补充

铜是很多金属酶，如超氧化物歧化酶(SOD)等的辅助因子，参与多种代谢反应。运动中补充铜可提高和动员机体内铁的运输，防止运动性贫血。

3. 铁的补充

一般地，正常成人身体总铁量为3.5～4.0克。大强度长时间的运动时，机体对铁的需要量高，铁丢失严重，再加上摄入不足，普遍存在铁营养状况不良。因此，运动者膳食中应加强铁的摄入。

4. 钾的补充

一般地，成人体内总钾量为117克左右。正常钾大部分存在于细胞内液，只有约2%存在于细胞外液。当血钾浓度降低时，脑垂体生长素输出下降，造成肌肉生长减慢。运动中补钾可迅速恢复生长素水平和促胰岛素样生长因子的水平。

5.硒的补充

硒与运动也有着非常密切的关系。硒是谷胱甘肽过氧化物酶的辅助因子,由于具有消除过氧化物,增强维生素 E 的抗氧化能力等作用,在进行强度运动时,运动者硒的摄入量应为平时的 4 倍,每天大约为 200 微克。

第四节 判断与消除运动性疲劳

一、运动性疲劳概述

(一)运动性疲劳的概念

运动性疲劳指的是机体生理过程不能持续其机能在一特定水平或各器官不能维持预定的运动强度的现象。运动性疲劳是一种生理过程,经休息和调整可以恢复正常。

(二)运动性疲劳的分类

1.依据疲劳发生的性质进行分类

(1)生理性疲劳

生理性疲劳是一种工作能力及身体机能的暂时性降低的现象,具体表现为肌力下降、肌肉酸痛、肌肉和关节僵硬等症状。在日常生活、工作或体育运动中,由体能活动而引起的各器官系统机能能耗加大是造成生理性疲劳的主要原因。生理性疲劳一般发生在以肌肉活动为主的运动训练、体力活动中。

(2)心理性疲劳

心理性疲劳是指在日常生活、工作或体育运动中,由于精神负担重,神经紧张性高,思想压力大而引起神经能量消耗加大,导致神经系统机能能力暂时性降低的现象。心理性疲劳一般发生在以脑力活动为主的运动训练、体育锻炼以及工作、学习和日常生活之中。情绪忧虑、精力不集中、思维能力下降、头晕头胀、反应迟钝、记忆障碍等是心理疲劳的主要症状表现。

(3)病理性疲劳

病理性疲劳指的是人们在平时的生活和工作或运动中,因为长时间进行刺激强度过大、时间过长、节奏过于单调的体力或脑力等活动而引起的身体机能及神经功能调节紊乱和各器官的组织学改变，并导致思维及活动能力降低的现象。病理性疲劳通常发生在以肌肉活动为主的运动训练、体育锻炼中以及以脑力活动为主的工作、学习之中。病理性疲劳如若病情严重，可能出现厌世情绪及轻生自杀或过劳死的危险事件。

2.依据疲劳发生的部位进行分类

以疲劳发生的部位为依据，可以把运动性疲劳划分为以下三种类型。

(1)外周疲劳

外周疲劳是指在日常生活、工作或运动等体力活动中，因外周能量代谢障碍而引起的机体机能能力暂时性降低的现象。

(2)中枢疲劳

中枢疲劳是指在日常生活、工作或运动等体力及脑力活动中，因神经及外周能量代谢障碍而引起的神经系统及机体机能暂时性降低的现象。

(3)内脏疲劳

内脏疲劳是指在日常生活、工作或运动等体力活动中，因内脏器官能量代谢障碍而引起内脏器官及机能机体能力暂时性降低的现象。

二、运动性疲劳的判断方法

(一)身体检查

在体育锻炼、运动训练和比赛中，采用身体检查的方法可以判断运动性疲劳，即通过观察运动者运动后身体的反应而对其疲劳状况进行判断，身体的反应主要表现在：脸色苍白、表情淡漠、眼神无光、打哈欠、反应慢、情绪改变；动作准确性、协调性、节奏性紊乱；比赛时技术发挥不好、运动成绩明显下降等。这时结合相应的身体指标进行检查有助于对运动者的疲劳程度进行判断。

通过身体检查，可以将运动性疲劳归纳总结为以下三种类型。

1.形体疲劳

形体疲劳主要指肌肉、肌腱和韧带、骨和关节的疲劳。形体疲劳症状表现如下。

(1)肌腱、韧带和肌肉压痛广泛。

(2)肌肉酸痛、发紧、发硬；动作不协调、僵硬等。

(3)关节处肌腱、韧带和骨疼痛，有压痛、微肿或不肿。

2. 脏腑疲劳

脏腑疲劳主要指大负荷运动训练或比赛后机体脏腑功能失调和下降的现象。脏腑疲劳常见症状如下。

(1)面色淡白、气短懒言、头晕目眩、舌淡脉弱、心悸腰酸、神疲乏力等。

(2)脾胃功能失调、食积阻滞、食少腹胀、口淡无味、厌食。

3. 神志疲劳

神志疲劳主要指运动者精神和情志发生改变的现象。神志疲劳的症状主要有失眠不寐、精神不振、困倦厌训等。

(二)生理机能检测

采用生理机能检测的方法判断运动性疲劳,通常采用以下几项指标。

1. 心率

(1)基础心率

基础心率是指在安静、室温条件下,清晨、清醒、起床前静卧时的心率。基础心率反映机体最基本的机能状况,通常用清晨起床前的心率表示,机能正常时基础心率相对稳定。如果大运动负荷训练后,次日清晨起床前的基础心率较平时每分钟增加 10 次以上,若无其他任何原因,则认为有疲劳现象;如果连续几天持续增加,则表明疲劳累积,应及时对运动负荷进行调整。

(2)运动中心率

采用遥测心率方法可以测定运动中的心率变化,或用运动后即刻心率来代替。按照训练—适应理论,随着训练水平的提高,完成同样运动负荷时,心率有逐渐减少的趋势,如果在一段时间内,从事同样强度的定量负荷,运动中心率增加,则说明运动者的身体机能状态不好。

(3)运动后心率恢复

人体进行一定强度的运动后,经过一段时间休息,心率可恢复到运动前状态。身体疲劳程度较深时,心血管系统机能下降,可使运动后心率恢复时间延长,可以以此作为诊断疲劳程度的指标。

2. 血压

血压是反映疲劳程度的常用指标。

(1)晨血压

身体机能良好时,清晨时安静血压较为稳定。若安静血压比平时升高

20%左右且持续两天以上不恢复,说明机能下降或身体疲劳。

(2)运动状态下血压

一般情况下,收缩压随运动强度的加大而升高,舒张压不变或有轻度的上升或下降,但出现以下情况时说明已产生疲劳或过度疲劳。运动时脉压差增加的程度比平时减少,出现无力型反应,表明已产生中度或重度疲劳。若出现"无休止音"或梯形反应,表明已处于过度疲劳状态。

3.肌肉力量

肌肉力量下降是运动性疲劳最明显的特征之一。运动后肌肉力量明显下降而且不能及时恢复,可视为肌肉疲劳。在评定疲劳时,可根据参与工作的主要肌群确定测试内容,比如以上肢工作为主的运动可用握力或屈臂力量测试;以腰背肌工作为主的运动可选择背力测试等。常用的测试仪器有握力计、背力计等。测试时,首先在运动前连续测定若干次肌肉力量,计算出平均值,运动结束后,再以同样方式进行力量测定,如果肌肉力量平均值低于运动前水平,或几次力量测定值连续下降,即为肌肉疲劳。如果一次练习后连续几天肌肉力量不能恢复,则说明疲劳程度较重。

4.小腿皮下水肿检查

用拇指压小腿胫骨前面皮肤,当去除按压而留下皮肤凹陷不能立即消失者为阳性。凹陷的深浅与皮下组织液积聚和疲劳程度有关。

(三)心理学评定

1.观察评定

观察评定指的是在运动训练、体育锻炼过程中,对运动者在运动中的各种表现进行观察,从而确定运动内容和负荷,以提高运动效果。运动者在运动过程中表现出的心理疲劳症状一般有反应迟钝、注意力涣散、精神恍惚、情绪烦躁、思维混乱、动作缓慢等。心理疲劳会严重影响到运动者的运动效果,因此教练员或指导员对此要给予足够的重视。观察评定是一种容易操作的判别方法,但其评定的尺度很难掌握。另外,它对观察人员的综合素质要求较高,观察人员的疏忽很容易导致对心理疲劳评定的不准确。

2.主观感觉评定

主观感觉评定主要根据负荷前和负荷后脉搏频率、收缩压和舒张压的改变及恢复程度进行评定,亦适用于一次运动负荷试验,通常有下列五种反应类型。

(1)正常反应

负荷后脉搏和收缩压适度上升,两者大致平行,舒张压适度下降或不变。负荷后 3～5 分钟内脉搏和血压恢复至安静水平。

(2)紧张性增高反应

负荷后收缩压明显升高,舒张压也升高,脉搏显著增加,恢复时间延长。

(3)紧张性不全反应

负荷后舒张压极度下降,甚至在 0 毫米水银柱时仍能听到音响。如果这种现象持续 2 分钟以上,收缩压上升不明显,脉搏明显增加,恢复期延长,说明身体机能不良,或者是运动者早期过度训练的征象。如果这种现象持续时间不超过 1 分钟,负荷后的收缩压也较高,说明心肌收缩力较强,只因心率快,致使舒张期缩短,训练良好的运动员在激烈的竞赛后可能出现这种反应。

(4)无力反应

负荷后第一分钟收缩压上升不多,甚至下降,脉搏急剧增加,恢复期延长,这种现象表示心肌无力,每搏输出量减少,导致心率代偿性增加,运动者患病或过度锻炼时会出现此反应。

(5)梯形反应

负荷第一分钟收缩压上升不多,而第二、第三分钟收缩压升得很多,高于第一分钟,同时脉搏明显增高,舒张压上升或不变,恢复期延长。当身体有病尚未恢复,运动者过度训练时均可出现这种反应。

三、运动性疲劳的消除方法

发生运动性疲劳时,通常采用以下方法来消除疲劳。

(一)物理法

1. 拔罐

拔罐法常用于局部严重疲劳并伴有损伤者。通过拔罐时局部负压作用,使组织内的淤血散于体表,有助于组织代谢产物的吸收和排泄,从而消除疲劳。

2. 理疗

常用红外线、生物频谱仪、生物信息治疗仪等消除运动后的疲劳。理疗可以促进血液循环、改善血液供应,有利于营养物质的吸收和代谢产物的排泄,达到疲劳恢复的目的。

3.吸氧及空气负离子疗法

吸氧可以促进新陈代谢，改善微循环，有助于消除疲劳。如果有条件，在大运动量训练后采用高压氧治疗，对消除疲劳有明显效果。空气负离子能改善肺的换气功能，增加氧吸收量和二氧化碳排出量，改善大脑机能，刺激造血机能，使红血球、血红蛋白、血小板增加，血流速度加快，心搏输出量加大，扩张毛细血管，加速乳酸的代谢，因此有助于消除疲劳。

（二）心理法

1.改变运动环境

当运动者厌烦运动锻炼时，可以进行相对长时间的休息，等这种厌烦心理平淡下来再继续锻炼，改变运动模式、环境、运动量和强度都能够改善心理状态。

2.培养兴趣和爱好

可以培养运动者多方面的兴趣，如养花、书法、绘画、读书、听音乐等。有了这些爱好，其就可以自动调节情绪，舒解厌烦和郁闷心理了。

3.自我调节，积极评价自己

(1)休息策略

运动者感觉状态不佳时要主动减轻运动量，适当休息，从而调整自己的身体状态。

(2)表象和冥想

每天睡前、醒后把前一天练的动作要领在头脑中想一遍，再想想自己在哪方面做得不够，想象一下如果做好了成绩能达到什么样的程度，就能感觉好像再锻炼的话，效果一定会提高。

(3)自我积极暗示

运动者要学会自我调节，看到自我价值，给自己希望。成功时可以对自己说“做得好，你真棒”。失败时能很快调节自己，找自身的问题，定下一个目标，相信自己还有潜力，还会做得更好。

（三）运动法

1.肩部疲劳消除法

通过肩部疲劳消除法可以有效消除身体疲劳；增强活力，强化脊背、心脏的机能。主要方法有:仰卧、屈膝、用肩部和脚掌支撑身体、在酸痛的肩部停留 10 秒。时间为 1 分钟。

2. 胳膊疲劳消除法

通过胳膊疲劳消除法可以有效消除胳膊的酸痛和疲劳,消除懒倦。主要方法如下。

(1)用手掌轻轻地摩挲整个酸痛的胳膊。

(2)按顺序按摩小臂、肘部、三角肌。在按摩过程中用手指满指尖寻找硬化部分,然后利用淋巴按摩法按摩。

(3)要特别注意按摩胳膊上发麻和发硬的地方。

(4)按摩肩部。

(5)运用前后摇动的胳膊运动疗法。

时间 3 分钟。

3. 腰部疲劳消除法

通过腰部疲劳消除法可以有效消除腰部酸痛和疲劳,使身体富有柔软性;扩张胸部。主要方法如下。

(1)屈膝跪地或跪在床上,用双手抓住自己的脚脖子。身体后仰,胸部前倾。此时要注意深呼吸,保持此姿势 6 秒。

(2)腰部的淋巴按摩法:俯卧,轻轻按摩脊椎骨、腰部和臀部,要特别注意按摩淋巴停滞的地方。

动作需做 5 次,每次 6 秒。

4. 大腿疲劳消除法

大腿疲劳消除法可促进大腿和脚部疲劳的消除,促进脚部浮肿的恢复。主要方法如下。

(1)坐下后一条腿弯曲。

(2)用淋巴按摩法从脚脖子往上按摩。

(3)要特别注意轻轻地按摩膝盖后部。

时间 3 分钟。

5. 全身疲劳消除法

全身疲劳消除法可消除全身疲劳,解除身体压迫感,强化肠胃功能,增强耐力。主要方法如下。

(1)仰卧,双手呈十字水平推开。

(2)并拢双腿,举到头部上端。

(3)把脚尖放在头前的地方静止6秒。

(4)慢慢地把双腿复归原处。

时间30秒。

(四)其他方法

1.按摩

(1)运动前按摩

运动前按摩可使运动者保持良好的运动状态,增强肌肉力量、关节的灵活性和韧带的柔韧性,提高运动能力,预防伤病。

一般情况下,将按摩和准备活动结合起来,时间2～10分钟,在运动前15分钟左右进行为宜。

(2)运动中按摩

运动中按摩能迅速消除疲劳,恢复体力,提高肌肉的兴奋性。运动中按摩应根据项目的特点和间歇的长短来定,采用短暂、兴奋的手法,一般是对负荷大的肌群进行按摩。按摩时间不超过1分钟。

(3)运动后按摩

运动后按摩也叫"恢复按摩",目的是消除疲劳,恢复体力,一般在运动结束后进行。也可在洗澡后或晚上睡前进行。如果感到十分疲劳,可先休息2～3小时后再按摩。

2.沐浴

(1)温水浴

温水浴可以促进人体血液循环,有利于疲劳肌肉的物质代谢,是一种简单易行的消除疲劳方法。温度不宜过高,以40℃为宜,时间为10分钟左右,如果超过20分钟,就会使疲劳加重。

(2)蒸汽浴

蒸汽浴就是将蒸汽通入特制小屋或关闭的房间内,造成一个高温、高湿的环境,促进人体的排汗。

(3)桑拿浴

桑拿浴是利用高温干燥的环境,加速血液循环,使人体大量排汗,从而使体内的代谢产物能及时排出体外。桑拿浴时间不宜过长,每次停留5分钟左右,最好与温水浴交替进行,反复4～5次。桑拿浴一般不要在运动结束后即刻进行,以免造成脱水和加重疲劳。如果运动结束后,休息一段时间，补充足够的水和营养物质后进行桑拿浴，会获得更好的效果。

3. 听音乐

音乐具有很强的奇特效果。音乐可以缓节人体中枢神经系统的疲劳，调节呼吸、循环系统功能，对骨骼肌能产生影响。特别是低音域的音乐和歌曲，有镇静、镇痛、增强记忆力、改善注意力的作用。选曲时应考虑运动者的情绪、文化素质和音乐欣赏能力。

第五节　预防与处理运动性疾病

一、运动性疾病概述

(一)运动性疾病的概念

运动性疾病一般是指由于健身运动、运动训练或比赛安排不当而造成人体内环境紊乱的一类疾病或综合征。在体育运动中，运动性胃肠道综合征、晕厥、运动性贫血、运动性血尿、运动中腹痛、肌肉痉挛、运动性中暑、运动性低血糖症、运动性哮喘、运动性猝死等都是常见的运动性疾病。

(二)运动性疾病的治疗

运动性疾病的治疗方法一般有以下两种。

1. 病因治疗

调整运动量、运动内容和方式能消除症状和体征，轻度过度训练的患者，经减少强度、暂停训练和比赛，常在短期内痊愈。

2. 对症治疗

主要采用维生素、ATP、能量合剂、中药等常用药。

二、常见运动性疾病的预防与处理

(一)运动性腹痛

1. 产生原因

运动性腹痛是指在运动过程中或运动结束后，由运动而引起的腹痛现象。造成这一疾病的常见原因如下。

(1)慢性疾病。在运动时病变部位受刺激引发疼痛,同时髂腰肌拉伤及血肿,会导致腹痛。

(2)运动者体质水平差,运动时心肌血液搏出无力,导致静脉回流发生障碍,回流血聚积肝脾淤血性肿大,肝脾包膜张力增加,经受牵拉而产生疼痛。

(3)运动前吃得过饱、喝水过多或空腹运动,胃部受到牵拉与刺激,引起腹疼。

(4)运动中排汗较多,体内盐分大量流失,导致代谢紊乱和疲劳,从而引起腹直肌痉挛而疼痛,这种情况多发生在运动后期。

2.症状

导致运动性腹痛的原因不同,症状就有一定的差异。

(1)由呼吸肌痉挛或活动紊乱引起的腹痛多为锐痛,肋部和下胸部是主要疼痛部位。

(2)由肝脾淤血肿胀引起的腹痛多为钝痛、胀痛或牵扯性痛,左腹部是主要疼痛部位。

(3)由胃肠道痉挛或功能紊乱引起的腹痛多为钝痛、胀痛甚至绞痛,肚脐周围、左下腹是主要疼痛部位。

3.预防

(1)在运动时出现右上腹痛时,应加强全面身体练习。

(2)因腹内或腹外疾病所致的腹痛,以治疗原发疾病为主,再配合对症治疗。

(3)科学锻炼,循序渐进地增加运动量,运动前不要过饱或过饥,准备活动要充分。饭后1.5～2小时后才可进行剧烈活动。

4.处理

(1)运动中出现腹痛,则应降低运动速度,用手压患部,加深呼吸,调整呼吸与运动节奏。若疼痛未减轻,反而加剧,应停止运动。

(2)肠胃痉挛时可口服普鲁本辛(每次一片)或掐点内关、足三里、大肠俞等穴位。

(3)腹直肌痉挛时可进行局部按摩或背伸牵拉腹肌。

(二)运动性贫血

运动性贫血指的是血液中红细胞数目及血红蛋白量低于正常生理数值的现象。

1. 产生原因

引起运动性贫血的原因有很多。运动者在运动过程中如果生理负担量过大,则可导致运动性贫血。其类型个别为混合型贫血,少数为溶血性贫血,多为缺铁性贫血。从发生率上看,年龄小的运动者高于年龄大的,女性高于男性。血红蛋白是红细胞的主要成分,正常人血红蛋白的浓度和红细胞的数量密切相关。一般情况下,血液中红细胞数量越多,血红蛋白浓度就越高。机体在正常情况下每天都有一定数量的红细胞在新生和衰亡,两者之间维持着动态平衡,使血液中红细胞数目与血红蛋白保持在相对稳定的水平上。一旦这种平衡受到破坏,即可导致贫血。

2. 症状

运动性贫血主要表现为头晕、乏力、易倦、记忆力下降、食欲差等症状。运动时症状较明显,常伴有气促、心悸等症状,主要的体征为皮肤和黏膜苍白,心率较快,心尖区可听到收缩期吹风样杂音等。影响症状轻重程度的主要是血红蛋白数量及运动负荷大小。

3. 预防

(1)合理安排运动量和运动强度,遵守循序渐进和个别对待原则。

(2)进行大运动量运动时进行预防性补铁。

(3)多食含蛋白质丰富的食物,克服偏食习惯。

(4)运动与进食之间应有合理的间隔。

4. 处理

(1)适当减少运动量,必要时应停止运动与训练。

(2)改善营养,尤其是补充富有蛋白质和铁的食物。

(3)口服硫酸亚铁片剂,每日三次,每次0.3克,饭后服用,对治疗缺铁性贫血有明显效果。

(三)运动性血尿

正常人的尿液中没有红细胞。而在剧烈运动后引起显微镜下血尿,经检验无原发病者，称为运动性血尿。

1. 产生原因

(1)剧烈运动时人体血液重新分配，大量血液要流向与运动有关的器官，此时肾脏的血流量减少使肾小球缺血，故血液中乳酸含量增加、肾小球通透性增加、过滤机能下降，使蛋白质和红细胞漏出，出现蛋白尿和血尿。

(2)剧烈运动时由于肾脏遭受震动或打击，引起肾脏充血或损伤而造成血尿。

2. 症状

运动性血尿多在运动后即刻突然出现，其严重程度与运动负荷量和强度有关，除血尿外无其他任何体征。出现血尿后，只要停止运动，一般不超过3天即可完全消失。

3. 预防

(1)运动者根据自己的体质情况和运动水平科学进行锻炼，避免超负荷运动。

(2)有器质性疾病者不能参与大负荷量运动。

(3)加强医务监督。

4. 处理

出现血尿者应停止运动进行检查。若属运动性血尿，应减少运动负荷量，进行药物治疗；若属器质性疾病，应针对病因进行治疗，避免进行剧烈运动。

(四)中暑

1. 产生原因

人体温度在36.5℃～37℃属于正常。在天气太热的情况下，人体内的温度不易散发；参与较长时间的运动时，身体热量急剧增加，体温的调节作用不能及时把热量散发出去。在这两种情况下，都可能使体内的热量慢慢地积累起来，体温较高，热的发散力又较小，长时间运动时体温可能升到39℃～40℃。体温剧烈升高，引起身体的整个机能特别是大脑机能发生障碍，导致中暑。

另外,在夏天强烈日光下照射时间太长,对身体也会产生不良影响,这就是常说的日射病。日光中有一种红外线,这种光线在夏天太阳光中格外强烈,长时间受日光照射时,红外线就能透过人的毛发、皮肤、头骨射到脑膜和脑细胞,从而使大脑发生病态变化,这也能引起中暑。

2. 症状

中暑时的一般症状有头痛、头晕、眼发黑、心慌、心跳、气喘、口渴、恶心、皮肤发烫、抽筋等,严重时有昏迷,不省人事等症状。

3. 预防

(1)尽量不在炎热的时间进行运动(除游泳外)。在高温炎热的夏季,应适当调整作息制度,延长午休时间。在上午或傍晚进行耐力性项目的练习或训练,练习时间不宜过长。

(2)如果必须在高温天进行运动,要做好准备防暑工作,如戴遮阳帽,以防日光直射;穿浅色或白色的衣服,衣服质料应轻松,衣服应宽大、透气,以利于热量发散。

(3)如发现大量出汗、疲乏、恶心、头昏等早期中暑先兆,应立即停止运动。

(4)运动过程中增加休息次数,最好到阴凉处休息。运动时间不可过长。

(5)休息时喝加盐的凉开水,不但可以补充体内因出汗而缺少的盐分,还可以限制一部分水不至于大量排出,对身体很有益。

4. 处理

(1)迅速使患者脱离热环境,到阴凉通风处休息,并采取降温、消暑措施,如解开衣扣,喝清凉饮料,服用人丹、十滴水或藿香正气水等防暑药物。

(2)对高热中暑病患者,主要采用物理降温或合并药物降温的方法,如冷敷、冷水淋浴、冰袋冷敷、50%酒精擦浴等紧急降温措施。

(3)对日射病患者,重点是进行头部降温,让患者仰卧,垫高头部,用冰袋冷敷额部或以50%酒精(或白酒)擦身。

(4)热痉挛及热衰竭病患者主要是补充生理盐水或葡萄糖生理盐水,可大量口服含盐的饮料。

如果症状严重或上述方法不奏效,必须及时送医。

第六节　加强运动锻炼医务监督

一、运动锻炼的医务监督目标

在运动锻炼中进行医务监督主要是为了实现以下目标。

(一)评定身体机能

在运动锻炼中开展医务监督工作需要对运动者进行体检和机能测试，这有利于综合评定运动者的身体机能状况。体检和机能测试在不同的阶段和状态下(如安静状态、训练过程、恢复过程)都可以进行，具体要以不同的项目特点和要求为依据。

(二)监控运动锻炼

运动锻炼以发展身体机能潜力和提高健康体质为目的，运动者只有长期坚持训练，才能获得预期的效果。通过医务监督，可以对运动锻炼中的负荷进行控制，使其不超出运动者的生理极限，从而使运动者达到增强体质的目的，而且又不会出现过度疲劳现象。

(三)消除运动疲劳

长期不间断地进行运动锻炼容易使身体和精神处于疲劳状态，也容易造成身体机能下降。因此，运动者应注重身体和精神疲劳的恢复，通过医务监督及时采取有效措施来预防疲劳，促进疲劳恢复。

(四)预防和治疗运动伤病

运动者在长期的运动锻炼中难免会因为各种因素而出现运动伤病。所以，为了保障运动者的健康安全，使其顺利参与锻炼，需要重视运动性伤病的预防和处理，而通过医务监督可以及早发现伤病的前兆，从而能够及时采取有效措施达到预防与治疗的效果。

二、在不同运动项目锻炼中医务监督的要求

(一)田径运动的医务监督要求

参加不同的田径运动项目，需要具备的身体素质条件也不同。例如，短

跑运动要求运动者具备高水平的速度素质，长跑与超长跑要求具备高水平的耐力素质，跳跃要求具备良好的下肢肌肉爆发力，投掷要求具备高水平的力量素质。

自我监督、生理指标测量、定期功能检查与评定等是对田径运动参与者进行医务监督时重点检查的内容，这主要是为了适应田径运动的生理特点。需要注意的是，如果是对长跑等耐力项目的运动者进行医务监督，需定期对其心血管系统功能状况进行重点检查。如果运动者年龄在17～19岁甚至更小，在锻炼期间要严格贯彻循序渐进原则，这主要是因为这一年龄段的青少年还处于发育阶段，如果提前对其进行大负荷和大运动量的训练，会使其心脏承受过重的负担，从而导致心脏功能失调，严重影响其身体健康。

针对田径项目进行医务监督，还需观察气候情况、检查运动设施、合理搭配营养膳食。

(1)气候条件会影响田径运动效果，因此要加强对气候的监测，如果是在室外锻炼，应注意气温、恶劣天气等情况，如果在室内进行锻炼，应重点注意湿度、温度、通风和照明等情况。

(2)在田径运动中发生运动损伤的现象很普遍，而场地器材不合格是造成损伤的一个主要原因，因此要特别注重对运动场地设备的检查。

(3)锻炼期间营养膳食补充情况直接影响锻炼效果，因此应根据具体的项目搭配不同的营养膳食。

(二)球类运动的医务监督要求

常见的球类运动项目有足球、篮球、排球、羽毛球、乒乓球、网球、高尔夫球、台球、曲棍球、橄榄球等，下面以三大球(篮、足、排)为例来对球类运动的医务监督进行研究。

1.足球

足球运动具有较强的对抗性，球员在赛场上会展开非常激烈的争夺，而且由于足球训练与比赛是在户外进行，所以很容易受气候条件及场地情况的影响。因此，监督人员应注重对足球运动参与者身体素质的全面培养，对营养膳食要做出合理安排，定期对运动者进行体检，特别要注重检查其心血管系统的功能，此外要做好运动性伤病的预防工作。

2.篮球

篮球运动同样具有较强的对抗性，在运动中会大量消耗体力。因此，对篮球运动者进行医务监督时需要重点考虑的内容有定期体检、心血管系统功能评定、合理膳食营养、场地安全与卫生检查、损伤预防等,以此来保障其安全健康,保障锻炼效果。

3. 排球

跑、跳、滚翻和扣杀等是排球运动的主要动作,做这些动作要消耗较大的体力,运动者需要具备全面的身体素质才能顺利完成这些动作。因此,在针对排球项目的医疗监督中,不仅要对运动量、运动负荷进行合理安排,定期对运动者进行体检,还应在技术方面加强指导与监督,以防运动者因为动作掌握不准确而出现损伤。

(三)游泳运动的医务监督要求

为了充分保障游泳运动者的安全和健康,提高其游泳锻炼效果,需要加强对运动者的医务监督。在下水前,运动者要根据游泳运动的特点与锻炼需要做好相应的准备活动,可以先试试水温,如果水温比较低,可先往身上泼冷水,以提高机体适应能力。

游泳锻炼中,不宜在水中停留过长时间,也不宜长时间保持静止状态。在水温低的游泳池中游泳,机体会散发大量的热量,因而会消耗较多的能量,这时有可能发生肌肉痉挛、过度劳累、寒战等症状,一旦感觉身体不适或有疲劳感,需立即停止训练,并在游泳池旁做一些放松活动,以快速产热,预防感冒。在游泳运动中,要戴好游泳帽和防护眼镜,保护耳朵和眼睛。

第七节 制定科学运动处方

运动处方指的是根据医学资料,依据运动者或患者的健康、体力以及心血管功能状况,用处方的形式规定运动种类、运动强度、运动时间及运动频率,提出运动注意事项,从而对运动者或患者科学参加体育运动或康复活动进行科学指导的方法。

一、制定运动处方需贯彻的基本原则

(一)安全性原则

制定运动处方要根据体育运动者的具体情况而定,最主要的是要保证运动者的安全。在制定运动处方时,首先要对运动者进行全面健康诊断和体力测试,保证运动锻炼的安全,从而有效避免运动损伤。另外,还要严格

遵循运动处方的各项规定和要求，合理选择运动负荷，提高运动锻炼的科学性。

（二）针对性原则

不同运动者的具体情况各有差异，在这样的情况下，要针对不同年龄、体质、疾病的人群制定不同的运动处方，否则不但达不到锻炼和康复的效果，甚至还会造成运动损伤。因此，制定运动处方时，必须因人而异，要有一定的针对性。如老年人和年轻人如果用同一种运动处方，老年人很可能完成不了，而年轻人则达不到应有的锻炼效果，对双方来说都是不利的。况且，每个人的身体状况都是不断变化的，任何人不可能永远都按照同一个运动处方进行锻炼。所以，在制定运动处方时必须要根据每个人的具体情况量身定制，区别对待。这就是运动处方的针对性原则。

（三）渐进性原则

渐进性原则是指制定运动处方要根据运动者体质增强的规律而进行，在实施运动处方时，要根据个人体质状况由小到大逐步增加运动负荷，贯彻循序渐进原则。渐进时间和每次渐进的量应按照负荷和有效价值阈所规定的时间合理确定渐进的指标，并且按照每个指标安排渐进的幅度和阶段时间。

运动处方的渐进性原则主要是指按照循序渐进的性质、遵循超量恢复的法则来逐步提高运动负荷量。如果在锻炼过程中仅按照一个运动处方进行锻炼，很难达到有效的锻炼或康复目的。而突然进行一次大强度、长时间和多次重复的锻炼，则违背了循序渐进的规律，不仅达不到预期效果，反而会造成运动损伤，影响下一步的锻炼。

（四）可操作性原则

制定运动处方时需要对锻炼者所处环境与实际的锻炼条件进行充分考虑，对体育资源加以充分利用，对可操作性强的运动处方进行制定，保证运动锻炼的科学性和有效性。制定出的运动处方必须要有一定的可操作性，否则运动者就无法按照运动处方开展运动锻炼活动，更谈不上锻炼效果了。

二、制定运动处方的一般程序

制定运动处方需要按照以下四个步骤进行。

(一)健康调查与评价

健康调查与评价主要是为了了解运动者的基本健康状况和运动情况。具体内容参考第一节体格检查。

(二)运动试验

运动试验要根据检查的目的和被检查者的具体情况而定。一般来说，运动试验主要应用于以下范围内。

(1)为制定运动处方提供必要的依据，提高运动处方的安全性和实效。

(2)评定运动者的体能素质。

(3)评定运动者的心脏功能状况。

(4)用于冠心病的早期诊断，以及评定冠心病的严重程度及心瓣膜疾病的功能。

(5)用于发现运动诱发的心律失常，其检出率比安静时的检查高16倍。

(6)用来作为康复治疗效果的评定指标。

随着时代的发展，运动试验的应用范围越来越广。目前，逐级递增运动负荷的方法在运动试验中得到了普遍的采用。测定时需要借助跑台和功率自行车等简单器械。递增负荷运动试验指的是，在试验过程中，逐渐增加负荷强度，同时对某些生理指标进行测定，直到受试者达到一定运动强度的一种运动耐量试验。

(三)体质测试

在运动处方制定中，体质测试是非常重要的一个环节，这是选择运动项目，安排运动强度、运动密度及制定运动处方的重要依据。体质测试的内容主要包括以下几个部分。

1.心血管系统测试

心血管系统测试主要包括静态检查和动态检查。测试指标主要有：心率、血压、心电图等。

通过心血管系统测试，可以有效测试出受试者的心脏功能，从而制定科学的运动处方。

2.呼吸系统测试

呼吸系统测试内容主要包括肺活量测定、通气功能检查、呼出气体分析、屏气试验、日常生活能力评定等。

呼吸系统测试是了解人体运动能力的基本手段，对于一些有氧运动项目来说，呼吸系统的功能非常重要，因此进行呼吸系统测试很有必要。

3. 运动系统测试

运动系统测试主要是进行肌肉力量测试，主要包括手法肌力测试和围度测试。

(1)手法肌力测试

受测试者在适当位置，肌肉最大程度收缩，使关节远端作自下向上运动，同时由测试者施加阻力或助力，以此来观察受试者对抗地心引力或阻力的情况。

(2)围度测试

围度测试方法是根据肌肉力量的大小与肌肉的生理横断面有关的生理常识来测试肌肉力量的方法。主要测试指标有上臂围度、前臂围度、大腿围度、小腿围度、髌骨上 5 厘米的围度、髌骨上 10 厘米的围度等。

4. 有氧耐力测验

有氧耐力测验主要包括走、跑和游泳三种方式。目前，常用的测试方式有定运动时间的耐力跑和定运动距离的耐力跑。

(四)制定处方

通过以上述测试，可以对运动者的身体健康状况有所了解，同时也可以对运动者的体力水平及运动能力的限度等有所掌握，然后根据这些实际情况来制定运动处方。制定运动处方时，必须包含运动项目、运动强度、运动密度、运动时间及运动注意事项等内容。

制定运动处方时，需注意以下几个要点。

1. 科学确定处方的运动负荷

对处方的运动负荷进行科学确定需注意以下两点。

(1)体育锻炼计划的制订要充分运用运动医学及运动生理学的相关知识。

(2)要综合判断运动者的体力能力、生活及工作状态等情况，以此来科学合理地制定运动负荷。

2. 督促运动者执行规定的要求

(1)要向运动者指明哪些运动项目有危险，或者不适合参加。

(2)要使运动者明确自我观察与监督运动负荷的指标,并将指标发生变化时停止运动的事项告知锻炼者。

(3)将有关生理卫生的常识传授给运动者。

3.指导运动者定期复查身体和测定体力

通常情况下,运动者坚持一季度到半年的体育锻炼之后,就进行身体复查,并进行体力测定,以此来对身体状况的变化进行了解与评价,同时也可以对体育锻炼的效果进行评价,这些反馈信息是对运动处方进行调整或重新制定的主要依据。

4.考虑环境因素

运动产生的生理反应会受到环境的影响,寒冷或高温的环境、高原气候或空气污染严重的环境等都会对生理反应产生影响。运动处方要随着运动环境的改变而调整,以使运动者的生理适应不同的环境。

在炎热的环境中锻炼时,应该对运动进行适当限制,在运动过程中要注意补液的重要性。

在寒冷的冬天锻炼时,要注意防止冻伤,多穿衣服,保护好头部和四肢。患有疾病的人最好在温暖的天气中进行锻炼。

运动处方制定好后,并不是始终按照该处方进行锻炼,要注意定期修订。修订运动处方的周期要根据运动者的具体情况而定。如果运动者较为年轻,可以每年对运动处方进行一次合理规范的修订,如果运动者为老年人,或是患有心血管系统慢性疾病和代谢综合征的患者,应每半年修订一次。制定运动处方时的原则、程序等同样适用于运动处方的修订中。

第六章 体育运动创伤与康复系统的建立

人们在参加体育运动锻炼的过程中，受各种主客观因素的影响，难免会发生一定的运动损伤，这是正常的。而要想促进身体机能的尽快恢复，建立一个体育运动创伤与康复系统，并掌握一定的保健与康复手段是至关重要的。本章就重点研究体育运动创伤与康复系统是如何建立并在实际中得到利用的。

第一节 运动创伤概述

一、运动创伤的概念、特点与分类

（一）运动创伤的概念

运动创伤，是指运动员在运动过程中或由运动造成的身体部位的创伤。运动员参加运动训练，受各种因素的影响，容易发生各种运动创伤，这些因素通常包括身体机能状态不佳、技术动作错误、训练质量较低、运动环境恶劣等。一旦运动员发生身体创伤，则会影响他的正常训练，而健身者出现运动创伤，则失去了健身的意义。因此，不论是专业运动员还是健身爱好者都要注意运动创伤的恢复。

（二）运动创伤的特点

总体来看，运动创伤的种类非常多样。从发病率上看，各个项目及各个部位的创伤不尽相同。但总的来说小创伤多，慢性创伤多，严重及急性创伤少。这些慢性创伤，有的是一次急性创伤后处理不当，训练过早变成慢性的；而更多的是由于运动量安排不当，局部过劳，许多微细创伤逐渐积累而成的劳损。

与一般创伤相比，运动创伤主要呈现出以下几个方面的特点。

(1)不同运动项目各有其专项多发性创伤，与运动技术之间有着极为密切的关系。

(2)运动创伤的种类以慢性小创伤(或称微细创伤)较多,多系局部过劳所致(多发生于软组织、骨、软骨、神经及血管)。

(3)在运动创伤的治疗措施中,要合理安排运动锻炼的负荷。

(4)要十分注意受伤动作与受伤机制,否则就很难谈到预防。

(三)运动创伤的分类

按划分标准的不同,运动创伤主要有以下几种分类。

1.按创伤的组织结构分类

(1)软组织损伤:一般来说,包括皮肤、肌肉、肌腱、腱鞘、韧带、滑囊和心血管等损伤。

(2)关节软骨组织的损伤:主要包括关节软骨、骨骺软骨的损伤以及创伤性骨关节病。

(3)骨组织的损伤:指在骨结构较纤细及易产生应力集中部位的疲劳骨折和骨软骨炎。

(4)关节稳定结构的损伤:主要包括动力性结构关节周围肌肉损伤和静力性结构韧带的损伤。

(5)神经组织的损伤:主要是指周围神经组织的损伤。

(6)其他损伤:如感觉器官、内脏器官等损伤。

2.按创伤程度分类

(1)不丧失工作能力的轻伤。

(2)丧失工作能力 24 小时以上,需在门诊治疗的中等伤。

(3)需要长期住院的重伤。

3.按运动能力丧失程度分类

(1)受伤后能按训练计划进行训练的轻度伤。

(2)发生运动创伤后不能按训练计划进行训练,须停止患部练习或减少患部活动的中度伤。

(3)完全不能参加运动训练的重度伤。

4.按创伤后皮肤的完整性分类

(1)开放性损伤:凡皮肤、黏膜的完整性受到破坏,深部组织与外界相沟通的损伤称为开放性损伤,如擦伤、撕裂伤、开放性骨折等。

(2)闭合性损伤:伤后皮肤仍保持完整,无伤口与外界相通的称为闭合性损伤，如挫伤、挤压伤、扭伤、关节脱位和半脱位、闭合性骨折等。

5.按创伤时间分类

(1)急性损伤：指在运动一瞬间遭受到直接暴力或间接暴力致伤者。

(2)慢性损伤：指在局部过度负荷、一段时间内组织遭受多次轻微损伤而引起的劳损，或由于急性损伤处理不当转化而来的陈旧性损伤。

运动员在平时的运动训练中，发生的运动创伤多为慢性损伤，因此要十分注意这一类创伤的恢复措施。

6.按运动技术与训练的关系分类

(1)运动技术伤：与运动技术特点密切相关。其中少数为急性伤，如手榴弹骨折、短跑跟腱断裂等，但是多数为过劳伤，是慢性伤积累造成的，如足球踝、网球肘。

(2)非运动技术伤：一般情况下，多为意外伤，有的与运动项目有关，如脱位、脑损伤、胸腹腔内脏损伤等。由于运动比赛项目繁多，在训练和比赛中都有可能发生。

二、发生运动创伤的原因

运动员在参加运动训练或者健身者参与健身锻炼时，发生运动创伤的原因是多方面的，总体而言，主要包括以下几个方面。

(一)准备活动不合理

由于良好的肌肉力量是预防某些部位损伤的重要因素，如加强股四头肌，对预防髌骨软骨病会起到非常重要的作用，所以在训练之前要做准备活动，而且要科学合理。比如，铁饼运动员应控制膝发力的专项与辅助练习的数量，尤其对于新手更为重要。如果准备活动内容安排不当，例如，不能与专项内容良好结合或缺乏专项准备活动，未掌握好准备活动的时间，距离正式训练或比赛时间过长或过短；准备活动中速度过快，用力过猛等，以上这些情况都有可能导致运动损伤的发生。

(二)训练水平不足

运动训练水平不足也是导致运动者发生运动创伤的重要原因之一。其中，身体素质训练不足、专项技术训练不足、心理训练不足是最为重要的方面。在身体素质不良时，肌肉力量和弹性较差，反应较迟钝，关节灵活性和稳定性也较弱，因而容易出现损伤。专项技术训练不足时，动作要领难以掌握，这些不佳的技术动作极易违反身体结构、技能特点和运动时的生物力学原理，而容易导致损伤。战略战术训练不够而致伤的情况发生率较低，因此易被忽视，如耐力运动中的速度分配不当、赛车比赛时超越时间及地点选择不合理造成的损伤。此外，对运动员的心理品质培养和训练不够也是导致发生运动创伤的重要原因之一。

（三）训练、竞赛组织不当

一般来说，如果训练和竞赛组织不当也会导致运动损伤的发生，其原因主要包括以下方面：第一，缺乏医务监督，或运动员、教练员不重视医师的意见，带病或过度疲劳训练和参加比赛；第二，违背训练原则；第三，缺乏必要的保护，常见的情况是教练员保护方法不当或未给予保护，或脱离保护过早，运动员在训练或比赛前未作好必要的保护措施，如冰球等保护用具欠缺或不重视采用等；第四，竞赛组织安排不当，如竞赛日期或临时时间改变，比赛路线的选择或项目次序安排不当；第五，场地器材、保护服装的损坏或不符合卫生要求，如田径场地不平、太硬，沙坑木沿太高，单杠固定不牢固，摩托车、汽车、冰球比赛时保护用具的损坏等都可以引起运动人员的损伤。

（四）违背训练原则

运动训练有自身的规律，运动员参加训练要严格遵守个别对待和巩固性原则、系统性和循序渐进原则、自觉性或积极性原则、直观性原则等基本原则。如果违反这些训练原则，就非常容易导致运动损伤。

由于不同性别、年龄和不同项目的运动员在解剖结构和生理功能上不同，即使同一年龄、同一性别的人，在身体发育和器官的生理功能水平方面也有相当大的差异，因此无论伤病与否都要区别对待。在运动训练中，有一条原则是巩固性原则，即获得某一种素质或学完一个动作之后，还要不断巩固。一种技巧也是条件反射性联系，不进行巩固或强化就会消退。相反，如果未能经常锻炼与巩固已学的动作，再做时过于自信就容易发生运动损伤。

在运动训练中，一个技巧的掌握，需要经过一定的过程，因而在学习时，应当先学分解动作，再学连贯动作；先学简单动作，再学复杂动作；先学容易的动作，再学复杂的动作等。从机体内脏活动来分析，这是一个适应的过程，因而训练必须是系统性的。在每次训练课或比赛前都要作准备活动，准备活动使运动系统、心血管系统、内脏和神经系统达到适应近似比赛状态；反之，不做好充分的准备活动，肌肉僵硬、发挥技巧的条件反射未得到恢复，就容易引起各种运动损伤。

（五）运动员的生理状态不良

运动员运动竞技状态的保持是非常重要的，但这种良好的竞技状态不可能一直保持下去，如果出现疲劳、患病或者心理状态不佳等状况时就容易导致运动损伤。尤其是运动员疲劳或过度疲劳时，其力量、精确度和共济功能均显著下降，警觉性和注意力减退，机体反应力迟钝。这些因素都可能会导致运动技术上的错误或创伤。当运动竞技状态不良时，为了防止创伤的发生，必须禁止剧烈运动，进行技术复杂和要求精确的动作，并应禁止缺乏锻炼的人参加高度紧张的运动竞赛和各种体能测验，还应正确制订训练计划与比赛日程。在单杠、体操和击剑运动中，常常因手掌出汗过多或胼胝而发生创伤，预防主要靠平时对手掌的保护。心理因素如“心神不定、精神紧张”，有时会出现在缺乏训练或训练有素的运动员身上，这样就难免会有创伤的发生。为了消除这种情况，可采用抑制性的准备活动及按摩的方法，能有效地消除运动疲劳。

（六）气候因素不佳

运动训练中，气候条件不佳也是导致运动损伤的重要因素。气候因素主要包括光线不足，气温过高或过低，雨雪后地面湿滑等方面。在气温过高时运动，可能会发生中暑，气温过低有可能发生冻伤。因此，必须采取相应的预防措施，才能避免意外事故的发生。例如，在寒冷和潮湿的气候里，肌肉的活动能力、弹性和机械耐力大大降低，这样就很容易发生肌肉韧带的损伤。如果是在冬季滑雪、滑冰等运动中还常出现冻伤。因此必须做好充分的身体和心理准备，才能减少气候因素所导致的运动创伤的发生。

三、运动创伤的生理适应

（一）运动创伤适应的产生机制

运动创伤学是一门综合性的新兴学科，其主要任务除防治运动创伤外，还应研究其适应机制和过程。机体对创伤的适应包括结构性适应（如颈椎不稳继发的椎体骨唇）、疼痛性适应、关节不稳的适应（如前交叉韧带断裂后可加强腘绳肌肌力以稳定膝关节）以及疲劳性骨折适应等。适应医学是一门新的医学，目前国内外对其研究较少，各种适应的机制也不甚明了，尚无公认的统一认识和定义。它的内容十分广泛，涉及病理生理、发生生物学、环境、免疫、分子生物学与进化论等多种学科，其中有许多内容也与运动训练有关，如心血管系统的适应，可增加营养物质传送至运动肌肉的能力，使外周血管系统传送氧、运动肌肉摄取氧和释放二氧化碳的能力增强。科学的训练可产生正面效应,促使运动技术进步、运动成绩提高,是为生理适应;若训练不科学,则会产生负面效应,如运动创伤后突然停止训练可发生“停训综合征”。另外,有些适应也不能算生理的,如射击运动员、网球与乒乓球运动员的脊柱侧弯,不影响运动技术的发挥,却影响美观,这些无疑也是适应,但效果是负面的。

1. 代偿性适应

(1)因 ACL(前交叉韧带)或 PCL(后交叉韧带)断裂致成的前后向不稳,可用加强股四头肌肌力和腘绳肌肌力以代偿韧带断裂产生的关节松弛不稳。膝的侧副韧带断裂也可用此法消除关节不稳。

(2)足舟骨疲劳骨折时,患者常常用外足弓跑跳,篮球运动员有时甚至可获骨折的愈合。

(3)脊椎椎板疲劳骨折即所谓的峡不连时,腰椎的前突曲线变平,这时加强肩、髋、胸椎后伸柔软性的练习,常能很好地完成体操的后软翻动作。

(4)肘关节有骨刺投掷时不能伸直影响投标枪,加强肩、胸、髋关节的后伸柔软性的练习及腹肌力量的练习常常仍可提高成绩。

(5)肩袖创伤时加强三角肌肌肉力量的练习,常可避免因肩袖肌群肌力不足产生的肩部撞击综合征。

2. 结构性适应

(1)脊椎不稳时椎间盘因变性,其纤维环丧失稳定椎体的作用,最后都产生Ⅱ、Ⅲ度骨唇,它有稳定脊椎的作用。

(2)严重的髌股关节病,髌骨软骨面周围产生较大的骨唇,与其对应的股骨滑车缘也长出大的骨唇,但大都无髌骨压痛及上下楼膝痛的自觉症状,这属于典型的解剖结构性适应。大骨唇使髌股关节间产生了新的力的支撑点,从而减少了原伤处的负重压力,消除了症状。

(3)末端病时腱止点长出大的骨刺,它增加该部肌肉通过肌腱产生的作用力矩,如髌骨尖腱止末端病晚期髌骨纵径变长,增加了股四头肌的作用力矩。跟腱止末端病晚期骨刺也同样有增加小腿三头肌作用力矩的意义。

(4)骨骼肌训练后的容积及力量增大。

(5)髌骨完全脱臼后久之股骨第三髁新关节的形成,使膝仍有有力的伸膝作用。

(6)关节骨软骨缺损时,新生的肉芽组织通过关节软骨间的摩擦化生成新的关节软骨将缺损修复。

(7)膝关节交叉韧带重建时有时采用皮肤条带。研究证明它最后可以通过组织化生机制变成一条新的韧带组织,这是一种功能性结构适应。

(8)跟腱断裂愈合时首先是Ⅲ型胶原,经过牵拉的适应,6～8周后变成工型胶原。

(9)新生儿股骨骨折时多有成角畸形,稍加固定,有时甚至不加固定,最后都会恢复成完全正常的股骨。另外,所有骨折愈合后通过运动其骨小梁的排列,最后都按力学要求逐渐适应,即所谓Wolff定律。

3.关节不稳的适应

运动员在运动训练的过程中,常因关节不稳而导致运动损伤,这严重影响到运动员训练水平及运动成绩的提高。关节的稳定性取决于静力性稳定结构,如骨骼的形状、韧带的松紧、软骨盘结构的正常等和动力性稳定结构,如肌肉的力量。关节不稳有的是一种因素引起的,有的则由多种因素引起。

以膝关节为例,膝关节在运动过程中根据解剖生理的特点,其稳定由构成关节的骨骼结构、肌肉、半月板、韧带及关节囊共同维持。不论哪一部分创伤,都会引起不同程度、不同方位的不稳定,而其中最常见、最主要的因素是韧带创伤。因此,一般所谓的膝关节不稳定,主要是指韧带创伤所引起的。膝关节前、后交叉韧带以及内、外方的侧副韧带和关节囊韧带构成韧带关节囊网,成为维持膝关节稳定的基本条件。韧带创伤后,其所起的制导和限制作用遭到破坏,如未及时修复或修复不当,或在某组韧带失效后,其他韧带因长期慢性牵拉而继发松弛,膝关节在一定状态下即可出现不稳定,影响运动和训练。而运动员加强膝前后伸屈肌的肌力训练即可防止膝关节韧带的创伤,增强膝关节的稳定性,甚至能完成高强度和高难度的关节动作。

4.疲劳性骨折的适应

一般来说,疲劳性骨折是由慢性创伤累积所造成的骨折,可发生于锁骨、尺骨、桡骨、腕舟状骨、脊柱椎板、股骨颈、胫腓骨、足舟骨、跖骨等。它是一种不完全性骨折,往往骨折时,骨小梁的折断与愈合同时存在。

多见于体操、长跑及篮球运动员的足舟骨疲劳性骨折,是一种预后较差、对运动技能发挥影响较大的疲劳性骨折,系由跳跃过多引起。多无明显外伤史,表现为在大运动量训练之后出现足背内侧痛,触舟状骨部位有压痛。病理:早期为足舟骨的纵裂,晚期缺血变形继发骨关节病,常常需要行跗间关节融合术,造成不同程度的残废。

(二)运动系统伤病运动能力适应的生理生化基础

1.与疼痛适应有关的因素

(1)比赛时兴奋灶的抑制扩散,使疼痛的兴奋点受到抑制。

(2)运动时吗啡肽样物质增加,其是否有止痛作用有待进一步研究。

2.机体调节与适应

许多优秀的射击运动员视力并不好,如×××的视力只有零点几,他说他是凭感觉射击,这不能不说是大脑两半球功能的协调与适应,当然这还需进一步研究与证实。

3.细胞的分化、化生及反分化

细胞的分化、化生及反分化是关节与骨骼肌肉系统伤病后组织学改变的生物学基础。

(1)细胞化生:是组织学改变与功能的统一。如关节软骨的骨折或局部缺损,其新生的肉芽通过对应软骨面的摩擦刺激可化生成玻璃软骨;兔髌骨脱臼后其对应面股骨髁侧的滑膜可因髌骨的摩擦化生成一有关节软骨面的第三髁。

(2)细胞分化与增生:例如,各个部位的腱与韧带止点部因牵拉与折屈作用产生的骨刺样增生(如跟骨的跟腱与跖腱膜止点的骨刺)是其固有结构的纤维软骨带先化生成玻璃软骨再成骨所致。应当讲这是一种正向适应,但如果过劳使止点结构的骨、软骨或纤维发生断裂,出现炎症反应血管增生与细胞浸润,产生疼痛即为病理改变,是运动与结构不适应的结果。至于因过劳产生的肌腱内的骨岛或软骨岛属异位化骨,也是不适应产生的病理改变。

脊柱的骨关节病椎体周围的骨刺是椎间盘变性导致的纤维环骨止点的末端病改变,对椎体不稳起改进作用,属正向适应,且一般都无症状。只有椎体后唇太大才引起神经根或颈椎病的髓型症状可谓负向适应。至于脊椎关节病时伴发的黄韧带肥厚,有人证明也是末端病改变,临床上也有正负两个方面的适应。以上这些改变与细胞分化过程、在各处的末端病发生发展过程都是相同的。

关节软骨创伤与变性继发产生的软骨缘骨唇是创伤后的防御性适应。骨唇的增大增加了软骨面的支撑面积,使伤部持重力减小,症状减轻。其发生是关节缘的纤维软骨先分化成玻璃软骨,细胞分化成肥大软骨细胞,以后再骨化形成骨唇的。

四、运动创伤的预防与治疗原则

运动创伤的预防与治疗需要遵循一定的规律和原则，这样才能促进运动机体的有效恢复。

（一）运动创伤预防的原则

运动创伤的预防非常重要，运动员和健身爱好者一定不能忽视这一点。因此，在运动训练或健身锻炼中，应采取科学的训练手段与方法，防止发生运动损伤。预防运动创伤的原则可以概括为以下几个方面。

1. 加强运动训练方法的指导

合理安排运动量，提高机体对运动的适应能力，做到科学训练是预防运动损伤的一种积极手段。科学训练包括全面性、渐进性、个别性、反复性、意识性五大要素，其中全面性、渐进性和个别性对预防运动损伤较为重要。全面性原则是增强运动员体能的全面训练，而不单纯针对运动种类进行特定动作的反复训练。身体素质提高后单项训练容易提高成绩，并有利于在激烈的比赛中高难度动作不走样。渐进性是指训练量逐步加大，突然大幅度提高运动量，身体一时不能适应，会导致运动创伤。个别性原则是训练必须因人而异。而且要根据人的性别、年龄、体力、技术熟练程度的不同而调整训练量和训练方法。

2. 加强运动训练中的保护

在运动训练中，教练员保护或帮助的方法不当，或缺乏保护与帮助，都常会引起运动创伤。运动中适当的保护与帮助可加强运动员的信心，避免一些意外事故的发生。保护在竞技体操中尤为重要。

当然，运动员还应学会各种自我保护的方法，例如，自高处摔下或落地时必须双腿屈膝并拢，使之双腿相互保护以免扭伤膝关节和踝关节。当重心不稳快要摔倒时，要学会各种滚翻动作以缓冲与地面的撞击，如跳伞落地或排球救球时常常要做后滚翻，切忌直臂撑地。

此外，运动员在训练的过程中，还必须要学会各种保护支持带的正确使用。保护支持带的使用可根据运动项目容易受伤的部位进行选择。例如防止手及手腕伤，必须用绷带裹手；防止腰损伤用皮围腰；预防“足球踝”的绷带包扎法；防止脚弓下陷的粘膏支持带，等等。应用保护支持带也可在受伤症状不重的情况下继续参加训练，避免加重损伤。

3.重视准备活动和整理活动

(1)准备活动

运动员训练和比赛前的准备活动相当重要,它不仅能提高基础体温,增加深部肌肉的血液循环,使肌肉的应激性上升,关节柔软性增大,还能调整赛前心理,减轻紧张感和压力感,从而起到预防运动损伤的作用。有些运动员忽视了准备活动,很容易发生肌肉撕裂、跟腱断裂、腰痛等。准备活动时间的长短应根据当日运动员的状态加以控制。正式比赛与平时训练前准备活动的安排也应不同。准备活动的项目包括一般性准备活动和专门性准备活动。

(2)整理活动

整理活动,即运动后的放松活动,是一种消除疲劳、促进身体机能恢复的良好方法。从预防损伤的角度看,它同运动前或赛前的准备活动同样重要。整理活动应包括慢跑、呼吸体操及各肌群的伸展练习。整理活动可使心血管系统、呼吸系统仍保持在较高水平,有利于偿还运动时所欠的氧债;可使肌肉放松,避免由于局部循环障碍而影响代谢过程;运动后作伸展练习可消除肌肉痉挛,改善肌肉血液循环,减轻肌肉酸痛和僵硬程度,消除局部疲劳,对预防运动损伤发生也有良好作用。

4.加强医学监督工作

运动训练、比赛期间医务监督的主要任务是预防运动损伤,其内容主要包括定期体格检查和加强自我监督两个部分。

(1)定期体格检查

对运动员应进行定期普查,普查时应该特别根据运动专项的发病特点及部位仔细检查,以早期发现各种劳损性损伤,必要时应定期作X线检查。通过体检发现潜在性疾病并及时给予治疗。选拔新运动员集训时,必须进行详细的伤病检查。不能从事大运动量训练的伤病或先天畸形,或从伤情特点来看恰好是所学项目“专项多发病”,从治疗的角度来看又较困难或需要的时间较长的这一类运动员,不宜批准集训。例如,有髌骨软骨病的不宜参加篮球、铁饼、跳高等集训,椎板骨折不宜参加举重与体操,等等。

(2)加强自我监督

自我监督是运动员在训练和比赛过程中自身反应最直接的资料,因此它对于调整训练计划、安排运动量、预防运动损伤具有重要意义。其内容除包括一般所熟知的内脏器官的功能检查方法之外,还应根据不同项目的特点及外伤发病规律,制定一些特殊的自我监督方法。

5. 建立预防协作链

在平时的运动训练之余，运动员应该多了解运动训练损伤的相关知识和运动损伤的机制，要养成预防损伤和自我保护的意识。而教练应该提高预防损伤的意识，科学训练并做好保护工作。队医必须学会一些常见、普通的运动外伤和保健知识，可负责急救、协助检查运动量的大小，并做好医务监督。同时运动队应该经常举行有关体育理论和运动创伤知识的讲座及讨论，建立医师和教练员相互学习的制度。建议医师和教练员结合本队的损伤发病情况，理论联系实际进行分析讨论，以不断提高双方的理论水平和统一认识，进一步融洽协作关系。

（二）运动创伤治疗的原则

在进行运动创伤的治疗时，应主要把握以下两个原则。

(1)早诊断、早治疗，对于需要手术的要趁早。

(2)非严重的运动创伤的治疗可与康复性训练同时进行。

除此之外，还有一些具体的治疗原则，如对治疗后的训练要做针对性的安排，以防止停训综合征的发生，并防止不当康复手段引起的再伤或新伤；根据医生指导正确使用可能需要的辅助恢复器具；局部对症治疗；在关注局部运动创伤的同时还不能忽视在恢复阶段的全身恢复和治疗，如营养支持等。

第二节　运动创伤的治疗与康复方法

运动创伤的治疗方法主要包括以下几种，发生运动创伤的运动员或健身者可以结合自己的具体情况合理选择。

一、物理疗法

物理疗法是应用自然界中及人工的各种物理因子作用于人体，治疗和预防疾病的一门学科，简称理疗。物理治疗在减轻局部症状、促进组织愈合、减缓肌肉萎缩和缓解周围组织挛缩粘连等方面起着重要的作用，对运动损伤与术后恢复有着特殊的功效。正确恰当的物理治疗手段，是有效防治运动损伤不可缺少的，也是其他治疗手段所无法代替的。

物理因子作用于机体的主要生理作用为：改变组织细胞和体液内离子的比例和微量元素的含量、引起体内某些物质分子（蛋白分子、水分子等）结构的变化、影响各种酶的活性、调节物质代谢、使体内产生生物学高活性物质、增强血液和淋巴液循环、改变生物膜、血管、皮肤、黏膜和其他组织的通透性、引起组织温度改变、调节神经一内分泌信息控制系统功能、加强单核一吞噬细胞系统的功能等。其主要治疗作用:提高机体或某些系统、器官的功能水平;改善组织器官的血液循环和营养,促进组织修复和再生;提高局部或全身抵抗力;镇痛作用;消炎消肿作用;提高药物向组织器官内渗入等。当然不同的物理因子引起组织器官的变化又具有其特异性。运动损伤常用的物理治疗方法有电疗法、光疗法、超声波疗法、磁疗法、冷疗、温热疗法和水疗法等。

(一)直流电疗法

利用低电压、平稳的直流电流治疗疾病的方法称为直流电疗法。直流电疗法,多用于药物离子导入治疗。

1.理化特性

直流电疗时,导体两端存在电位差,使组织内离子沿一定方向移动产生电流,引起组织间体液离子浓度比例的变化,这是直流电生物物理学的作用基础。直流电对组织有电解、电泳和电渗作用。可致阴极下钙、镁离子相对减少,钠、钾离子相对较多,膜电位下降,除极化,神经肌肉兴奋性增高,阴极下生成碱性产物 OH^-。而在阳极下钙、镁离子相对较多,钠、钾离子相对较少,膜电位上升,超极化,神经肌肉兴奋性降低,有镇痛作用。在阳极下产生酸性电解产物 H^+,对皮肤组织有刺激作用。

2.治疗作用

(1)直流电可以促进血液循环,电极下局部血循环量可增加 140%,使皮肤温度升高 0.3℃~0.5℃,并持续 30~40 分钟。

(2)直流电促使炎症消散、肉芽生长、促进组织再生与修复。

(3)药物离子导入主要经电阻较小的皮肤汗腺管、毛孔、皮脂腺口或黏膜进入,在表皮内形成“离子堆”。

(4)阳极下消散水肿、缓解疼痛、静脉血栓机化退缩;阴极下消散炎症、松解粘连、软化瘢痕、提高神经肌肉的兴奋性、促进骨骼愈合。

3.应用

适用于肢体运动功能恢复中治疗损伤和瘢痕挛缩、软组织损伤、神经性疼痛、扭挫伤、网球肘、肩关节损伤、肌纤维组织炎、骨关节炎等。心肺功能衰竭，有出血倾向的疾病、急性湿疹等情况下禁用。

（二）光疗法

利用人工光源或日光辐射能量治疗疾病的方法称为光疗法。物理治疗学中的光疗法指利用人工光源辐射治疗疾病的方法，包括红外线、紫外线、激光。光是一种电磁波，具有一定波长和频率；又是一种粒子流，具有能量和波动性。不同的光线由于光量子能量不同，可引起光电效应、光化学效应、荧光效应和热效应。

1. 红外线疗法

红外线是人眼看不见的一种光线，用红外线治疗疾病的疗法称为红外线疗法。红外线波长较长（760 纳米～50 微米），光量子能量低，作用于组织后，只能引起分子转动，不能引起电子激发，其生物学效应为热效应。应用于运动损伤治疗时，红外线能改善皮肤组织的血液循环，促进新陈代谢，具有消炎、消肿、止痛、促进上皮和肉芽组织生长、松解粘连的作用，降低肌张力缓解肌肉痉挛、促使表面干燥。一般情况下，肌肉劳损、扭伤、挫伤、滑囊炎、肌纤维炎、慢性淋巴结炎、静脉炎、神经炎、皮肤溃疡、挛缩的瘢痕等症状都可以采用红外线疗法。对于出血倾向者、高热患者、活动性结核、严重动脉硬化、代偿不全的心脏病等为禁忌证。

2. 紫外线疗法

紫外线波长范围在 400～180 纳米，利用紫外线照射人体以治疗疾病的方法称为紫外线疗法。治疗方法可采用局部照射、全身照射。

紫外线治疗具有以下几个作用。

（1）小剂量紫外线能促进细胞的生长繁殖，促进皮肤创伤与伤口愈合。较大剂量可抑制细胞繁殖，杀菌作用最为显著的紫外线波长为 UVC 段的 254 纳米和 256 纳米，可用于伤口感染或不愈合。

（2）紫外线照射能量 0.001～0.01 焦/厘米，可使 90% 细菌杀灭，但对各种细菌所需能量不同。

（3）红斑量照射促进组织排出致痛物质，痛阈上升，感觉神经的兴奋性降低。

（4）有利于维生素 D 的合成，防止骨质疏松。

当发生运动损伤，进行一定的手术治疗后，一般情况下都有皮下淤血斑，选择紫外线，取红斑量照射皮肤淤血斑，多在照射后 3～12 小时，红斑区淤血斑完全消失。关节肿胀、疼痛者，选用小剂量，阈红斑量照射，每日 1

次。膝、踝关节可以增加剂量，每次酌情增加5～10个生物剂量。急性感染性炎症用紫外线照射消炎杀菌，发病初期越早应用效果越好。有重症心、肾病、活动性结核病、光敏性疾病、着色性干皮病的人群为禁忌。

3.激光疗法

激光是受激辐射放大的人工光，具有亮度大、单色性好、方向性强、相干性好的特性。激光的治疗作用有热作用、光化作用、压强作用、电磁作用、生物刺激作用。低能量激光可治疗局部炎症、皮肤黏膜溃疡、窦道；中等能量激光治疗扭挫伤、关节炎、神经痛、神经性皮炎、皮肤瘙痒症等；高能量激光可用于治疗皮肤赘生物、切除皮肤焦痂等。

（三）超声波疗法

超声波疗法是用超声波治疗疾病的方法。超声波疗法是治疗运动损伤最常用的手段之一，可视为运动队的必备设备。超声波是指频率在20 000Hz以上，不能引起正常人听觉反应的机械振动波。超声波作用于介质，能量被吸收而逐渐消耗、衰减，能量吸收多少与介质的密度、黏滞性、导热性及超声波的频率有关。在同一介质中，频率越高，穿透深度越浅。

一般来说，超声波治疗主要具有以下作用。

1.机械作用

超声波在介质中传播时，介质发生疏密交替变化，由此产生强大的声压，在此声压的作用下，细胞容积和细胞运动发生细微变化，形成对组织、细胞的细微按摩作用。这种作用可改善血液和淋巴循环，增强细胞膜的通透性，降低神经的兴奋性，使坚硬的结缔组织延长变软。

2.化学作用

超声波的触变作用和弥散作用能诱发化学反应，可对高分子化合物和复杂蛋白质的解聚反应和聚合反应发生影响。从而可以加强组织代谢，提高细胞再生能力。通过其细微的按摩作用，可改善局部血液及淋巴循环，加强组织营养、促进组织代谢，提高组织再生能力，对于慢性肌腱劳损性疾病具有独特的治疗效果；缓解肌肉痉挛，软化瘢痕。其机械作用及温热作用，可使肌纤维松弛而解痉，对增生结缔组织有软化和消散作用。此外，超声波可降低神经兴奋性，抑制疼痛冲动的传导、降低神经传导速度，用于各种神经性疼痛。

3.温热作用

组织吸收声能可产生内生热，起到温热作用。超声波在机体组织内传播时，一部分能量被组织吸收由机械能转变成热能。超声产热的特点是人体各组织吸收声能不一，产热不等，在整个组织中，超声产热不均匀，在两种不同组织交界面产热较多，如骨膜上可产生局部高热，这在关节、韧带运动创伤的治疗上有很大意义。

在实际的治疗过程中，扭伤、关节周围炎、骨膜炎、肩袖损伤，腱周围炎、腱鞘炎、足底筋膜炎、末端病、网球肘、促进局部血肿吸收等，都可以采用超声波疗法。治疗肌腱、韧带、关节囊损伤应选择 1 000Hz 超声波；治疗浅表皮肤瘢痕应选择 3 000Hz 超声波。

（四）磁疗法

利用磁场的物理性能作用于人体来治疗疾病的方法，称磁疗法。外磁场作用于生物体后，在生物体内引起一系列的效应，从而达到治疗疾病的效果。通常来说，常用的磁疗法主要有以下两种。

（1）静磁场疗法：直接敷磁法、单磁片法、双磁片法、多磁片法、间接敷磁法。

（2）动磁场疗法：旋转磁疗法、电磁疗法、磁针疗法。

（五）冷疗法

冷疗法是应用比人体温度低的物理因子刺激来达到治疗目的的一种物理方法。按温度程度分为冷疗法（0℃以上）、冷冻疗法（－100℃～0℃），以及深度冷冻疗法（＜－100℃）。冷疗法的治疗温度在 0℃以上，但比体温低。这种低温作用机体后不引起组织损伤，但经过寒冷刺激引起机体发生一系列功能性改变而达到治疗目的。

一般来说，冷疗法对运动创伤的作用主要体现在以下几个方面。

（1）组织温度降低，周围神经传导冲动受阻，具有镇痛作用。

（2）冷刺激可使血管收缩，减少受损组织的出血量；冷刺激改变血管通透性，具有防止水肿及渗出的作用。

（3）冷刺激可降低肌张力及肌肉收缩与松弛的速度，具有解痉作用，降低肌肉痉挛状态，是治疗急性运动损伤的常规治疗手段。

运动训练中出现的急性软组织损伤、炎症早期、关节炎急性期、肌肉痉挛等，都可以采用冷疗法。治疗方法包括敷贴法、冷疗机治疗、冰块按摩、冰水浴、冷吹风等。

注意事项:对寒冷过敏者、高血压、冠心病、动脉硬化、肢体麻痹及患部感觉障碍,老人、婴幼儿,一般慎用。

(六)温热疗法

以各种热源为递质,直接传至机体达到治疗作用的方法称为温热疗法,也称传导热疗法。温热疗法应用的热源有石蜡、泥、沙、热空气等,其具有取材设备简单、操作容易、应用方便、疗效显著的特点。

在实践应用时,一般采用石蜡作为热传导介质。石蜡的热容量大,导热性小,为良好的带热体。由于其不含水分及其他液体物质,而且气体与水分不能透过,几乎不出现对流现象,因而有很大的蓄热性能,凝固后的石蜡70～90分钟内能保持40℃～48℃。由于石蜡不含水分,冷却时放出大量热能,这种热能向人体的传递是缓慢进行的,因此能使人体的机体组织受到较高温度(55℃～70℃)而持久的热作用。

温热疗法主要有以下治疗作用。

(1)温热作用。蜡疗区域皮肤毛细血管扩张可加强血液循环及汗腺分泌,局部温热效应可加速运动损伤早期组织细胞中炎症物质排泄,提高新陈代谢,具有消炎消肿作用。石蜡的热作用可降低纤维组织的张力、增加组织弹性和延展性、增加皮肤柔软性和弹性、舒缓肌肉痉挛从而起到解痉、止痛的作用。

(2)机械作用。石蜡具有良好的可塑性、柔韧性及黏滞性,在皮肤局部接触紧密。在冷却过程中,随温度逐渐降低体积可缩小10%～20%,对皮肤和皮下组织可产生机械性挤压作用,有利于水肿的消散。

(3)滑润作用。石蜡所含油脂,可滋润皮肤,增加敷蜡部位皮肤的润滑性,具有软化瘢痕的作用。

在临床中,肌肉劳损、肌肉痉挛、肌腱末端病、缓解肌肉疲劳等病症,都可采用石蜡温热疗法。治疗方法有蜡浴法(适用四肢)、蜡盘法、刷蜡法等。

注意事项:具有出血倾向、开放性伤口、高热、昏迷、急性化脓性炎症早期、心肺功能障碍、局部组织急性组织创伤早期等症状时,禁止使用。

(七)水疗法

水疗法是应用水的温度、静压、浮力和所含成分,以不同方式作用于人体以治疗疾病的方法。

一般来说,水疗法对于运动创伤具有以下治疗作用。

(1)温度作用。水与人体作用面积和皮肤温度相差越大,刺激越突然,反应也越强烈。

(2)机械作用。全身浸浴时,人体受到水静压的作用,可使血液重新分布;借助水的浮力能使功能障碍者在水中进行辅助性或抗阻性等各种运动锻炼;水流的冲击能起按摩作用。

(3)化学作用。在水中投放各种矿物质盐类,能收到天然矿泉的功效。

在临床中,软组织损伤、神经症、皮肤病、关节粘连、周围神经损伤、关节运动障碍、实用性肌肉萎缩等病状,都可采用水疗法。治疗方法有药物浴、涡流浴、气泡浴、水中运动等。

二、按摩疗法

按摩,又称推拿,它是以中医的脏腑、经络学说为理论依据,又结合西医的解剖和病理诊断,而通过手法的各种特定动作,作用于人体体表的特定部位,以调节机体的生理、病理状况达到治疗效果的一种治疗方法。按摩治疗对于运动创伤的治疗具有重要的作用。

(一)按摩疗法的作用

(1)在身体某部位或经络上按摩,可引起机体的应答反应;在身体上捶打和按揉,也可引起肌肉收缩,起到提高肌肉组织兴奋性,调节神经系统的功能。在治疗中,不同手法可起到不同作用,轻柔的手法可加强大脑皮质的抑制、起到止痛、镇静和催眠作用。

(2)按摩可引起组织内毛细血管扩张,加速局部组织与身体的血液和淋巴循环,大面积按摩时可促进水肿消散、炎症吸收,起到消肿止痛的作用。

(3)按摩能增强皮肤弹性、光泽,促进皮脂腺、汗腺的分泌,松解组织粘连,防止局部组织粘连和挛缩。可起到软化瘢痕,改善关节活动度的作用。

(4)按摩疗法能够整复脱位的关节,改善组织结构间的相互作用,复位滑脱的肌腱。

(5)按摩可以消除肌肉疲劳,改善肌肉功能,使肌肉松弛。对运动员运动后肌肉紧张、肌肉痉挛以及软组织损伤有较好的预防和治疗作用。

(二)常用的按摩手法

按摩疗法种类繁多,其基本手法主要分为按法、推法、揉法、摩法、擦法、拿捏和摇动。

1. 按法

按法是用手指或手掌面着力在体表某一部位或穴位上,逐渐用力下压的手法。可以分为指按法、掌按法、掌根按法、拳按法等。

指按法是用手指指端或指腹按压穴位或痛点。常用拇指或中指按压，有时为了加强按压的力量，可用另一手的手指重叠按压。按摩腹部时，可用食指、中指、无名指、小指同时按压或双手重叠按压。

掌按法是将一手或双手的手掌或掌根（如用双掌按压时，多将双掌重叠）贴于被按摩部位，腕关节背伸，用较大的力量向下按压，力量由轻到重，再由重到轻，作用点在肌肉或关节上。

拳按法是握拳。用食指、中指、无名指、小指近端的指间关节背面着力按压穴位或身上的某一部位，并做小范围的推压或拨动。可用单拳压，以增强按摩的效果。

指按法常用于头面、肩、背、腰、臀、四肢的穴位时；掌按法常用于腰背部、肩部以及四肢肌肉僵硬时，也适用于关节轻微错位；拳按法常用于消除肩背部及腰腿部肌肉酸痛。

2. 推法

用拇指或手掌在一个穴位、一个部位或沿着一条经络施压并做前后、左右或上下直线推动的手法称推法。推法主要有指推法和掌推法两种。

指推法是用拇指接触皮肤的称为指推法。如用拇指指面的称拇指平推，用拇指侧面的称拇指侧推，用拇指指尖的称指尖推，又称为一指禅。此法着力于肢体一定部位或穴位上。指推法作用范围小，但用力深度大。适用于头面部和身体各部穴位的推拿。

掌推法是用手掌在身体上推动称为掌推法，根据操作时是手掌还是掌根接触皮肤，可分为平推和掌根推。推法具有疏通经络、活血化瘀、清脑明目、开胸导滞、缓痉镇痛的作用。掌推法作用范围大，适用于胸腹部、腰背部和四肢。

3. 揉法

揉法主要是用手掌、掌根、鱼际肌、手指的指腹或前臂等在治疗部位或穴位上，通过腕关节的柔和转动来带动手掌、手指或前臂的环形移动的手法。在操作过程中，应做到“沉肩垂肘”，即肩部放松，肘部下垂，上臂带动前臂及手腕做灵活自如的回旋运动。动作要有连续性，用力由小到大，宜轻、宜缓而有节律。揉法用力比较缓和，具有活血化瘀，消肿止痛的作用，对于运动员运动创伤的治疗具有明显的作用。

4. 摩法

摩法是用手指或手掌在皮肤上滑动或回旋的手法，分为指摩、掌摩和掌根摩。摩法的作用力是水平回旋，操作时肘关节微屈，腕关节放松，指掌自然伸直。一般是顺时针方向转动，速度可快可慢。摩法的力量比较小，刺激轻柔缓和，作用力比较表浅，可以单手或双手操作，是胸腹、胁肋、四肢常用手法，具有温筋散寒，消肿止痛，调和气血，消积导滞，放松肌肉的功效。

5. 擦法

擦法是用手指或手掌在皮肤上快速地来回摩擦的手法。操作时腕关节伸直，以肩关节为支点，肘关节屈伸带动手掌做前后或上下往返运动。用力要稳，掌下压力不宜太大，一般需要擦到治疗部位的皮肤发红，必要时涂适量润滑油或药膏，以防擦伤皮肤。擦法刺激柔和温热，具有温筋通络，行气活血，消肿止痛，健脾和胃，祛风散寒之功效。擦法分为指擦法和掌擦法，前者适用于四肢远端小关节，后者适用于胸腹部、腰背部及四肢。

6. 拿捏

拿捏类手法主要包括拿法和捏法两种。拿法是用手指捏住肌肉或肌腱两侧并稍用力向上提起，然后放松的一种手法称拿法。操作时拇指和其余四指相对用力，手腕放松，有节律性地一松一紧、从轻到重、提拿揉捏，一般以患者感到酸胀舒适为宜。此法刺激强度较大，具有疏经通络、活血止痛、缓解痉挛、消除疲劳的作用，常用于肌腹或穴位处，适用于肢体关节肌肉酸痛等。捏法是用拇指与其他手指相对捏住肌肉或肌腱，循其走向，边捏边向前推进的手法称为捏法，多用于肩部及四肢。

7. 摇动

摇动类手法主要包括摇法、屈伸法和引伸法三种。

(1)摇法

摇法是被动地旋转或环转关节的一种手法。仅用于具有旋转功能的关节，如上肢的肩、前臂、腕、手指，下肢的髋、小腿、踝，脊柱的颈段和腰段。操作时动作应均匀缓和，遇到关节阻力时要稍加牵拉力，使关节间隙加大后再做环转动作。摇法具有疏经活血、滑利关节，解除关节绞锁的作用，适用于关节活动受限，如肩周炎、颈椎病、髋、膝、踝关节的关节炎等。

(2)屈伸法

屈伸法属于被动活动关节的一种推拿手法，适用于四肢关节。

(3)引伸法

引伸法是在肢体放松时，突然被动地牵伸关节的一种推拿手法，具有一定的操作技巧和难度，治疗者需要熟悉被引伸肢体的解剖关系，只可以借助于巧力，不可以用暴力。根据作用部位，引伸法又分为上肢引伸法、下肢引伸法以及腰部引伸法。

在临床中，适用于按摩疗法的运动创伤有：软组织损伤、四肢骨折后关节功能障碍、颈肩腰腿痛、肢体循环障碍、周围神经损伤、多发性神经根炎等。而局部皮肤、软组织或关节有感染，开放性伤口，烧伤，骨折等损伤应避免使用按摩疗法。

三、运动疗法

运动疗法是指徒手或借助器械，通过运动的方式来治疗伤病，恢复或改善运动功能障碍的方法。目前运动疗法根据它所遵循的原理不同可分为三大类：根据生物力学原理进行的运动疗法；根据神经发育规律所采取的运动疗法；按补偿、替代原理进行的运动疗法。运动创伤后的运动疗法主要涉及后两种方法。在临床上，运动疗法的目的是促进损伤组织尽快恢复，减轻疼痛，促进运动功能恢复，防止关节活动度受限及关节挛缩，保持运动系统功能，防止肌肉萎缩，预防因重复受伤动作而引起的运动再损伤。

（一）运动疗法的原则

（1）制订运动治疗方案时，应根据患者的具体情况个别对待，明确运动强度。

（2）运动强度应由小渐大，运动时间由短渐长，动作内容由简渐繁，使患者逐步适应，并在不断适应过程中得到提高。

（3）运动治疗要产生治疗效果，需要按疗程长期训练，不可随意中断，这是因为运动效应是逐步积累的结果，同时运动锻炼的过程可形成良好的习惯，建立有益的行为模式，是预防疾病和运动创伤的基本途径之一。

（4）运动治疗既要重点突出又要与全身运动相结合，其原因在于伤后的功能障碍是综合性恢复，需要多种方式，如改善、代偿、替代等。这就需要在编制整个治疗动作时有重点地运用多种运动方式达到全面锻炼的目的。

（5）运动疗法可以用于运动创伤的各个时期，应根据患者功能阶段性恢复的目标制订整体训练计划。

（二）常用的运动疗法

1. 医疗体操

医疗体操是根据伤病情况，为达到预防、治疗及康复目的而专门编排的体操运动及功能练习。医疗体操对损伤、手术后病人运动器官的功能恢复具有良好的作用，也可以用于某些内科疾病的防治，是运动疗法中最常用的方法。它能按所需运动方式、速度、动作的幅度、协调性与肌肉的力量进行训练，做到循序渐进。医疗体操可以是全身性的，也可是局部性的，或全身性与局部性相结合。在进行医疗体操时可使用器械，也可徒手。

医疗体操根据运动方式及目的不同，可分为以下几种。

(1)主动运动

主动运动，是根据患者病情的需要，由病人主动进行单关节或多关节的、单方向和不同方向的运动，运动的速度和幅度可随需要进行调整。主动运动又分等张收缩和等长收缩两种。等张收缩，即一般体育活动中引起关节活动的肌肉收缩运动，又称动力性运动；等长收缩，即静止性肌肉收缩，并无关节活动，又称静力性运动，它能有效地增长肌力，特别适用于被固定的肢体进行肌肉力量训练。任何形式的主动运动，都必须注意掌握正确的姿势和适宜的活动范围。

(2)被动运动

被动运动，是利用外力来增大关节的活动范围及肌肉力量。外力包括病人的健侧肢体、旁人的力量或器械的力量。进行活动时应肌肉放松，固定其近端关节，远端肢体由外力帮助，根据病情需要尽量使关节作各方向全幅度运动，运动一般应在没有疼痛的范围内进行。动作应先缓慢，活动幅度应逐渐加大，严禁冲击或使用突然的暴力活动。它适用于治疗因多种原因引起的肢体运动功能障碍，起到解除肌肉痉挛，牵伸挛缩的肌肉和韧带，恢复或维持关节活动幅度的作用。

(3)助力运动

助力运动是在病人的患肢没有足够的力量完成主动运动时，由医务人员、患者本人的健侧肢体或利用器械提供力量来协助患肢进行运动。进行助力运动时，应以病人主动用力为主，助力为辅，互相配合。助力应与主动用力配合一致。避免以助力代替主动用力，随着肌肉力量的恢复，逐渐减少助力部分。助力运动适用于创伤后肌肉无力或功能暂时丧失的情况，也可用于关节活动幅度存在障碍时，用助力来帮助加大关节活动幅度。

(4)抗阻运动

抗阻运动是肢体在主动运动中克服外部给予的阻力完成动作，重点用于发展肌力。阻力可来自他人、自身、健肢或器械，但抗阻运动一般采用负重方式进行，如举哑铃、提沙袋、抛实心球、拉弹簧和橡皮筋等方式进行抗阻练习。阻力的大小根据病人的情况而定，随病情的好转逐渐调整。抗阻运动广泛用于各种原因所致的肌肉萎缩。

(5)矫正运动

矫正运动是一种用来矫正脊柱和胸廓畸形、扁平足及外伤引起畸形的运动。在有利于矫正畸形的预备姿势下，进行选择性增强肌肉的练习，以增强被畸形牵拉而削弱了的肌肉，加强能促进畸形矫正的肌肉群，同时牵伸由于畸形的影响而缩短的肌肉和韧带。

(6)放松运动

放松运动指通过神经放松和肌肉放松，缓解肌肉痉挛和疼痛、降低身体和心理应激、调节自主神经、改善睡眠的运动方式。放松运动是一种常用的有节律的、柔和而费力少的练习。例如，肢体摆动性练习和主动意识性放松练习等。此外，运动结束时也应做放松运动，以利肌肉疲劳的消除。

2.有氧训练

有氧训练是以增加人体吸入、输送和使用氧气能力为目的的耐力性训练，一般用于疾病的预防、治疗与康复。此种训练方法简便、易行，运动方式对技巧的要求不高，易于推行，其运动方式有步行、健身操、游泳、自行车、原地跑、登楼梯、跳绳等。人体生理负荷量是由锻炼的强度、训练的次数、每次训练持续时间等决定的，而人体可以自监自控训练，因而安全有效。一般采用中等强度的耐力性训练，对心肺功能有良好作用，可提高负荷量，增加携氧能力，并且对改善机体有氧的分解代谢与合成代谢的进程有促进作用，还可以增加肌肉的收缩力。

3.气功疗法

气功疗法在我国已有2000年左右的历史。气功练习方法很多，在运动疗法中使用较早的是放松功、内养功和强壮功三种。

(1)放松功

放松功以诱导肌肉和精神放松为主，以适当的安静来保养损耗了的“元气”，使身体抵抗力逐渐增强，使扰乱了的功能逐渐恢复正常。适用于一般身体虚弱的慢性病、手术后恢复等，也可作为内养功的准备阶段。

练功时采用自然仰卧。排除各种杂念，双眼轻闭，自然呼吸，使全身主动地放松。每次练功20～30分钟。气功的入静状态，就是大脑皮层处于内抑制的状态。依靠内抑制过程的保护，使过度兴奋而导致功能紊乱的皮层细胞有可能得到复原，使顽固的病理性兴奋灶转入抑制状态，为恢复健康创造有利条件。

(2)内养功

内养功以调心与调息为主。适用于胃及十二指肠溃疡、胃下垂、肝炎、顽固性便秘、慢性消化不良、肺气肿、高血压病、神经衰弱等。

内养功除采用仰卧式外，还可采用侧卧式或坐式。姿势摆好后，开始用鼻呼吸。吸气时舌顶上腭，稍停，将舌放下，将气缓缓呼出。呼吸要求自然、慢、细、匀、长而不要憋气。适用于神经衰弱、原发性高血压、冠心病、一般身体衰弱、便秘等。

(3)强壮功

强壮功做法与内养功类同，除采用上述三种姿势外，还可采用盘膝坐或站式。年老体弱者及肺结核患者可用静呼吸法，用鼻自然呼吸，要求均匀细缓。神经衰弱、便秘等患者可用深呼吸法，呼吸深长，逐渐做到静细、深长、均匀。

四、中药治疗

中药应用于运动创伤的治疗是我国运动医学的特色，在诊治运动性伤病方面具有显著的地位，并且已得到国际运动医学工作者的高度评价。中医治疗运动创伤是在长期的医疗实践中形成的。中医认为，伤后气血凝滞，欲治其痛，先行其淤，欲消其肿，必活其血。

中医治疗一般分为以下几个环节。

初期：伤员组织急性损伤后，局部红、肿、热、痛，皮下淤血，有不同程度的功能受限。治疗应以活血散瘀、消肿止痛为主。

中期：伤员肿胀疼痛减轻以后，组织逐渐修复，骨折处开始生长，此期以生血活血、续筋接骨为主。

后期：伤员损伤趋于痊愈，但局部有轻度酸胀、疼痛，关节屈伸不利，治以强筋壮骨，通利关节，兼除风湿。

五、手术治疗

运动创伤的主要治疗方法为非手术疗法，但对于保守治疗无效而且影响训练、运动及日常生活者，尤其是严重的运动创伤者，则须进行手术治疗。近年来，随着有限化、微创化外科技术及现代康复技术的迅速发展，微创化手术治疗已成为运动创伤手术治疗的主流方式。

一般情况下，发生以下运动创伤后必须要接受手术治疗。

(1)非手术方法无效的不稳定骨折、关节脱位、复位不良的关节内骨折、骨折断端软组织嵌顿、开放性骨折及骨折伴有神经血管损伤者。

(2)肌肉、肌腱、韧带、关节囊、筋膜断裂者，以及某些脏器、器官的严重损伤，经保守治疗无效或危及生命者。

(3)某些慢性损伤,如狭窄性腱鞘炎、末端病、周围神经卡压症、疲劳骨折、骨坏死、慢性关节不稳定等,经保守治疗无效者。

第三节　常见运动性创伤的处理方法

运动损伤的发生是较为常见的,因此在发生运动创伤后如何进行处理就显得至关重要。本节主要讲解常见急性运动损伤、慢性运动损伤和不同运动项目损伤的处理方法。

一、常见急性运动创伤的医务处理

(一)擦伤

1. 原因与症状

(1)原因:主要是由于肌体表面与粗糙的物体相互摩擦而引起的皮肤表层的损害。

(2)症状:表皮剥脱,有小出血点和组织液渗出。擦伤是外伤中最轻、最常见的一种,约占运动创伤的16%。

2. 处理方法

对于较小的擦伤,可以用生理盐水或其他药水冲洗伤部,涂抹红药水或紫药水,不需包扎,一周左右就可痊愈。面部擦伤宜涂抹0.1%新洁尔灭溶液。通常较大的擦伤伤口易受污染,需用碘酒或酒精在伤口周围消毒,如果创面中嵌入沙粒、炭渣、碎石等,应用生理盐水棉球轻轻刷洗,消除异物,消毒后撒上云南白药或纯三七粉,盖上凡士林纱布,适当包扎。若不发生感染,两周左右即可痊愈。关节周围的擦伤,在清洗、消毒后,最好用磺胺软膏或青霉素软膏等涂敷,否则会影响活动,并易重复破损。

(二)肌肉挫伤

1. 原因与症状

(1)原因:肌肉挫伤是由钝性暴力直接作用于身体某部位而引起的局部肌肉的急性闭合性创伤。暴力直接作用部位出现程度不等的红、肿、热、痛及功能障碍。

(2)症状:疼痛,表现为先轻后重。开始为广泛性钝痛,无活动受限,数小时后,出现剧烈疼痛,并伴有功能障碍或暂时的功能丧失;压痛,伤处压痛明显,可触及皮下肿块;肿胀,受伤部位或很快出现肿胀,或较长时间后乃至次日出现肿胀,有皮下组织局限性血肿形成,后逐渐可见大面积青紫色瘀斑。

2. 处理方法

受伤后立即停止运动,于局部冷敷、加压包扎,并将受伤肢体抬高。同时,可以外敷清热、消炎、止痛的中草药。48 小时内切忌做按摩、热敷、理疗和伤肢的屈伸活动。48 小时后伤情已基本稳定,可拆除包扎实施局部按摩、热敷、理疗等措施。为了尽快恢复肌肉力量,伤者可以有计划地进行主动的功能锻炼,以促进机体的恢复。

(三)关节、韧带扭伤

1. 指间关节扭伤

(1)原因:由于手指受到侧向的外力冲击或手指受到暴力作用使关节过伸所致,如篮球和排球等运动中常因为手指受到球的撞击,或因接球技术动作的错误而发生掌指(间)关节的扭伤,引起侧副韧带和关节囊的挨伤或撕裂,一般多发生在第一掌指关节和其他各指的近侧指间关节,有时伴有撕脱性骨折。

(2)症状:急性创伤时疼痛剧烈,关节周围红肿,运动功能发生障碍,局部压痛。若一侧韧带断裂,则出现轻度侧弯畸形和异常的侧向运动。关节脱位时,伤指向背侧屈折成畸形。X 光拍片检查,有时可见指骨基底部的撕脱性骨片。

(3)处理方法:急性扭伤后应立即冷敷,然后局部外敷新伤药并固定,若指间关节韧带断裂,应将伤指屈曲位固定 3 周。有时也可用粘膏支持带将伤指与患侧邻近的健指作环形的固定,但拇指、小指尺侧和食指桡侧韧带断裂时必须用夹板固定。如果指间关节韧带断裂后侧向运动比较明显或撕脱骨片嵌入关节时,应手术治疗。

2. 肘关节内侧软组织创伤

(1)原因:任何使手腕屈肌群及前臂旋前圆肌突然猛烈收缩与过度牵扯,或肘关节突然外展或过伸,都可引起内侧屈肌及旋前圆肌或内侧副韧带和关节囊的创伤。

(2)症状:急性创伤后,肘内侧疼痛,肘关节屈伸运动受限,局部微肿、压痛,若组织断裂则出现皮下淤斑,关节肿胀明显,轮廓不清等。慢性病例常诉准备活动后疼痛消失,重复创伤机制中所述的受伤动作时疼痛,在完成动作时出现"软肘"现象。

(3)处理方法:急性创伤时,局部立即用氯乙烷或冰袋进行冷敷,然后加压包扎,并于屈肘 90°角使用三角巾悬吊固定。伤后 24 小时,可外敷新伤药、理疗或强的松龙与奴夫卡因混合液进行痛点注射等。肘部急性创伤后运用按摩治疗必须十分慎重,局部被动暴力活动不宜采用,因为肘关节附近的创伤,常可并发外伤性骨化性肌炎,所以应注意预防。

3.肩关节创伤

(1)原因:主要由于肩关节的反复旋转或超常范围的活动.引起了肩袖肌腱和肩峰下滑囊受到肱骨头与肩峰或喙肩韧带的不断挤压、摩擦和牵扯所致。

(2)症状:急性肩袖创伤后,疼痛多发生在肩的外侧,部分病例疼痛向三角肌止点或颈部放射,不少病人夜间疼痛加剧。肩关节活动受限,主动或被动地使上臂外展至 60°～120°角间或内外旋转时疼痛。当上臂从 180°角上举位放下时,同样也在 120°～60°角间出现疼痛,这是肩袖创伤,尤其是冈上肌创伤的重要征象。

(3)处理方法:急性期上臂置于外展 30°位置,适当休息,理疗、针灸、按摩、外敷中药或痛点封闭,效果都较好。按摩可以用推、揉、搓、滚等手法,配合选用曲池、肩髃、阿是穴等,最后活动运拉肩关节和上肢。如果怀疑有肌腱断裂者,要送往医院作进一步的检查和处理。

4.膝关节创伤

在足球运动、篮球运动、橄榄球运动及田径运动项目中,膝关节的急性运动创伤非常常见。膝关节韧带创伤、半月板创伤、髌股关节创伤、肌肉断裂及关节内骨折等创伤均需要紧急处理。轻、中度膝关节运动创伤,可通过保守治疗治愈。严重的运动创伤往往需要手术治疗。关节内积血往往是关节内韧带或半月板撕裂,应积极处理,必要时用关节镜检查与治疗。膝关节韧带创伤常为复合伤,即两组以上韧带同时创伤,多由接触性暴力(如内翻创伤、外翻创伤、过伸创伤、前后创伤等)或非接触暴力导致,若处理不当将导致膝关节不稳定,影响运动训练甚至继发其他组织创伤或创伤性关节炎发生。常见的膝关节创伤有以下几种。

(1)膝关节胫侧副韧带创伤

①原因:直接或间接外翻位暴力为常见创伤原因。如在足球、橄榄球运动中,膝关节屈曲位小腿突然外展外旋,足及小腿固定大腿突然内收内旋或外力直接作用于膝外方产生很大的外翻力导致股骨内旋等,均容易导致膝关节外翻位创伤。轻度外翻位暴力常导致胫侧副韧带浅层创伤,可发生股骨内上髁内侧副韧带止点撕脱骨折或胫骨内髁处韧带撕脱;严重外翻暴力可导致内侧副韧带深层、前交叉韧带及半月板创伤,成为"三联伤"。少数导致胫骨外侧平台骨折,甚至半腱肌及缝匠肌断裂或撕脱骨折。青少年运动员可致股骨骨骺处发生骨折。通常将内侧副韧带创伤分为部分创伤、完全创伤及联合创伤(合并半月板或前交叉韧带)。

②症状:主要临床表现为,受伤后膝内侧部突然出现剧烈疼痛,关节强迫于屈曲位,腘绳肌产生保护性痉挛,拒绝任何活动,勉强用足尖行走。轻中度韧带创伤,如不创伤关节内结构,一般不引起膝关节肿胀,经过简单固定可继续参加比赛;严重的内侧副韧带创伤,内侧副韧带深层创伤,特别是合并有半月板创伤、交叉韧带创伤或关节骨折,膝关节可出现关节肿胀、积血,功能障碍更加明显。

③处理方法:创伤早期主要防止创伤加重、固定、止痛。局部立即给予氯乙烷麻醉、降温或冷敷,松软敷料及弹性绷带加压包扎止血固定,抬高患肢,减轻肿胀。3 天后局部热敷或应用中药外敷,并进行股四头肌训练。3 周内在局部支持带或支具辅助下扶拐杖行走。6 周后去除支具或拐杖膝关节屈伸活动,渐进性抗阻锻炼。3 个月后恢复日常活动。如患膝疼痛、肿胀明显,外翻应力试验阳性,X 线片有骨折,原则上需手术修复。手术修复断裂的韧带止点或缝合撕裂的内侧副韧带,术后康复训练。合并内侧半月板及前交叉韧带创伤者,也需手术修复。

(2)膝关节内侧副韧带创伤

①原因:膝关节内侧韧带创伤是膝关节弯曲时,小腿突然外展外旋或足和小腿固定时,大腿突然内收内旋所致。膝关节外侧韧带伤是膝关节弯曲时,小腿突然内收内旋,或足固定时,大腿突然外展外旋所致。半月板伤是膝关节在屈伸过程中同时有膝关节的扭转、内外翻动所致。

②症状:韧带创伤后,膝关节肿胀、疼痛,扭伤部位有压痛,周围肌肉痉挛,活动受限,膝关节不敢用力伸展,轻度跛行。若膝侧韧带完全断裂时,伤部可触及韧带断裂的凹陷,功能完全丧失。半月板受伤时,膝内常伴有清脆的响声。

③处理方法:轻度创伤,局部外敷伤药,内服消肿止痛药。肿痛减轻后,再进行按摩、理疗、针灸。部分韧带撕裂者,早期局部冷敷,加压包扎,抬高

患肢，固定膝部，内服止痛药；48 小时后可进行按摩、理疗、外敷或内服中药。韧带完全断裂者，一旦确诊，应尽早手术缝合。手术后要积极进行功能性锻炼，促使早日康复。

(3)膝关节外侧副韧带创伤

①原因：外侧副韧带在膝关节的外侧，起于股骨外上髁，止于腓骨小头。伸直位韧带最为紧张，屈曲位松弛，不与半月板相连，具有防止小腿内收及旋转功能。膝关节外侧副韧带创伤较内侧副韧带创伤少。因为膝关节完全伸直位，保护膝关节的韧带、肌肉及关节囊均紧张，不易创伤。外侧副韧带创伤常由于内翻暴力所致，膝关节内侧的直接碰撞最为常见。创伤程度取决于外力大小，外侧副韧带最早承受牵拉暴力，暴力持续下去，前交叉韧带、腘肌腱、后外侧关节囊、后交叉韧带甚至髂胫束、腓肠肌外侧头、股二头肌都会被创伤。腓总神经可被牵拉或撕裂伤。外侧副韧带根据创伤程度分为部分创伤、完全创伤及联合结构创伤。

②症状：膝关节外侧部局限性疼痛、肿胀。如未创伤至关节囊、半月板、交叉韧带，一般不出现关节积液。关节外方的压痛点对判断韧带创伤部位有意义。如若存在联合结构创伤(关节囊、交叉韧带及外侧肌肉)，膝关节内翻异常活动增大，抽屉试验呈阳性，甚至出现膝关节后外侧不稳定。合并腓总神经创伤可出现足下垂。

③处理方法：单纯外侧副韧带部分创伤可保守治疗。包括支持带、石膏或支具制动 3～6 周，股四头肌等长收缩，下肢功能康复训练。外侧副韧带完全性创伤及联合创伤均需手术修复。早期全面修复外侧副韧带或联合结构可取得满意的治疗效果，合并腓总神经创伤也需要同时修复。

(4)半月板创伤

①原因：半月板是位于胫股关节间隙内的纤维软骨，内侧半月板呈“C”形，外侧半月板呈“O”形，具有传导载荷，维持关节稳定，协调膝关节伸屈及旋转运动，协助滑润关节等功能。在剧烈运动或体育锻炼中，从蹲位站起时双脚在地面上未动，膝关节扭锁机制出现障碍导致半月板创伤。在正常关节运动中，半月板是随着股骨的移动而活动，不与胫骨一起移动。只要膝关节伸直时胫骨能够外旋，膝关节屈曲时胫骨能够内旋，半月板就会自由运动，不会受到牵拉和张力，此即扣锁机制。如果膝关节伸直或屈曲时没有胫骨的外旋或内旋，半月板的自由活动消失，在关节中出现了矛盾运动，在剪力与压力的作用下会导致创伤而撕裂。

②症状：主要症状是受伤当时患者膝关节疼痛，出现肿胀，关节功能障碍。疼痛常在外伤当时出现，位于关节的一侧，位置较固定，常在膝关节的某一角度发生，活动后加重，休息后减轻。半月板本身无神经末梢，疼痛主

要来自关节囊的刺激，或活动时机械牵拉刺激周围组织的感觉神经所致。急性期过去后，关节活动时膝关节疼痛同时发出“咔哒”声音，或单独出现弹响声音，部分患者伴有膝关节伸直或屈曲受限。

③处理方法：该创伤的治疗方案取决于创伤是急性还是慢性，是否是运动员，需结合病人的意愿做出选择。对于急性半月板创伤的初期患者，慢性半月板创伤症状、体征不肯定者，经关节镜检查适合保守治疗者，应采取非手术治疗，目的是保护撕裂的半月板组织，减轻疼痛与肿胀，恢复肌肉张力和关节活动范围。方法：受伤当时给予加压包扎与抬高患肢，具有止血与缓解症状作用；冷敷在受伤当时立即进行，具有止血、消肿和组织麻醉作用；关节穿刺抽液适用于关节肿胀严重患者；利用红外线、磁疗仪等理疗方法促进肿胀消退和淤血吸收；石膏或支具固定具有止痛和利于组织撕裂修复作用；抗炎止痛治疗缓解症状，为康复训练创造条件；功能锻炼在疼痛得到控制的情况下进行，早期可进行股四头肌等长训练，主动锻炼在疼痛能忍受时进行。保守治疗 6 周，如果症状消失，股四头肌能达到正常侧的 80％～90％，可开始正常活动。如仍有明显的半月板创伤症状，应手术治疗。手术治疗半月板创伤的方式有半月板缝合术、半月板切除术、异体半月板移植术。

5. 踝关节扭伤

(1)原因：踝关节扭伤是体育锻炼中常见的一种关节韧带创伤。多发生在球类、田径跑跳类、滑冰等项目。常因跳起后落地姿势不正确，或落地时地面不平而导致踝关节内翻或者外翻。

(2)症状：伤处疼痛、肿胀，韧带创伤处有明显压痛和皮下淤血。

(3)处理方法：发生踝关节扭伤后应立即用冷水冲洗或冷敷(放上清洁的凉毛巾或冰块)，用绷带固定包扎，并抬高患肢。24 小时内不得按摩、热敷等。24 小时后根据伤情进行外敷药、理疗、按摩等治疗。

(四)肌肉拉伤

1. 原因与症状

(1)原因：肌肉受到强烈牵拉所引起的肌肉微细创伤、部分撕裂或完全断裂，叫作拉伤。球类运动中，大腿后群肌肉和小腿后群肌肉的拉伤最为常见。

(2)症状：拉伤后局部疼痛、压痛、肿胀、肌肉发硬、痉挛、功能障碍。如果肌肉断裂，伤员受伤时多有撕裂感，随之失去控制相应关节的能力，并可在断裂处摸到凹陷,在凹陷附近可摸到异常隆起的肌肉断端。

2. 处理方法

出现肌肉拉伤症状时,应立即采用氯乙烷镇痛喷雾剂等进行局部冷敷,加压包扎,并把患肢放在使受伤肌肉松弛的位置,以减轻疼痛。肌纤维轻度拉伤及肌肉痉挛者,用针刺疗法会取得良好的效果。肌肉、肌腱部分或完全断裂者应在局部加压包扎,固定患肢后,马上送医院诊治,必要时还要接受手术治疗。

(五)关节脱位

1. 肩关节脱位

(1)原因:在肩关节的脱位中,肩关节的前脱位最为常见,约占肩关节脱位的95%。造成肩关节脱位的主要原因是来自间接外力。患者向一侧摔倒,手掌着地,肱骨干呈高度外展外旋位,由于掌传达至肱骨头的外力可冲破关节囊的前壁,向前脱出至喙突下空隙,形成喙突下脱位,较多见。如外力继续作用,肱骨头可被推至锁骨下部,成为锁骨下脱位,较为少见。还有一种是由于杠杆作用的外力,当上肢过度外展、外旋、后伸,肱骨头受肩峰阻挡形成杠杆支点,使肱骨头向下部滑脱以致冲破关节囊下壁而脱至肩胛盂下方,形成盂下脱位。极个别情况,暴力强大,肱骨头冲破肋间进入胸腔,形成胸腔内脱位,极罕见。

(2)症状:肩部出现肿胀、疼痛,并伴随一定的肩关节功能障碍。由于肱骨头脱离肩关节盂,原关节处空虚,肩峰突出,肩部失去正常钝平滑曲线轮廓,形成"方肩"畸形。患肢轻度外展,并以健手扶持患侧前臂,头向患侧倾,以缓解疼痛。外部症状表现在脱位肢体长度增加,肩关节呈弹性固定于外展30°位。当患侧肘部贴近胸壁时,患侧手不能达到对侧肩部,或先将手置于健侧肩部,则患肢不能贴近胸壁。在喙突下、腋窝或锁骨下能触到脱位的肱骨头。

(3)处理方法:使患者处于仰卧位,处理人员站于患肢一侧,双手握住腕部,将一足跟置于患者腋窝部(右侧脱位用右足,左侧脱位用左足),使在牵引过程中起向外推动肱骨头的杠杆作用,双手沿上肢纵轴向下牵引,足跟向上蹬住腋部,同时旋转和内收上臂,肱骨头即可复位。在复位后,将患者的上臂置于内收、内旋、屈肘60°位,用颈腕吊带或绷带悬吊或固定患肢于胸前,2~3周后去除固定,肩关节各方向活动以防止粘连。

2. 肩关节后脱位

(1)原因:通常引起肩关节脱位的原因主要是间接外力的作用。例如,摔倒时上肢外展位,上臂内旋、内收、前屈位着地时撕裂关节囊后壁,传达外力使肱骨头向后方脱位。

(2)症状:后脱位并没有像前脱位那样明显的症状,在肩部的外形上,没有太大变化。并且就算去医院进行 X 线检测,如果只拍前后位,也很难发现明显的变化。这也使得肩关节后脱位的误诊率很高。喙突异常突出是肩关节后脱位的重要临床表现,从侧面看,患肩后侧隆起,上臂呈外展及明显内旋畸形,外旋活动受限,在肩关节后方能扪到肱骨头,肩关节前方空虚。

(3)处理方法:新鲜后脱位,大多数闭合复位可获得成功。沿肱骨轴线纵向牵引,同时内旋上臂,使肱骨头与肩胛盂后缘解脱,此时术者以一手自后方向前推挤肱骨头,同时再外旋上臂肱骨头可复位。复位后患肢包扎固定胸前。

3. 肩锁关节脱位

(1)原因:导致肩锁关节脱位的主要原因是直接外力的作用,肩关节处于外展、内旋位外力打击于肩的顶部;或摔倒时上臂内收,肩部着地,均可引起肩锁关节脱位。根据创伤程度可以将它分为轻度扭伤、中度创伤和重度创伤。

(2)症状:轻度扭伤大多只会出现轻度肿胀疼痛,无明显畸形。中度创伤肩锁关节部位肿胀、疼痛较重。锁骨外端高于肩峰,局部压痛。重度创伤患肩疼痛、肿胀明显。患者常以健肢托住患肘部向上,以减轻疼痛。锁骨外端上撬顶起皮肤,肩部外形呈“阶梯状”畸形,局部压痛明显。肩部任何活动,均引起疼痛,尤以外展活动明显。

(3)处理方法:轻度扭伤可用三角巾或吊带悬吊 3～5 天。中度创伤,一般采用非手术疗法。目前常用的制动方法是在锁骨外端与肘下方各放置一块保护垫,用胶布条固定方法控制使锁骨外端向下,上臂向上,固定 3～4 周。2 个月内避免提重物或剧烈运动。对重度创伤的治疗一般主张对完全脱位的创伤应采用手术治疗,但也有很多作者主张非手术治疗。制动方法同于第二型创伤的治疗原则和方法。固定期间定期复查复位情况,及时调整对锁骨外端的压力。外固定需维持 4～6 周。去除固定后逐渐加强肩关节功能锻炼。8～10 周后始允许肩关节做充分的活动。对于活动量较大的年轻患者,不能忍受长时间外固定治疗而又要求恢复正常外形者,可行手术治疗。

4.肘关节后脱位

(1)原因:肘关节的后脱位通常是由于摔倒,手撑地外力沿前臂传导到肘部而造成的。主要是由于滑车关节面向外倾斜,使沿前臂纵轴传达的外力转变为旋后与外翻应力。此种效应类似机械上的凸轮作用,加上尺骨鹰嘴在鹰嘴窝内又起到杠杆作用,故尺桡骨同时被推向后外,从而造成典型的肘关节后脱位,此时前关节囊及肱前肌撕裂,后关节囊可能由起点剥离或撕裂,内侧副韧带可不同程度创伤。

(2)症状:肘多近于伸直位畸形,在肘前方皮下可触到肱骨下端,脱位后因尺骨的上移而导致肱骨内外髁与尺骨鹰嘴的三角关系改变,伸肘时三者不再成一直线,而是鹰嘴高居在内外髁之上。

(3)处理方法:闭合复位以右肘为例,助手在前臂及上臂做牵引及反牵引,术者从肘后用双手握住肘关节。先纠正侧方移位。双拇指向前下方推压尺骨鹰嘴,在牵引下即可复位。用长臂后石膏托在功能位制动3周后逐渐开始练习肘关节屈伸活动。

5.髋关节脱位

(1)原因:髋关节本身具有的髋臼深,韧带坚强,肌肉肥厚的解剖学特点,使得该关节较为稳定,发生脱位通常是由于较为强力的外部暴力作用而发生的,多发生于青壮年。脱位分为前、后脱位和中心脱位三种类型,以后脱位为最常见。后脱位是由于髋关节在屈曲、内收,受到来自股骨长轴方向的暴力,使韧带撕裂,股骨头向后突破关节囊而造成。

(2)症状:髋关节出现疼痛,并伴随一定的活动障碍,患肢外观变短。腹沟部关节空虚,髂骨后可摸到隆起的股骨头。大转子上移,高出髂坐线。有时并发坐骨神经创伤,髋臼后上缘骨折。晚期可并发股骨头坏死。

(3)处理方法:患者仰卧,复位时处理者先将患侧髋和膝关节屈至90°,使髂股韧带和膝屈肌松弛,然后一手握住小腿向下压,另一前臂套住膝后部向上牵拉,使股骨头向前移位接近关节囊后壁破口,同时向内外旋转股骨干,使股骨头滑入髋臼,助手可同时将股骨头向髋臼推挤复位。复位时常可听到或感到一明显响声。此法主要针对新鲜脱位的治疗,运用起来也较为安全。

6.膝关节脱位

(1)原因:膝关节的脱位大多为强大暴力的作用而发生的,各个方向的暴力均可造成,作用于胫骨上端或股骨下端,同时使小腿旋转,因此脱位由于暴力方向不同,可有前脱位、后脱位或侧方脱位,以前脱位较多见。脱位后侧副韧带、交叉韧带和髌韧带均可创伤,并可能合并骨折、神经血管的创伤,使下肢麻痹,感觉运动丧失,肢体缺血造成坏死。

(2)症状:膝关节出现外伤,并肢体有畸形、肿痛,出现活动障碍受限,根据脱位方向,胫骨可向后、向前和侧方移位,因韧带撕裂而使关节不稳定,并有反向活动。

(3)处理方法:通常单纯的膝关节脱位很容易复位,只需通过牵引法便可复位,复位后膝在屈曲10°～15°功能位固定4～6周,去除石膏,进行功能锻炼,有时在复位后3～5天行关节腔积血抽吸,在固定期间练习股四头肌收缩以防止肌萎缩,1个月后带石膏行走加强功能锻炼。

(六)脑震荡

1.原因与症状

(1)原因:脑震荡是指头部受到外力打击或撞击后,使大脑管理平衡的膜半规管、椭圆囊、球囊等感受器功能失调,引起大脑暂时的意识和功能障碍。比如,在运动中两人头部相撞、撞击硬物或从高处跌下时头部着地等,都可能造成脑震荡。

(2)症状:致伤后,患者出现神志昏迷、脉搏徐缓、肌肉松弛、瞳孔稍大、神经反射减弱或消失等症状;清醒后,患者常有头痛、头晕、恶心、呕吐感,表现得情绪烦躁、注意力不易集中、耳鸣、失眠、记忆力减退等。

2.处理方法

伤后立即让患者平卧,头部冷敷。若有昏迷,即指压人中、内关、合谷穴;若呼吸发生障碍,则立即进行人工呼吸。上述处理后,如出现反复昏迷或耳鼻口出血,两瞳孔放大且不对称时,表明病情严重,应立即护送医院治疗。在运送途中,要让患者平卧,头部固定,谨防颠簸。

(七)急性出血创伤

血液是维持生命的重要物质,成年人血容量约占体重的8%,即4 000～5 000毫升,如出血量为总血量的20%(800～1 000毫升)时,会出现头晕、脉搏增快、血压下降、出冷汗、肤色苍白、少尿等症状。如出血量达总血量的40%(1 600～2 000毫升)时,就有生命危险。运动创伤性出血分为内出血与外出血两种,比赛中常见的出血多为外出血,外伤出血是最需要急救的危重症之一,尤其是较大动脉的出血抢救更应争分夺秒,不能延误。止血术是外伤急救技术的重点,内出血则因到医院救治。

1. 出血的分类

(1)根据血液的流向，出血可分为外出血和内出血，外出血是指体表出现创口后，血液从伤口直接流到体外，这种出血较为常见。内出血是指血液从破裂的血管流向体腔(包括颅腔、胸腔、腹腔和关节腔等)、组织间隙(皮下组织、肌肉组织)及胃肠道和呼吸器官内等。流入体腔及胃肠道和呼吸器官的内出血.在初期不易被发现，容易发展成为大出血，故应特别注意。

(2)按受创伤血管的不同，出血又可分为毛细血管出血、静脉出血和动脉出血。但是，一般在运动创伤中的出血，多为混合性出血。

2. 急性出血的止血方法

(1)外出血的止血方法

在发生外出血时，可以采用以下几种出血方法。

①抬高伤肢法:将受伤出血的肢体抬高至心脏水平以上，使出血部位压力降低，减少出血。此方法适用于四肢小静脉或毛细血管出血的止血，主要在绷带加压包扎后使用，而其他情况下仅作为一种辅助的止血方法。

②加压包扎法:用数层消毒过的无菌敷料将伤口覆盖好，然后做绷带加压包扎，以压住伤口部位的血管而达到止血目的。此方法适用于小静脉和毛细血管出血的止血。

③直接指压法:用手指指腹直接压迫在出血点上，以使血管闭塞，并形成血栓而止血。为了避免感染，宜先用消毒敷料等清洁物覆盖在伤口处，再进行指压止血。

④间接指压法:将伤口附近或远处的身体表浅动脉用手指压迫在相应的骨面上，以阻断伤口处血液来源，暂时止血。压力必须持续到最后血管被结扎或使用血管钳夹住血管为止。此方法适用于动脉出血，是止血方法中最重要、最有效且方便易行的方法。

(2)内出血的止血方法

对于皮下组织、肌肉组织等处的小血管或毛细血管出血，采用冷敷、加压包扎等方法止血。若疑有内脏器官出血、体腔或管腔内出血，应立即将伤者送往医院，实施进一步抗休克处理和手术治疗。

(八)运动性骨折

骨折是较严重的运动创伤，发生率一般较低，约占全部运动创伤的1.5%。根据骨折时间的长短，可分为新鲜骨折和陈旧性骨折。根据骨折的程度，分为完全骨折和不完全骨折。根据骨折处皮肤的完整与否，分为闭合性骨折和开放性骨折。

1. 运动性骨折的处理

(1)原因与症状

根据骨折创伤的严重程度,可以分为不完全性骨折和完全性骨折两大类。运动员在训练的过程中身体某部受到直接或者间接的暴力撞击时,容易造成骨折。

骨折后的症状是肿胀,有剧烈疼痛,皮下瘀血,肢体失去正常功能,肌肉产生痉挛,有时骨折部位发生变形,移动时可以听到骨摩擦声。如果骨折严重,容易出现发烧、口渴甚致休克等全身性症状,这需要引起运动者的高度重视,要及时进行处理。

(2)处理方法

①骨折固定前最好不要移动伤肢,以免增加伤员的痛苦和伤情,应尽快固定伤肢,限制骨折断端的活动。对大腿、小腿和脊柱骨折应就地固定。

②对有伤口或者开放性骨折的伤员,首先要止血,止血多采用止血带法和压迫法。用消毒巾或者纱布包扎后,及时送医院治疗。对已暴露在伤口外的骨折断端不要放回伤口内,以免引起感染,也不可任意去除。

③如有休克和大出血等危及生命的并发症时,应立即抢救休克和止血,给予伤员较强的止痛药物,平卧保暖,针刺人中等,这时可以采取简要的止休克措施。

④使用固定用具,长短宽窄要合适,长度须超过骨折部的上、下两个关节,夹板与皮肤之间要有垫衬物固定,先固定骨折部的上面和下面,再固定上下两个关节。

⑤伤肢固定后要注意保暖,检查固定是否牢靠。四肢固定时要观察肢端是否麻木、发冷、疼痛、苍白或者青紫,如出现这些情况则说明包扎过紧,需要放松一些。

2. 骨折急救中的固定方法

一般情况下,骨折的急救常用于取材容易简单的方法如小夹板、三角巾、当地的木板等。

(1)胸部固定

锁骨骨折固定:将两条指宽的带状三角巾分别环绕两个肩关节,于肩部打结;再分别将三角巾的底角拉紧,保持两肩过度后张,将背部底角拉紧打结(图 6-1)。

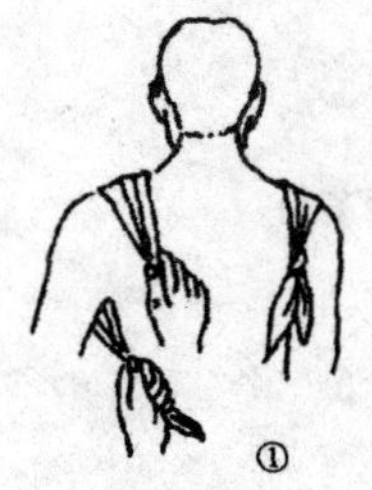
①
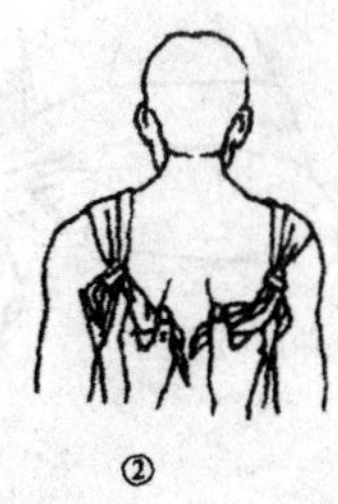
②
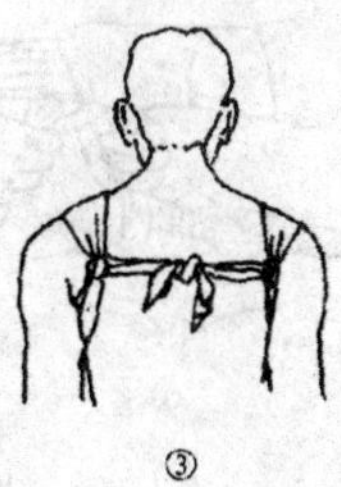
③
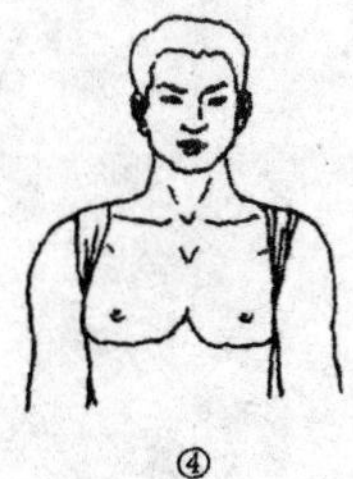
④

图 6-1

(2)四肢骨折固定

①肱骨骨折固定:用两条三角巾和一块夹板将伤肢固定,然后用一块燕尾式三角巾中间悬吊前臂,使两底角向上绕颈部后打结,最后用一条带状三角巾分别经胸背于健侧腋下打结(图 6-2)。

图 6-2

②肘关节骨折固定:当肘关节弯曲时,用两带状三角巾和一块夹板将关节固定。当肘关节伸直时,可用一卷绷带和一块三角巾将肘关节固定(图 6-3)。

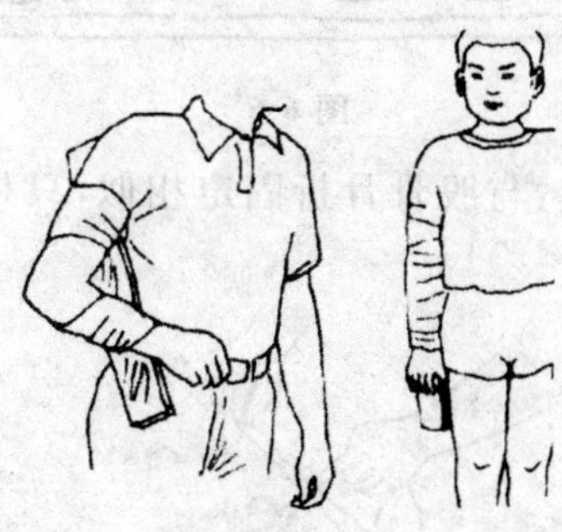

图 6-3

③桡、尺骨骨折固定:用一块合适的夹板置于伤肢下面,用两块带状三角巾或绷带将伤肢和夹板固定,再用一块燕尾三角巾悬吊伤肢,最后再用一条带状三角巾的两底边分别绕胸背于健腋下打结固定(图 6-4)。

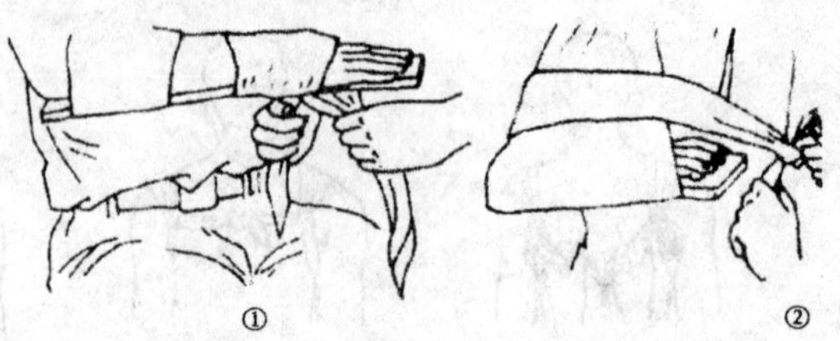

图 6-4

④手指骨骨折固定:利用冰棒棍或短筷子作小夹板,另用两片胶布做黏合固定。若无固定棒棍,可以把伤肢黏合固定在健肢上(图 6-5)。

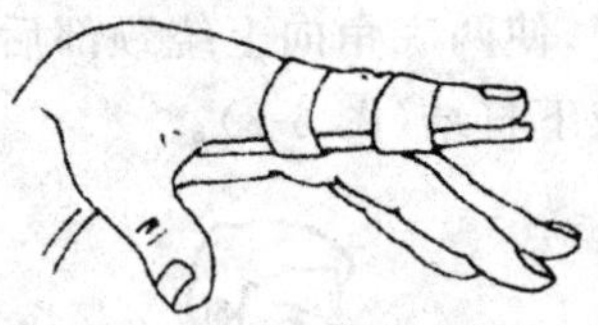

图 6-5

⑤股骨骨折固定:用一块长夹板(长度为伤员的腋下至足跟)放在伤肢侧,另用一块短夹板(长度为会阴至足跟)放在伤肢内侧,至少用 4 条带状三角巾,分别在腋下、腰部、大腿根部及膝部分环绕伤肢包扎固定,注意在关节突出部位要放软垫。若无夹板时,可以用带状三角巾或绷带把伤肢固定在健侧肢体上(图 6-6)。

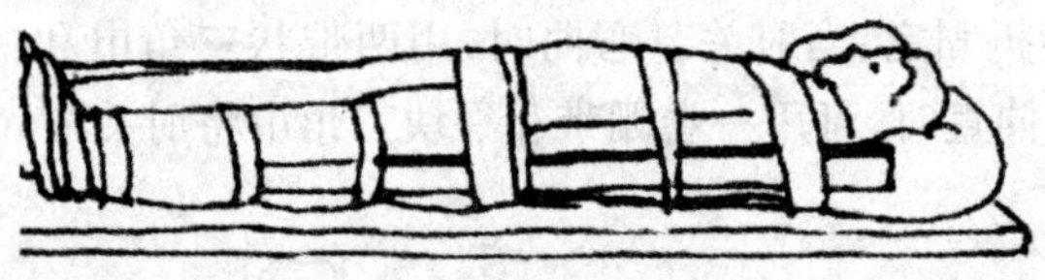

图 6-6

⑥胫、腓骨骨折固定:与股骨骨折固定相似,只是夹板长度稍超过膝关节即可(图 6-7)。

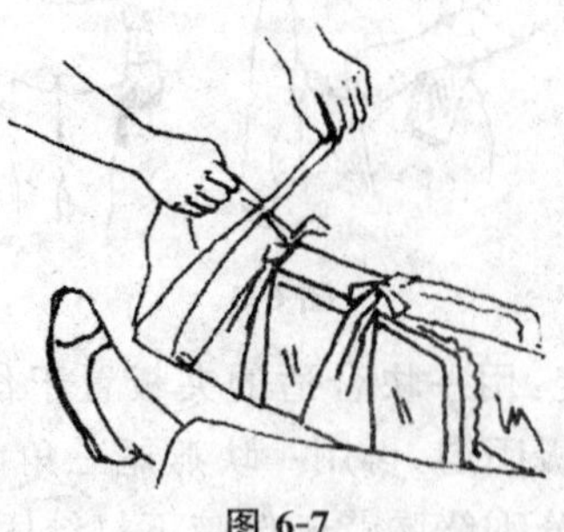

图 6-7

(3)脊柱骨折固定

①颈椎骨折固定：伤员仰卧，在头枕部垫一薄枕，使头部成正中位，头部不要前屈或后仰，再在头的两侧各垫枕头衣服卷，最后用一条带子通过伤员额部固定头部，限制头部前后左右晃动(图 6-8)。

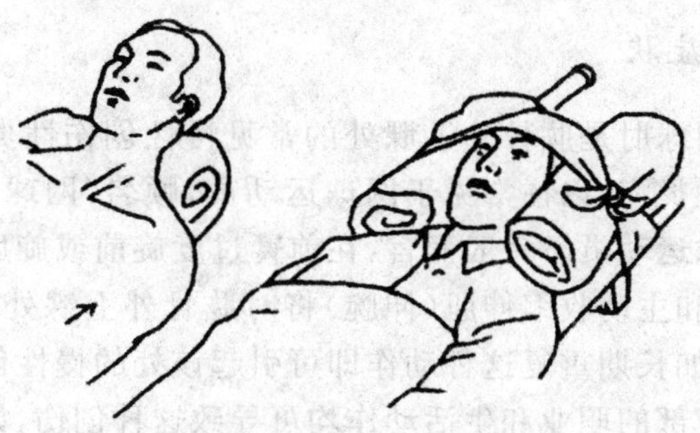

图 6-8

②胸椎、腰椎骨折固定：使伤员平直仰卧在硬质木板上，在伤处垫一薄枕，使脊柱稍向上突，然后用几条带子把伤员固定，使伤员不能左右转动(图 6-9)。

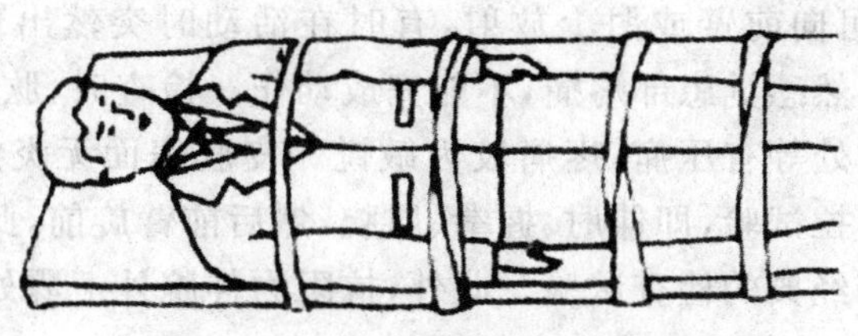

图 6-9

(4)骨盆骨折固定

将一条带状三角巾的甲段放于腰骶部，绕髋前至小腹部打结固定，再用另一条带状三角巾中段放于小腹正中，绕髋后至腰骶部打结固定(图 6-10)。

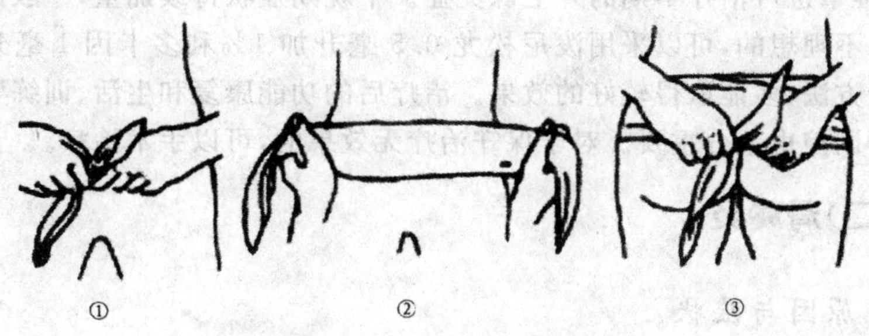

①　②　③

图 6-10

二、常见慢性创伤的医务处理

(一)网球肘

1. 原因与症状

(1)原因:网球肘是肱骨外上髁处的常见慢性创伤性炎症,主要病变是伸肌总腱的慢性炎症,以往常见于网球运动员,顾名“网球肘”,现这种创伤亦多见于乒乓球运动员。一般而言,在前臂过度旋前或旋后位,被动牵拉伸肌(握拳、屈腕)和主动收缩伸肌(伸腕)将对肱骨外上髁处的伸肌总腱起点产生较大张力,如长期重复这种动作即可引起该处的慢性创伤。因此,凡需反复用力活动腕部的职业和生活动作均可导致这种创伤,如网球运动员,由于“反拍”“下旋”回击急球时,球的冲力作用于伸腕肌或被动牵拉该肌即可造成创伤。

(2)症状:早期做某一个动作时肘关节外侧疼痛,不活动时疼痛减轻或消失。再做动作时又出现。此后症状逐渐加重,变为持续疼痛,夜间疼痛更加明显。疼痛可向前臂或肘上放射,有时在活动时突然出现并加重,如提物、拧毛巾时突然感觉患部疼痛,不能完成动作。检查时,肱骨外上髁、桡骨小头、肱桡关节处等有压痛,疼痛较为敏锐。皮肤表面无炎症,肘关节活动正常,伸肌腱牵拉试验,即伸肘、握拳、屈腕,然后前臂旋前,此时肘外侧出现疼痛为阳性,是经典的检查试验。此外,抗阻力伸腕外上髁处出现疼痛也是阳性表现。

2. 处理方法

在发生创伤的早期,可采取保守治疗,即限制肘关节的活动,尤其是伸腕握拳的动作。使用限制性绷带支具可起到一定的作用。中药烫洗或中医按摩、推拿也可治疗早期的外上髁炎症。中晚期症状持续加重,一般保守治疗效果不理想的,可以采用泼尼松龙 0.5 毫升加 1%利多卡因 1 毫升痛点封闭的方法,多能取得较好的效果。治疗后的功能康复和生活、训练姿势和强度的调控也十分重要。对于保守治疗无效果的,可以手术治疗。

(二)滑囊炎

1. 原因与症状

(1)原因:凡摩擦频繁、压力较大的部位几乎都有滑囊存在,其主要作用是减少摩擦力。腱鞘炎是局部运动量过大而引起的一种不适应性炎症反应，有疼痛和压痛感，多发生于手腕、掌指关节、脚踝后部、肩前部等部位，是体育运动中常见的一种劳损性伤病。

(2)症状：关节附近出现一个疼痛包块，大小不定，运动受限各异。表浅者可扪及边缘并测出波动，穿刺可得淡黄色、透明、比较黏稠的液体。

2. 处理方法

抽吸出滑液，注射醋酸泼尼松类药物于滑囊内，并加压包扎即可，疗效较好，但易复发。非手术治疗无效且影响训练或日常生活者，考虑手术切除病变滑囊。

(三)腱鞘炎

1. 原因与症状

(1)原因：产生腱鞘炎的原因是由于肌腱与腱鞘长期、快速、用力的摩擦，使两者都发生创伤而水肿，同时发生腱鞘炎和肌腱炎；炎症发生时，鞘管相对狭窄，压迫其中的肌腱，反复发作的水肿则会引起腱鞘和肌腱增生。鞘管本来就很小，增生的腱鞘会压迫肌腱，使肌腱水肿、增生，呈葫芦状肿大，阻碍肌腱的滑动，运动时会有弹响或闭锁发生。

(2)症状：最开始发生腱鞘炎的部位在早晨起床时会发僵、疼痛，在活动一段时间后会症状会消失。但如果没有得到患者的重视，发生腱鞘炎的部位会出现持续的发僵和疼痛，严重者有弹响或闭锁，患处局部压痛。若部位表浅，则可扪及一压痛性结节，该结节随肌腱滑动，并可感到弹响由此处发出。

2. 处理方法

发生这一运动损伤后，运动者应注意患肢休息、局部制动、理疗，直到症状完全消失。上述治疗无效时，可用甾体抗炎药(如曲安奈德)局部封闭，以减轻局部炎症反应。局部封闭注射每周 1 次，3～4 次为 1 个疗程，同时配合理疗。症状完全消失后可逐渐开始恢复训练，但要注意正确的训练方法，避免致病因素，才能防止复发。病情严重者，终日疼痛或闭锁不能解除时，需手术切开狭窄的腱鞘。

(四)腰部肌肉筋膜炎

1. 原因与症状

(1)原因：腰肌筋膜炎，即腰肌劳损，其病理改变是多种多样的，包括神经、筋膜、肌肉、血管、脂肪及肌腱的附着区等不同组织的变化。通常多为急性扭伤腰部后,治疗不彻底即参加运动,逐渐劳损所致。另外,锻炼中出汗受凉也是重要成因之一。

(2)症状:有局部酸疼发沉等自发性疼痛,最常见的疼痛部位是腰椎3、4、5两侧骶棘肌鞘部,不少患者同时感觉有疼麻放射到臀部或大腿外侧;大部分伤者尚能坚持中小运动量的锻炼,一般表现为练习前后疼痛;在脊柱活动中,尤其是前屈时常在某一角度内出现腰痛。

2.处理方法

这一运动损伤可采用理疗、按摩、针灸、封闭、口服药物、用保护带及加强背肌练习等非手术治疗手段。对顽固病例可手术治疗。

三、常见运动项目易发运动创伤的处理方法

(一)体操

体操包括的内容很多,在比赛项目中,男子有自由体操、单杠、双杠、鞍马、吊环、跳马6项,女子有自由体操、平衡木、高低杠和跳马4项。体操是运动创伤发生较多的项目,其原因主要是由于体操的动作技术较复杂,且大多在器械上练习,一旦失手就极易受伤。此外如果器械不符合要求,保护与自我保护方法不当,训练安排不合理,如长时间大运动量的训练使身体及精神疲劳,不仅能引起急性创伤也是慢性劳损的重要原因。体操的运动创伤可以简单地分成慢性劳创伤和急性意外伤。在一项调查研究中,通过对337件创伤事件进行分析,其中慢性创伤约占45.5%,急性创伤占55.59%。而从创伤部位来看以上肢最多,占42.5%,这是由于体操运动上肢支撑、悬吊体重并完成各种复杂动作及超强度负重,故上肢最易受伤,尤其是肩、肘、腕部是主要受伤部位;其次是下肢占36.7%,主要发生在膝和踝关节处,各种弹跳翻腾、器械下法落地,膝踝都要承受很大的冲击,极易引起急性扭伤及劳创伤;躯干部占20.8%,主要是发生在腰部。

1.单杠

单杠是男子六项中外伤较多的项目,也是最容易发生严重创伤(颈椎骨折脱位)的项目。单杠最常见创伤有以下几种。

(1)单杠前臂卷缠伤

护掌卷缠伤:这是一种较严重的创伤。近年来优秀运动员都使用改进的“中长单杠护掌”以保护手掌皮肤,减少屈指肌在单杠大回环时的负担。

由于掌汗使皮革变软变长，再加上旋转时技术要领掌握不当，手握太紧，就很容易将手腕及前臂卷缠在单杠上，引起腕扭伤、脱位甚至前臂双骨折。预防办法是用护掌时应经常注意是否因湿变长。切记吊环护掌不可用于单杠。

单杠“布带套”卷缠伤：在运动训练中，运动员为防止“车轮”脱手，常使用“带套”保护。其一端松系杠上，另一端套在手腕上。如果布带太软、太薄或太长，单杠粗糙，镁粉太多，即容易在“大车轮”时将前臂卷在杠上，产生前臂骨折，也应注意。

(2)颈椎创伤

颈椎创伤多在单杠难度较大的各种下法时发生。近年来下法的难度越来越大，如大回环2～3周团身下，或几个轴位的旋转下法，这样保险带已不能使用，因此，学习这样的动作时，必须有特制的海绵坑或海绵槽。我国目前的集训中心都有此设备。事实证明，它对提高技术和预防颈椎与颅脑创伤是一种有效措施。另外，在难、新动作或下法“脱保”时，必须让教练员和运动员集体讨论并研究防伤措施。运动员在练习时注意力必须高度集中，想好要领之后再上器械，周围的人也应保持安静。须知任何不当的语言、信号都可能导致严重的创伤。

(3)单杠下法落地时引起的创伤

单杠下法落地时常常因姿势不正确，或重心失去平衡，扭伤膝关节、踝关节，引起半月板、膝、踝韧带创伤。落地时双腿并拢即可避免。另外，也应特别注意避免落地摔倒时单臂支撑，否则肘关节易骨折和脱位。顺势侧滚翻是较好的补救方法。

2. 高低杠

在女子比赛项目中，高低杠外伤发生率仅次于自由体操。其特点有点像单杠。近年来随着技术难度的加大，有些单杠上的动作也被引进到高低杠中，所以单杠上的一些外伤在高低杠也可以发生。但一般由于大回环少，护掌又不同，所以不发生前臂的卷缠伤。由于“折体回环”“屈体弹杠”下法较多，所以髂前上棘部软组织挫伤及大腿前部擦伤较多。初练或训练数量较多时，可用海绵垫临时垫在杠上保护。高低杠失手时肘关节支撑创伤(肱骨内上髁骨折、肘脱位等)较多，多系弹杠腾身等下法时，力量、高度不够，足被杠“挂住”或落地不稳摔倒单臂支撑所致。练习时应特别注意保护和帮助。为防止高低杠的摔伤或劳损，还应特别注意上肢和肩带力量的发展，这对突破高难动作，也是非常必要的，应予注意。

3. 吊环

吊环运动中常发生肩袖创伤或肱二头肌长头肌腱鞘炎，这多是在准备活动不够或肩部肌力不足，在吊环上做"砸肩""转肩"动作时发生。另外，不正确的长时间的压十字，也常常引起肘关节的骨关节病。因此，必须注意做好准备活动，加强肩与上肢肌力练习。动作完成后，由于下法不稳或场地器材不合卫生要求，常常扭伤踝、膝及肘。因此，吊环的挂钩应经常检查，以免失脱摔伤。吊环下面的垫子，也应该有足够的长度和厚度。

4. 跳马

跳马运动中，在急行助跑、跳过器械落地时，都有可能发生创伤。例如，跑道不平、室内地板太滑、踏跳板损坏，跳过器械时由于技术不熟练，跳马过高，或运动员的犹豫不决，往往于起跳后，跳马撞击腹部（太阳神经丛）发生休克。双手在马上推撑腾越用力不当，可以产生腕关节的舟状骨骨折。在跳马的腾空阶段，过度挺腹易创伤脊椎的棘突（引起骨膜炎）或椎板（骨折），落地"收腹"时，也可发生腹直肌挨伤（参看爬绳或爬竿的创伤）。落地时，因为技术不良或缺乏保护，膝关节的突然屈曲扭转，发生膝关节内侧副韧带、半月板及膝的创伤。

交叉韧带撕裂的伤例也很多。跳马时，跳马正面至少应与墙壁或其他障碍物（如暖气片）相距 6 米远，以免撞伤。教练员保护位置也应注意，不要站在跑道上或跳马落地的正前方，防止运动员冲撞致伤。

（二）田径运动

田径运动中的创伤也不少见，根据各种项目特点的不同其创伤的性质和程度亦有所不同。有调查资料显示，在田径运动中，膝关节创伤比较多，约占 40%，跟腱创伤、髋关节、臀部等创伤其次，约占 15%，再者就是足和踝关节创伤，约占 10%。

1. 跑类

在短跑时遇到的外伤有大腿后部屈肌拉伤、足踝腱鞘炎、跟腱纤维撕裂、断裂或跟腱腱围炎。在中高速跑过程中，足底承受着几倍于体重的负荷，由于力的传导作用于膝关节，使其除了承受压迫力外还受到回旋力的影响，常可造成髌骨、髌腱、膝关节周围软组织及股四头肌、股二头肌的创伤，也可因关节软骨摩擦增加而导致创伤。长跑过程中易摔倒发生擦伤，但有时也因倒在跑道的边沿上或道边的板牌上而发生骨折。有人曾记载过钉鞋刺伤的病例。即马拉松比赛时，由于距离过长，运动员常常发生会阴部及尿道口擦伤、膝外侧综合征、胫前肌腱鞘炎及足趾挤压伤。因此，在跑类运动中应注意运动裤和鞋子的选择。跨栏最易发生大腿后肌肉拉伤（包括坐骨结节末端病）、腰痛及髌骨软骨病。所以应注意跨跳的姿势。

2.跳类

跳类运动中分为急行跳、跳远、三级跳和撑杆跳。跳跃动作在着地时所受到的冲击力较大，此外，身体某些部位由于突然减速，冲击力的传导和吸收负荷都明显增大。如着地时股四头肌需强烈收缩，吸收冲击力以维持膝关节的稳定和角度，故膝关节应力十分集中，极易出现膝关节的韧带及半月板创伤；髌骨对股骨髁的冲击加速了髌骨关节面的软骨磨损和软骨细胞变性；跳跃背伸动作过频还可引起腰部肌肉疼痛、腰椎创伤，甚至椎弓崩裂和腰椎滑脱。

为了防止运动创伤，跳高助跑的跑道应平而不滑，在练习前应检查横杆与架子的质量。为了减少制动时的冲击力量，跳鞋的后跟内应垫橡胶海绵，跳坑内的沙子应松散而干净。海绵包应厚、软。跳高无论是跨越式、背越式、俯卧式或剪式，初学时都应从低杆跳起，先学腾空及转身姿势。而急行跳远必须在准备部分包括各种专门跳法的辅助练习，如落地要有弹性及正确的腾空动作等。学习三级跳，只有在掌握了急行跳远之后才有可能，而且不应做长距离的和高速度的助跑。助跑的跑道过硬或技术不良都可以引起踝关节骨折、韧带创伤、跟腱创伤及跟骨下脂肪垫挫伤。预防撑杆跳的创伤，应在每次练习前检查撑杆的质量，并应在专门的场地练习。

3.投掷项目

投掷项目主要包括铁饼、手榴弹、标枪、铅球及链球。其最易发生创伤的共同部位是肘关节和肩，故在投掷运动员中肘关节骨关节炎（投掷肘）和肩袖创伤非常普遍。因为在投掷过程中，肘关节被强制性固定在外翻位，前臂轻度旋前，肘轻度屈曲时，内侧副韧带紧张，在投掷动作一瞬间，肘内侧部位软组织易出现轻微创伤。这多是由于准备活动不够或技术不熟练而引起。此外，由于技术特点也可造成劳创伤（肩、肘、膝、腰）。

(1)投掷手榴弹与标枪，由于对腰、膝、肩、肘的要求很高，所以这些部位最易受伤。其中有的是一次伤，有的是慢性劳创伤。

(2)铁饼运动员最易发生的创伤是髌骨软骨病、髌腱捩伤及伸膝腱膜炎，这是由于掷铁饼时，经常需要运动员在膝半蹲位置支撑扭转用力所致。

(3)掷链球时最常见的创伤是斜方肌拉伤。

(4)铅球运动创伤。最常见的有掌指关节扭伤,指屈深肌腱拉伤,或因出手时球由指间滑出而致蚓状肌拉伤。此外,左侧腰方肌也常因投出时腰的突然侧倾而拉伤。个别运动员为了加强腿的后蹬力量,过多地重复"膝的半蹲起",因而引起髌骨软骨病。

根据上述情况,在训练中,必须加强训练的组织方法、技术的讲解和准备活动,加强易受伤关节部位肌肉力量的训练,严守控制场地及器械的质量关,以预防运动创伤的发生。

(三)球类运动

球类运动中的篮球、足球、乒乓球、羽毛球、排球、网球等在群众体育中尤其受欢迎。因此球类活动引起的创伤也很常见。

1.篮球

篮球运动是一项双方拼抢激烈、对抗很强的运动,这就要求运动员要发展全面、训练有素。在篮球运动中创伤集中的部位是腰、膝、踝。最常见的创伤是因跌倒、跳起抢球落地不稳(如踩在别人脚上或被踩)、运动中的急转、急停和冲撞、场地不平或打滑所引起的急性创伤。一般常见的创伤有:踝关节韧带的捩伤或骨折、膝关节的韧带及半月板创伤、手指挫伤及腕部舟状骨骨折。除了急性创伤外,在篮球运动中也可发生慢性创伤,其中最影响运动训练与技术发挥的是髌骨软骨病、髌尖末端病及髌腱腱周炎。其发生主要是在篮球运动中滑步进攻与防守、急停与踏跳上篮等使膝处于半蹲位发力所造成的。

为了预防篮球运动创伤,应注意以下几个方面。

(1)加强身体全面训练,避免单打一的训练方法,以免造成局部负荷过重。

(2)加强基本动作训练,学会自我保护。

(3)严格规范场地,使其符合训练或比赛要求。

(4)对易伤部位(腕、踝、膝等)要注意加强该部肌肉力量的训练,运动前充分作好准备活动,运动中带好必要的护具。

(5)严格裁判,禁止粗野动作。

2.足球

据相关数据统计,足球是运动创伤发生率最高的运动之一,同时是急性创伤发生率最高的项目,其中轻者可以是皮肤擦伤,重者可以是骨折、关节脱位及内脏破裂。其中,急性创伤除一般的擦伤和挫伤外,最为常见的是踝关节扭伤，其次是大腿前后肌肉拉伤、挫伤，接下来是膝关节的创伤。随着足球运动的不断发展，膝关节联合创伤(内侧副韧带、半月板及交叉韧带同时创伤)的发生率有上升的趋势。而慢性创伤中发生率最高的是足球踝(踝撞击性骨疣，亦称骨关节炎)，主要是由踝关节局部劳损所致。其次，趾骨炎和髌骨软骨病亦很常见。

总之，在足球运动过程中，运动员除了加强身体全面训练及遵守训练原则外，还必须注意使用各种保护装置，如用弹力绷带包扎踝关节等。此外，为预防肘、膝、小腿挫裂伤，护肘、护膝及护腿的使用也是很有必要的。

3. 乒乓球

乒乓球运动的基本动作包括击球动作、步法和全身协调动作。击球动作有扣杀、削球、提拉、推挡等；步法是髋、膝、踝关柔软性的表现，股四头肌、大腿部屈膝肌、小腿三头肌的肌力是步法灵活的保证；全身动作主要是腰部动作，腹肌具有控制躯体左右摆动时的柔软性、力度、收缩速度以及全身的平衡感觉的能力。乒乓球运动创伤相对来说较少，创伤相对集中在腰、膝、肩等部位，踝足部次之。据日本体协运动科学研究报告，在147例乒乓球运动创伤中，腰部创伤占首位，约占23.5%，其次为膝关节创伤，占13.4%，肩关节创伤占10.1%。

腰部创伤包括腰肌劳损和筋膜性腰痛症、腰椎间盘突出症、腰椎椎弓崩裂和滑脱等，这些都与腰肌"过度使用"和快速突然的回旋活动有关。膝关节痛多见于半月板创伤，大多由于负重在单侧下肢时躯体突然旋转造成半月板的挤压断裂及膝交叉韧带创伤。肩关节创伤主要是肱二头肌长头肌腱炎症、肩袖创伤等，这些都是由于大力扣杀、过度练习单一动作或动作技术不准确造成。合理安排训练、避免单打一的训练计划及提高身体素质训练对预防创伤至关重要，运动前下肢关节和肌肉的准备活动对预防创伤也很有好处。

4. 排球

排球运动最常见的创伤部位是肩、膝和腰，另外拦网时，手指关节扭伤、骨折及脱位也不少见。肩以肱二头肌腱鞘炎、肩袖创伤最多，其次肩胛上神经麻痹的发生率也高达30%左右，这些创伤大多因扣空球、扣球技术不正确或过劳引起。膝伤以救球时跪地髌骨受到撞击或过劳引起股外侧头末端病、髌骨软骨病最常见。在膝急性创伤中，半月板撕裂及韧带伤较多。腰伤则多因扣球时腰过伸引起的椎板疲劳骨折、腰椎间盘突出、腰肌劳损和棘突骨膜炎。要预防排球运动中出现的上述创伤首先应加强身体素质训练、改正错误的技术、遵守训练原则；其次应特别注意肩带、腰及膝的肌力练习；当然正确使用护腰、护膝等也很重要；改善场地卫生条件，运动前充分做好肩、腰、膝、指及腕关节的活动也不容忽视。

5. 羽毛球

羽毛球运动要求运动者要反应敏捷、关节柔软，并且注重肌肉的爆发力。因在运动过程中，腰、肩、膝、踝等部位负担重，容易出现一定的运动性创伤。

其中，腰部创伤主要为腰背肌筋膜炎，其次腰椎横突末端病也较常见，主因在大力抽杀时腰部伸屈扭转过多所致。肩部创伤主要是肩袖创伤、大力抽杀及各方向救球，肩袖腱承受反复牵拉摩擦所致。膝部创伤多见于髌韧带上部及髌骨过劳性损害，由于反复跳跃、冲跑所造成。足踝部常有突然制动、起跳，除急性韧带创伤外，跟腱劳损甚至足舟骨疲劳骨折也有发生。预防上述创伤除加强全面训练提高身体素质外，运动前后的准备活动和放松运动也很重要。运动前对膝周围肌群认真进行准备活动，运动后在髌韧带周围进行冰水按摩可以起到很好的预防作用。

6. 网球

网球运动是以耐力和力量为主的运动项目。目前网球爱好者日益增多，其中不乏中老年人，但网球运动者约40%患有不同程度的运动创伤。

脊柱腰背部、膝部、肘、腕、肩、足踝等部位都是网球运动经常发生运动创伤的部位。因网球运动员在场上始终保持腰前倾、膝关节半屈位状态，以便起动移位防守或进攻，所以腰部劳损性肌肉筋膜炎、膝部劳损性髌骨软骨病和髌腱末端病多发。膝、踝的急性扭伤也常发生。网球运动中无论是挥拍击球还是球击拍被动受力都很大，故肩、肘、腕部的创伤在网球运动中都很常见，如肩袖创伤、肘的内外上髁炎、创伤性滑膜炎、腕凸症等。预防上述创伤应加强上肢肌力训练及膝关节稳定性的肌力训练。

（四）摔跤运动

摔跤属于接触性运动项目，是集敏捷反应、爆发力、体能技巧和精神于一体的一项特殊运动，无论是古典式还是自由式摔跤，都易发生外伤。据调查，摔跤运动员耳壳创伤最多，可高达80%左右，包括挫伤（血肿）、软骨炎、撕裂及伤后处理不当继发的耳壳畸形“摔跤耳”。发生上述耳壳创伤主系摔跤时抱头所致。

在摔跤运动中，膝内侧副韧带和半月板创伤也比较常见，主因在将对手摔倒时，对手体重常集中于膝的侧方所致。此外，腰部创伤频度仅次于膝部，青少年运动员多为椎弓崩裂、腰椎小关节突骨折。成人运动员由于腰部应力负荷的原因，腰椎间盘突出症成为该类创伤中高频率的疾患。在摔跤运动中，有一招是用手抓住对手运动衣，以肘部强力屈曲运动将对方摔倒，由此而导致的创伤也较为常见，运动员中可见肱骨小头软骨创伤，反复创伤则会引起肘关节增生性改变。在摔跤运动的急性外伤中肩关节脱臼最常见，由于倒地时运动员往往肩部或肩胛部先着地，常伴有肩锁关节脱位和韧带创伤。预防措施首先是确保摔跤馆的运动用品，如垫子等符合卫生要求；其次是运动员出现耳壳挫伤血肿时，应立即穿刺抽血并加压包扎，以防继发“摔跤耳”；最后就是加强膝关节周围肌肉力量的训练，以降低运动创伤的发生概率。

（五）拳击、散打运动

拳击和散打都属于接触、对抗性强的竞技运动，双方都有强烈的身体攻击，故运动创伤多很严重，因此这两项运动需要严格加强组织管理。

1. 拳击

在拳击运动中，打击部位集中于颜面部及腹部，被打击的部位发生损害是必然的，攻击者的腕关节扭伤、手骨骨折也很常见。在拳击运动中颈、脑创伤多见且创伤较重，还有急性的脑外伤、急性硬膜下出血、脑震荡、脑挫伤等常致伤残甚至危及生命。慢性脑创伤亦很常见，经常性头部被打击致小出血点，久之脑软化产生症状如步态蹒跚、神志不清，还可以引起眼部视力及耳部听力创伤。骨折也是拳击运动常发生的急性创伤，常见鼻骨骨折和第 1 掌骨骨折，前者为被击中致伤，后者为打击对方时技术失误致伤。其次急性创伤中膝、踝、掌指关节囊韧带创伤也较常见。拳击运动中慢性创伤以腰肌劳损为主。足部的疲劳骨折、骨膜炎也有发生，这可能与过多的弹跳有关。

2. 散打

与拳击相比，散打运动创伤略少。其主要创伤有膝半月板创伤、腰背肌筋膜炎、踝腓侧副韧带创伤、腰椎横突末端病、肱二头肌长头腱鞘炎等。由于散打是上下肢攻击摆腿等使用频率更高，还有单腿支撑，甚至 360°转体等，因此运动创伤以膝、踝、足关节、韧带创伤较多。其次在创伤中偶可见到牙齿创伤及“摔跤耳”。

针对拳击和散打的运动创伤情况，可归纳总结出以下五条预防原则。

(1)提高技术,加强身体素质的锻炼。

(2)加强组织管理,严格训练、严格执行规章制度及加强裁判工作、医务监督。

(3)应禁止不同等级的运动员比赛。

(4)无论是训练或比赛均要着护具,如散打训练比赛时一定要戴好头盔、护齿等。

(5)加强运动员的素质训练及培养良好的道德品质。

第七章　传统体育养生保健及习练方法指导

传统体育是我国乃至世界体育运动的重要内容，其在中国传统思想和传统文化影响下形成与发展，具有重要的健身、调心、养生、保健作用。本章重点对我国传统体育运动中的典型养生保健运动形式和项目的习练方法进行详细解析，以为运动者科学参与、实现养生保健目的提供实践指导。

第一节　武术套路习练方法

传统武术功法和套路练习内容丰富、形式多样。武术套路运动是传统武术的重要内容之一，它以技击动作为素材，以攻守进退、动静疾徐、刚柔虚实等为运动变化编成的整套传统武术练习形式。

一、长拳套路习练

武术徒手套路主要是各种拳术套路，以长拳为例，长拳套路习练内容与方法具体如下。

(一)起势

1. 预备势(图 7-1)

两脚开立，两臂垂于体侧，五指并拢贴靠腿外侧，平视前方。

2. 虚步亮掌(图 7-2)

(1)右脚撤成左弓步，右掌向右、向上、向前划弧，掌心朝上；左臂屈肘，左掌提至腰侧，掌心朝上。目视右掌。

(2)右腿微屈，重心后移，左掌经胸前以右臂上向前穿出伸直；右臂屈肘，右掌收至腰侧，掌心朝上。目视左掌。

(3)重心后移，左脚右移点地成左虚步。左臂内旋向左、向后划弧成勾手，勾尖朝上；右手向后、向右、向前上划弧，屈肘抖腕，在头右上亮掌，目视左方。

图 7-1　　　　图 7-2

3. 并步对拳(图 7-3)

(1)右腿蹬直,左腿提膝(脚尖内扣),上肢姿势不变。

(2)左脚向前落步,重心前移。左臂屈肘,左勾手变掌经左肋前伸;右臂外旋向前下落于左掌右侧,两掌同高,掌心均朝上,目视两掌。

(3)右脚向前上一步,两臂下垂后摆。

(4)左脚向右脚并步,两臂从外向上经胸前屈肘下按,两掌变拳。目视左方。

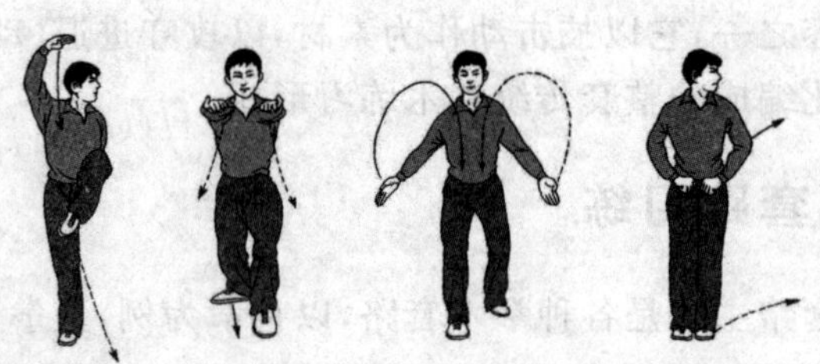

图 7-3

(二)第一段

1. 弓步冲拳(图 7-4)

(1)左脚向左上一步,脚尖向斜前方;右腿微屈成半马步。左臂向上、向左格打,与肩同高,右拳收至腰侧。目视左拳。

(2)右腿蹬直成左弓步。左拳收至腰侧,拳心朝上;右拳前冲。目视右拳。

2. 弹腿冲拳(图 7-5)

重心前移至左腿,右腿屈膝提起,脚面绷直,猛力向前弹出伸直,高与腰平。右拳收至腰侧,左拳前冲。目视前方。

3. 马步冲拳(图 7-6)

右脚落步,扣脚尖,左转 90°。左拳收至腰侧,马步;右拳前冲。目视右拳。

图 7-4　　图 7-5　　图 7-6

4. 弓步冲拳(图 7-7)

(1)上体右转 90°,右脚尖外撇,半马步。右臂屈肘右格打,目视右拳。

(2)左腿蹬直成右弓步。右拳收至腰侧;左拳前冲。目视左拳。

5. 弹腿冲拳(图 7-8)

提左膝,绷脚面,弹踢,与腰平。左拳收至腰侧,右拳前冲。目视前方。

图 7-7　　图 7-8

6. 大跃步前穿(图 7-9)

(1)左腿屈膝。右拳变掌内旋,以手背向下挂至左膝外侧。目视右手。

(2)左脚前落步,屈腿。右掌后挂,左拳变掌,向后向下伸直。目视右掌。

(3)前提右膝,左腿猛力蹬地前跃。两掌向前上划弧摆起。目视左掌。

(4)右腿全蹲,左腿前铲成仆步。腰间抱右拳,左掌由上向右、向下划弧成立掌,停于右胸前。目视左脚。

图 7-9

7. 弓步击掌(图 7-10)

右腿猛力蹬直成左弓步。左掌经左脚面向后划弧至身后成勾手,左臂伸直,勾尖朝上;右拳由腰间变掌向前推出,掌指朝上,掌外侧向前。目视右掌。

8. 马步架掌(图 7-11)

(1)扣左脚成马步,上体右转。右臂向左侧平摆,稍屈肘;左勾手变掌由后经左腰侧右臂内向前上穿出,目视左手。

(2)右掌立于左胸前;左臂向左上屈肘抖腕头左上立掌。目右转视。

图 7-10　　图 7-11

(三)第二段

1. 虚步栽拳(图 7-12)

(1)右脚蹬地,屈膝提起,左腿伸直,右后转体 180°。右掌由左胸前向下经右腿外侧向后划弧成勾手;左臂随体转外旋,使掌心朝右。目视右手。

(2)右腿右落步,蹲成左虚步。左掌变拳下落于左膝上,拳眼向里,拳心向后;右勾手变拳,屈肘向上架于头的右上方,拳心朝前。目视左方。

2. 提膝穿掌(图 7-13)

(1)伸右腿。右拳变掌收至腰侧;左拳变掌由下向左、上划弧盖压于头上。

(2)右腿蹬直,左腿屈膝提起,脚尖内扣。右掌从腰侧经左臂内向右前上方穿出;左掌收至右胸前成立掌。目视右掌。

图 7-12　　图 7-13

3. 仆步穿掌(图 7-14)

右腿全蹲,左腿向左后方铲出成左仆步。右臂不动,左掌由右胸前向下经左腿内侧,向左脚面穿出。目随左掌转视。

4. 虚步挑掌(图 7-15)

(1)右腿蹬直,成左弓步。右掌稍下降,左掌随重心前移向前挑起。

(2)右脚上步,成右虚步,左转体 180°。左掌由前向上,向后划弧成立掌,右掌由后向下、向前上挑起成立掌,指尖与眼平。目视右掌。

图 7-14　　图 7-15

5. 马步击掌(图 7-16)

(1)右脚踏实,脚尖外撇,重心右移,左拳收至腰间;右掌俯掌向外掳手。

(2)左脚上步,以右脚为轴向右后转体 180°,马步。左拳变掌从右臂上成立掌向左侧击出,右掌变拳收至腰间。目视左掌。

6. 叉步双摆掌(图 7-17)

(1)重心稍右移,同时两掌向下向右摆,掌指均朝上。目视右掌。

(2)右脚向左腿后插步,前脚掌着地。两臂继续由右向上、向左摆,停于身体左侧,均成立掌,右掌停于左肘窝处。目随双掌转视。

图 7-16　　图 7-17

7. 弓步击掌(图 7-18)

(1)两腿不动。左掌收至腰侧;右掌向上、向右划弧,掌心朝下。

(2)左腿后撤成右弓步。右掌向下、后伸成勾手;左掌立掌前推。目视左掌。

图 7-18

8. 转身踢腿马步盘肘(图 7-19)

(1)左后转体 180°。左臂向上、向前划半立圆,右臂向下、向后划半圆。

(2)上动不停,右后向上、向前划半立圆,左臂由前向下、向后划半立圆。

(3)上动不停,右臂向下成反臂勾手;左臂亮掌,右腿伸直,勾踢脚尖。

(4)右脚落步,扣脚尖。左臂屈肘下落于胸前,左掌心朝下。目视左掌。

(5)上体左转 90°,马步。左掌向前、向左平捞变拳收至腰间,右勾手变拳,右臂伸直,由体后向右、向前平摆,至体前屈肘,目视肘尖。

图 7-19

(四)第三段

1. 歇步抡砸拳(图 7-20)

(1)右脚外撇。右臂由胸前向上、右抡直;左拳向下、左,直臂。目视右拳。

(2)右后转体 180°。右臂向下、后抡摆,左臂向上、前随身体转动。

(3)全蹲成歇步。左臂下砸,臂部微屈;右臂伸直上举。目视左拳。

2. 仆步亮掌(图 7-21)

(1)成右弓步。上体右转。腰间收左拳,胸前右横击右掌。目视右掌。

(2)提右膝,上体右转。左拳变掌从右掌上向前穿出;右掌平收至左肘下。

(3)右脚落步,成仆步。左掌向下、后划弧成勾手;右掌向右、上划弧微屈,抖腕成亮掌。头随右手转动,亮掌时,目视左方。

图 7-20　　　　图 7-21

3. 弓步劈拳(图 7-22)

(1)蹬右腿,收左腿上步。右掌变拳收至腰间,左手变掌经胸前向左做掳手。

(2)右腿经左腿左绕上步,成右弓步。左手向左平掳后再前挥,虎口朝前。

(3)右拳向后平摆,再向前、上做抡劈拳,左掌外旋接扶右前臂。目视右拳。

图 7-22

4.换跳步弓步冲拳(图 7-23)

(1)右脚移动。右拳变掌,臂内旋以掌背向下划弧挂至右膝内侧;左掌背贴靠右肘外侧,掌指朝前。目视右掌。

(2)抬右腿,左转体。右掌挂至体左侧,左掌伸向右腋下。目随右掌转。

(3)右脚向下震跺。左脚急速离地抬起。右手由左向上、前摟盖而后变拳收至腰间;左掌伸直向下、上、前屈肘下按。上体右转,目视左掌。

(4)左脚落步,左弓步。右拳前冲;左掌藏右腋下,掌背靠腋窝。目视右拳。

图 7-23

5.马步冲拳(图 7-24)

上体右转 90°,重心移至两腿中间,成马步。右拳收至腰间,左掌变拳向左冲出,拳眼朝上。目视左拳。

6.弓步下冲拳(图 7-25)

直右腿,成左弓步。左拳变掌向下经体前向上架于头左上方,右拳自腰间向左前斜下方冲出。目视右拳。

图 7-24　　　　图 7-25

7.叉步亮掌侧踹腿(图 7-26)

(1)右转上体。左掌下落于右手腕上,两手交叉成十字。目视双手。

(2)右脚蹬地并向左腿后插步。左掌由体前向下、后划弧成勾手;右掌由前向右、上划弧抖腕亮掌。目视左侧。

(3)提左膝,左上猛蹬。目视左侧。

8. 虚步挑拳(图 7-27)

(1)左脚左侧落地。右掌变拳后移,左勾手变拳上挑。

(2)上体左转 180°,微含胸前俯。左拳向前、上划弧上挑,右拳向下、前划弧挂至右膝外侧,提右膝。目视右拳。

(3)右脚上步,成右虚步。左拳后划弧收至腰间;右拳屈臂挑出,目视右拳。

图 7-26　　　　图 7-27

(五)第四段

1. 弓步顶肘(图 7-28)

(1)右脚踏实。右臂内旋向下直臂划弧,拳背下挂至右膝内侧,目视前下方。

(2)直左腿,屈右膝。左拳变掌,两臂向前、上划弧摆起。目随右拳转视。

(3)左脚蹬地起跳,身体腾空,两臂继续划弧摆至头上方。

(4)右脚前脚掌落地,屈膝。两肘右下屈停于右胸前,右拳变掌,左掌变拳。

(5)左脚向左上步屈膝,成左弓步。右掌推左拳,左肘尖左顶,目视前方。

图 7-28

2. 转身左拍脚(图 7-29)

(1)后转体 180°,右臂上、右、下划弧抡摆,左掌下、后、向上抡摆。

(2)左腿直踢,绷脚面。左掌变拳收至腰间,右掌由体后向上、前拍击左脚。

3. 右拍脚(图 7-30)

(1)左脚向前落步,左拳变掌向下、向后摆,右掌变拳收至腰间。

(2)右腿伸直向前上踢起,脚面绷直。左拳变掌由后向上、向前拍击右脚面。

图 7-29　　图 7-30

4. 腾空飞脚(图 7-31)

(1)右脚落地。

(2)左脚向前摆起,右脚蹬地跳起,左腿屈膝继续前上摆,右拳变掌向前上摆起,左掌先上摆而后下降拍击右掌背。

(3)右腿上摆,脚面绷直。右手拍击右脚面,左掌由体前向后上举。

5. 歇步下冲拳(图 7-32)

(1)左、右脚先后相继落地。左掌变拳收至腰间。

(2)右转 90°,歇步。右掌变拳收至腰间;左拳由腰间向前下方冲出。

图 7-31　　图 7-32

6. 仆步抡劈拳(图 7-33)

(1)左臂随重心升高向上摆起,右臂由腰间向体后伸直。

(2)提左膝,上体左转 270°。左拳由前向后划立圆;右拳反向划立圆。

(3)左脚后落步,成右仆步。右拳由上向下抡劈;左拳上举,目视右拳。

7. 提膝挑掌(图 7-34)

(1)右弓步。右拳变掌向上抡摆,左拳变掌下落,右掌心朝左、左掌心朝右。

(2)左、右臂在垂直面上由前向后各划立圆。右臂停于头上,掌心朝左,掌指向上;左臂停于身后成反勾手。提右膝,挺左膝。目视前方。

图 7-33　　　　图 7-34

8. 提膝劈掌弓步冲拳(图 7-35)

(1)右掌由上向下猛劈伸直,停于右小腿内侧;左勾手变掌,屈臂向前停于右上臂内侧,掌心朝左。目视右掌。

(2)右脚右后落步;右转体 90°,左掌变拳收腰间,右臂内旋右划弧劈掌。

(3)左腿蹬直成右弓步。右手变拳收腰间,左前冲左拳。目视左拳。

(六)收势

1. 虚步亮掌(图 7-36)

(1)右脚蹬地提起扣于左膝后,两拳变掌,两臂右上左下屈肘交叉于体左前。

(2)右脚向右后落步,上体右转。右掌向上、右、下划弧停于左腋下;左掌左、上划弧停于右臂上与左胸前,两掌心左下右上。目视左掌。

(3)左脚尖稍向右移,右腿下蹲成左虚步。左臂伸直向左、向后划弧成反勾手;右臂伸直向下、右、上划弧抖亮掌,掌心朝前。目视左方。

图 7-35　　图 7-36

2. 并步对拳(图 7-37)

(1)左腿后撤一步,两掌从两腰侧向前穿出伸直。
(2)右腿后撤一步,两臂分别向体后下摆。
(3)左腿后退半步并向右腿。两臂体前屈臂下按,两掌变拳,目视左方。

3. 还原(图 7-38)

两臂自然下垂,随之头转向正前方。目平视。

图 7-37　　图 7-38

二、刀术套路习练

刀是一种平直、细长、带尖、有刃的武术器械,初级刀术套路习练具体如下。

(一)预备势

两脚并立,左手握住刀柄,手腕贴靠刀盘,刀刃朝前,刀尖朝上,刀背贴靠前臂内侧;右手五指并拢,垂于身体右侧;目视前方。

(二)第一段

1.起势

左手握刀,两手同时从两侧向额上方绕环,至额前上方时,右手拇指张开贴近刀盘,接握左手刀。

2.弓步藏刀

右腿屈膝略蹲,左脚向左上步。右手持刀使刀背贴身从左绕向身后,左臂内旋向左伸出;上身左转,成左弓步。右手持刀,手心朝上,上身左转,从身后向—前—左平扫至左肋时臂内旋,手心朝下,刀背贴靠于左肋,刀身平放,刀尖朝后;左臂头上成横掌。目视前方。

3.虚步藏刀

上身右转,左腿伸直,右腿屈膝,成右弓步。右手持刀,手心朝下,随上身右转向右平扫,刀背朝前;左掌左平落,手心向下;右臂外旋,刀背身后平摆;右脚碾地,上身左转成虚步;刀从背后向左肩外侧绕行;左手经体前向下—右腋绕环;右手持刀从左肩外侧向下—后拉回,刀刃朝下,刀尖朝前;左手侧立掌推出,目视左掌。

4.弓步扎刀

左脚前移踏实,右脚上步,成右弓步。左掌向后直臂弧形绕环至身后平举成勾手,勾尖朝下;右手持刀随之向前扎刀,刀刃朝下,刀尖朝前,目视刀尖。

5.弓步抡劈

接上式,成左弓步。右手持刀臂内旋、屈腕,使刀尖由左斜前方向上挂起,刀刃朝上;左勾手变掌附于右肘处;右手持刀从上向右斜前方劈下,刀尖稍向上翘;左臂上举头顶上方成横掌,目视刀尖。

6.提膝格刀

左脚尖外展,右腿提膝。刀由前下向左上横格,刀垂直立于胸前,刀尖朝上,刀刃向左;左手横附于刀背上,目视刀身。

7.弓步推刀

右脚向前落步。右手持刀向后、向下贴身弧形绕环；左掌此时从上向下按于刀背上面；上体右转，上步成左弓步。右手持刀随之向前撩推，刀刃斜朝上，刀尖斜朝下；上身前探，目视刀尖。

8.马步劈刀

上体右转，两腿屈膝半蹲成马步。右手持刀从左向上、向右劈下，刀尖稍向上翘与眉相齐；左掌在头顶上方屈肘成横掌，目视刀尖。

9.仆步按刀

右脚向右后方撤一大步，全蹲，左腿伸直，成左仆步，上身右转，右手持刀做外腕花；左掌向下按切，附于右手腕，刀尖朝左，刀刃朝下，目左平视。

（三）第二段

1.蹬腿藏刀

右腿蹬直立起；右手持刀向右后拉回，左掌向左前方伸出；上体左转，右手从后向前裹膝抄起，左掌附于右前臂；右手从左肩外侧向后沿肩背绕行；成左弓步，左掌向左平摆；右手持刀经肩外侧向前一左平扫，刀背贴靠左肋；左手头上横掌；右蹬腿，目视脚尖。

2.弓步平斩

右脚向前落步，左脚向前上步，提右脚，上体右后转。右手持刀手心朝下；左掌从上向左后方平摆；右手持刀做裹脑动作；成左弓步；右手持刀使刀背贴靠于左肋，刀尖朝后；左手头上横掌；成右弓步。右手持刀，手心朝下，向右平扫，扫腰斩击，刀尖朝前；左掌从上向后平摆，掌指朝后，目视刀尖。

3.弓步带刀

右手持刀臂外旋，刀尖斜下垂；重心左移，成仆步；持刀向左上方屈肘带回；左臂屈肘，左掌附于刀把内侧，目右侧平视。

4.歇步下砍

右手持刀，刀尖朝下，从右肩外侧向背后绕行；左掌左侧平伸，拇指一侧朝下；左脚从后向右插步；右手从背后向左肩外侧绕行，手心朝下，刀身平放；左掌向右腋处弧形绕环；屈膝全蹲成歇步，向右下方斜砍刀，刀刃斜朝下，刀尖朝前；左手成左横掌，目视刀身。

5. 弓步扎刀

上体左转，双脚碾地，左脚上步成左弓步。右手持刀，向前平伸直扎，刀刃朝下，刀尖朝前；左掌附于右腕里侧，目视刀尖。

6. 插步反撩

上体右转，左脚前上步，右臂内旋，刀由前—上—后直臂弧形绕行，刀刃朝下；左掌屈肘收于右肩前侧；成右弓步。右手持刀向下、前直臂弧形撩起，刀刃朝上，刀尖朝前；左掌头上横架；右脚内扣，上体左转，刀收于腹前，左掌下落附于右腕处；左插步。右手持刀反臂撩刀；左掌向左上方插出，目视刀尖。

7. 弓步藏刀

左脚向左前方上一步。右手持刀做缠头动作；重心左移，成左弓步。右手持刀由背后经右向左平扫，至左肋时顺扫刀之势臂内旋，使刀背贴靠于左肋，刀尖朝后；左掌屈肘横掌上举，目视前方。

8. 虚步抱刀

上体右转，左腿伸直，右腿屈膝。右手持刀向右平扫，左掌向左平摆，掌心朝上；上身直起，右手平扫，刀向身后平摆；左掌配合；转体成右弓步。右手由背后经左肩外侧向体前平带，刀刃朝上，刀背贴左臂，刀尖朝后；左掌由左—下—前直臂弧形摆起，掌心托刀盘，准备接右手刀；右脚外转成左虚步；左手接刀，经身前向下—左抱刀下沉，刀刃朝前，刀尖朝上；右手头上横掌，目左平视。

（四）收势

右脚向前、向左脚靠拢，并步直立。右掌由右耳侧向下按落，掌心朝下，肘略屈并向外撑开，目视前方。

三、剑术套路习练

剑是一种平直、细长、带尖、两面有刃的武术短兵械，初级剑术套路习练内容与方法具体如下。

(一)预备势

身体正直,并步站立。左手持剑,食指贴于剑柄,剑身贴于前臂后侧。右手握成剑指,手腕反屈,手背朝上,两臂在体侧下垂,两肘微上提,目左平视。

(二)第一段

1.弓步直刺

右手接剑,左手剑指。左脚向前上半步、屈膝;左弓步。上体左转,右手持剑向身前平伸直刺,拇指一侧在上;左手剑指随之伸向身后平举,目视剑尖。

2.回身后劈

左脚不动,右脚向前上一步,膝略屈,上身右转。右手持剑经上向后劈,与肩平,拇指一侧在上;左手剑指由下向前上弧形绕环,头上侧举,目视剑尖。

3.弓步平抹

左脚左上步、屈膝;右腿在后,成左弓步。左手剑指由胸前下降,经左下、上弧形绕环,头上方侧举;右手持剑向前平抹,剑尖稍向右斜,目视前方。

4.弓步左撩

提右膝,右手持剑臂外旋使剑由前向上一后划弧,屈肘使手腕、前臂贴靠腹部,手心朝里;左手剑指随之由头顶上方下落,附于右手腕;右腿落步屈膝成右弓步。右手持剑由后向下、前反手撩起;左手剑指随右手运动,目视剑尖。

5.提膝平斩

左脚上步,右腕左上翻转、屈肘,剑左平绕至头上,右脚向前提膝。右手腕翻转,剑右平绕后向前平斩;左手剑指由下一左一上绕环,头上横举,目视前方。

6.回身下刺

右脚向前落步,屈膝,上身右转,右手持剑手腕反屈,剑尖下垂,向后下方直刺；左手剑指先向身前的右手靠拢，刺剑同时向前上方伸直，目视剑尖。

7. 挂剑直刺

左脚上步，屈膝略蹲，右臂内旋先使拇指一侧朝下成反手，翘腕、摆臂，剑尖向左、上抄挂，持剑抄至左肩时再屈肘使剑平落于胸前，手心朝里；左腿伸直，右腿屈膝提起，左手剑指屈肘附于右手腕处；左脚掌碾地，上身右转，右手持剑使剑向下插；右弓步。右手持剑向前直刺，左手剑指向后平伸，目视剑尖。

8. 虚步架剑

右手持剑将剑尖由左向右搅一小圈，臂内旋使持剑手拇指一侧朝下。右脚跟和左脚掌为轴碾地，右脚尖外撇，上体后转，左脚向前收拢半步屈膝成交叉步；右手持剑反手向后上方屈肘上架；左手经左肩前附于右手腕处；左脚前进成左虚步，右手持剑略向后牵引，左手剑指向前平伸指出，手心朝下，目视剑指。

（三）第二段

1. 虚步平劈

左脚外展，上体右转，重心移于左腿，右脚离地，成前脚掌虚着地的右虚步；右手持剑向下平劈；左手剑指即向上屈肘，手心向左上方，目视剑尖。

2. 弓步下劈

右脚踏实，重心前移，左手剑指伸向右腋下，右手持剑臂内旋使手心朝下。左脚随即向左前方上步、屈膝；右腿在后蹬直，脚尖里扣，成左弓步；右手持剑屈腕向左平绕一圈后向前下方劈剑；左手剑指随之由右腋下面向左一上绕环，头顶侧举，上身前俯，目视剑尖。

3. 带剑前点

右脚向左脚靠拢，前脚掌虚着地，两膝屈。右手持剑向上屈腕，使剑向右耳际带回，肘微屈；左手剑指随之由前下落，附于右手腕处；上动不停，右脚向右前方跃一步，落地后即屈膝半蹲，左脚跟进成丁步；右手持剑向前点击，拇指一侧在上；左手剑指即屈肘向头顶上方侧举，手心朝上，目视剑尖。

4. 提膝下截

右腿伸直，左腿退步屈膝，上身后仰。右臂外旋手心朝上，使剑向右—后上方绕环；左手剑指不动；上动不停，右臂内旋使手心朝下，剑向左—前下方划弧下截，上身前探，左腿屈膝提起，目视剑尖。

5. 提膝互刺

右腿略屈膝，左脚前落步，脚尖外撇。右臂外旋使手心朝上，屈肘，将剑柄收抱于胸前；左手剑指随之下落，屈肘按于剑柄上，交叉步；右腿屈膝提起，左腿直立。右手持剑向前平刺；左手剑指向后平伸指出，手心朝下，目视剑尖。

6. 回身平崩

右脚落步，脚尖外撇；左脚跟外转，屈膝略蹲，上体右后转，成交叉步。右手持剑臂外旋使手心朝上，屈肘向胸前收回，剑身与右前臂成水平直线；左手剑指随之直臂上举，经左耳侧屈肘前落，附于右手心上面；上身右转，左腿伸直，右腿屈膝。右手持剑用力向右平崩；左手剑指屈肘向额部左上方侧举，目视剑尖。

7. 歇步下劈

右脚蹬地起跳，左脚向左跃步横跨一步，落地后，右腿即向左腿后侧插步，继而两腿屈膝全蹲，成歇步；右手持剑向上举起，并在歇步时左下劈，剑尖与踝关节同高；左手剑指随下劈，下按于右腕上，目视剑身。

8. 提膝下点

右手持剑成平剑，上体右后转，两腿边转边站立，右手持剑平绕一周；上身稍向左后仰，剑身继续向外、向上弧形绕环，剑尖接近右耳侧；左手剑指离开右手腕向上屈肘侧举；上动不停，右腿伸直站立，左腿屈膝提起，上身向右侧下探俯，右手持剑向前下点击，目视剑尖。

(四)第三段

1. 并步直刺

以右脚前脚掌为轴碾地，使上身向左后转；右臂内旋并向拇指一侧屈腕，剑尖指向转身后的身前；左手剑指随之由上经右肩前、腹前绕环，向正前方指出，手心朝下，目视剑指；左脚向前落步，右脚跟进，屈两膝半蹲。右手持剑向前平伸直刺，拇指一侧在上；左手剑指顺势附于右手腕处，目视剑尖。

2.弓步上挑

右脚上步屈膝，左脚跟内转，挺左膝，成右弓步。右手持剑直臂向上挑举，剑尖向上，手心朝左；左手剑指不动，上身前倾，目视剑指。

3.歇步下劈

右腿伸直，左脚上步，脚尖外撇，两腿交叉成歇步。右手持剑向前下劈，剑尖与踝关节同高；左手剑指屈肘附于右手腕里侧。上身前俯，目视剑身。

4.右截腕

两脚以前脚掌碾地，两腿稍直立，成左虚步。右臂内旋使拇指一侧朝下，用剑的前端下刃向前上方划弧翻转，成虚步，右手持剑再向右后上方托起，左手剑指仍附于右手腕，两肘微屈。目视剑前端。

5.左截腕

左脚向前上半步，上体左后转，右脚随之上步，前脚掌着地，两腿屈膝，成右虚步；右臂外旋，剑身前端向左前上方划弧翻转，手心朝上，剑身与地面平行；左手剑指随之离开右手腕，屈肘向上侧举。目视剑前端。

6.跃步上挑

左脚前上步，右脚离地；右手心朝里，剑由右—上—向左屈肘划弧，右手靠近左胯旁，拇指向上屈腕；左手剑指附于右手腕上；成望月式平衡，右腿支撑；右手由左胯向下—右划弧，臂外旋向拇指一侧屈腕，剑上挑；左手剑指向左上方横举，拇指一侧在下，目视右侧方。

7.仆步下压

右手持剑使剑尖从头上经过，向后—右弧形平绕，剑柄收抱于胸部前下方，手心朝上。右膝伸直，上身立起，左腿屈膝提；左手剑指经身前下落按于右手腕。左脚左侧落步，屈膝全蹲；右腿伸直成右仆步；右手持剑，剑身平压，剑尖斜向右上方。上身前探，目右平视。

8.提膝直刺

直立，提左膝，右腿直立，右手持剑平刺；左手剑指屈肘左上举，目视剑尖。

(五)第四段

1.弓步平劈

右臂外旋,手心朝向背后、剑的下刃转翻向上,上体左转,左脚左后落步、屈膝,成左弓步。左手剑指随着持剑臂的运行而向右—下—左—上圆形绕环;右手持剑向身前平劈,臂要伸直,剑尖略高于肩,目视剑尖。

2.回身后撩

右脚向前上一步,膝微屈;左脚离地,小腿弯曲;上身前俯,腰右拧转。右手持剑随上步向后反撩,剑尖斜向下方;左手剑指前伸成侧上举,目视剑尖。

3.歇步上崩

右脚蹬地,左脚前跃步,上身右后转;左脚落地,脚尖稍外撇,右腿后摆;右臂外旋;左手剑指身后平伸,手心朝下;成歇步;右手持剑直臂下压,剑尖上崩;左手剑指头上举,目视剑身。

4.弓步斜削

左脚尖里扣,上体右转,右脚上步成右弓步。右手持剑臂外旋使手心朝上;屈肘向左胁前收回;左手剑指从身前下落,按于剑柄。上身右前倾;右手持剑由后—前上斜削,手腕向掌心一侧弯屈;左手剑指向后方,目视剑尖。

5.进步左撩

右腿伸直,上体左转,屈左膝,右手持剑经脸前转身边向左划弧,左手剑指附于右手腕里侧;右脚跟碾地,脚尖外撇,上身右后转;左脚上步,以前脚掌虚着地面,右手持剑反手向下—前—上划弧撩起,剑至前上方时,屈肘,剑尖高与肩平;左手剑指随右手动作,仍附于右手腕上,目视剑尖。

6.进步右撩

右手持剑直臂向上、向右后方划弧,左手剑指随势收于右肩前,手心朝左;左脚尖外撇,右脚随之向左脚前上一步,前脚掌虚着地;右手持剑由右向下、前划弧抡臂撩起,剑至前方时,肘微屈,手心朝上,剑尖高与头平;左手剑指随之由右肩前向下、前、后上方绕环,屈肘侧举于头部左上方,目视剑尖。

7. 坐盘反撩

右脚踏实后向前上一小步，左脚从右腿后向右侧插一步，两腿屈膝下坐，成坐盘式；右手持剑向上一左一下一右上方反手绕环斜上撩，剑尖高过头顶；左手剑指经体前向下一后上方划弧，屈肘横举于左耳侧；上体左前倾俯，目视剑尖。

8. 转身云剑

右脚蹬地，两腿直立，上体左后转；右腿屈膝，右脚踏实，左脚虚着地；右手持剑随身一周后剑平举；左手剑指附于右手腕处；上身后仰，右手持剑向左、后、右、前圆形云绕一周，右手松把，剑尖下垂；左手剑指放开，准备接握剑；重心前移，左脚踏实，右腿伸直，上身前倾，目视左手。

（六）收势

左手接剑，右手剑指，左手反握住剑柄向身体左侧下垂；右脚上步，脚尖里扣，屈膝，上体左转；左脚前移虚着地；右手剑指由身后向上举于头右上方，手心朝上；右腿伸直，右脚向左脚并步；右手剑指下落于身体右侧，手心朝下，恢复成预备式，目平视。

第二节 二十四式太极拳习练方法

太极拳的拳谚中讲“道法自然”，在练拳中追寻和谐，上下、身步、手眼、内外，处处和谐，具有重要的养生价值。二十四式太极拳是国家为进一步推广太极拳运动，编制的简化太极拳套路。

一、太极拳套路动作名称

第一组：1. 起势；2. 左右野马分鬃；3. 白鹤亮翅。
第二组：1. 左右搂膝拗步；2. 手挥琵琶；3. 左右倒卷肱。
第三组：1. 左揽雀尾；2. 右揽雀尾。
第四组：1. 单鞭；2. 云手；3. 单鞭。
第五组：1. 高探马；2. 右蹬脚；3. 双峰贯耳；4. 转身左蹬脚。
第六组：1. 左下势独立；2. 右下势独立。
第七组：1. 左右穿梭；2. 海底针；3. 闪通臂。
第八组：1. 转身搬拦捶；2. 如封似闭；3. 十字手；4. 收势。

二、太极拳套路动作习练

(一)第一组

1.起势(图 7-39)

两脚并拢,身体直立,头颈正直;两臂下垂,两手指尖轻贴大腿侧;左脚向左慢慢开步,脚尖向前;两臂慢慢向前平举,高与肩平,手心向下;两膝下蹲;两掌轻轻下按至腹前,两肘下垂与膝相对;目平视。

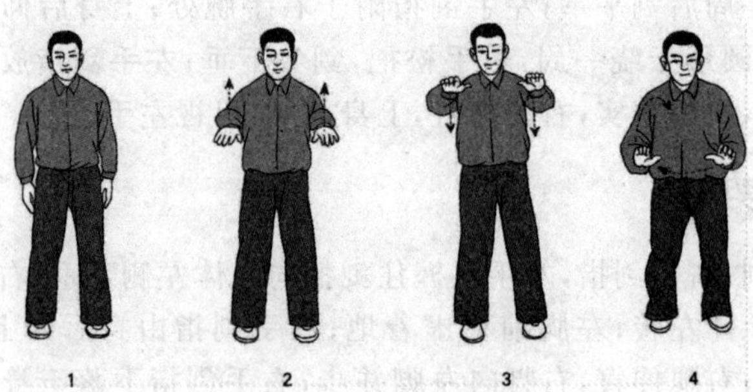

图 7-39

2.左右野马分鬃(图 7-40)

(1)上体微右转,右臂收在胸前平屈,手心向下,左手划弧放在右手下,两手心相对成抱球状;左脚收到右脚内侧。

(2)上体微左转,左脚迈出,手随转体左上、右下慢慢错开。

(3)上体左转,右脚跟蹬成左弓步;左右手分开,肘微屈;右手落在右胯旁,目视左手。

(4)上体后坐,左脚尖翘起、外撇,两手准备抱球。

(5)左脚掌踏实,左腿前弓,左转,左手翻转向下,左臂收在胸前平屈,右手划弧放在左手下,两手抱球;右脚收到左脚内侧。

(6)上体微右转,右腿迈出,手随转体左下、右上慢慢错开。

(7)右弓步;上体右转,左右手左下、右上慢慢分开,肘微屈;左手落在左胯旁,目视右手。

(8)与(4)解同,唯左右相反。

(9)与(5)解同,唯左右相反。

(10)与(6)解同,唯左右相反。

(11)与(7)解同,唯左右相反。

图 7-40

3. 白鹤亮翅(图 7-41)

(1)上体左转，左手翻掌向下，左臂平屈胸前，右手向左上划弧，手心转向上，与左手相对成抱球状；目视左手。

(2)右脚跟进半步，上体后坐；上体先向右转，面向右前方，目视右手；然后左脚稍向前移，脚尖点地，成左虚步；同时上体再微向左转，面向前方，两手随转体向左下、右上分开，右手上提停于右额前，手心向左后方，左手落于左胯前，手心向下，指尖向前；目平视前方。

图 7-41

(二)第二组

1. 左右搂膝拗步(图 7-42)

(1)右手从体前下落，由下向后上方划弧举至右肩外侧，屈肘，手与耳同高，手心斜向上；左手由左下向上、向右下方划弧至右胸前，手心斜向下；同时上体先微左再右转；左脚收至右脚内侧，脚尖点地；目视右手。

(2)上体左转，左脚向前(偏左)迈出成左弓步；右手屈回由耳侧向前推出，高与鼻尖平，左手向下由左膝前搂过落于左胯旁，指尖向前；目视右手。

(3)右腿慢慢屈膝，上体后坐，左脚尖翘起微向外撇，随后脚慢慢踏实，左腿前弓，身体左转，右脚收到左脚内侧，脚尖点地；左手向外翻掌由左后向上划弧至左肩外侧，肘微屈，手与耳同高，手心斜向上；右手随转体向上向左下划弧落于左胸前，手心斜向下；目视左手。

(4)与(2)解同，唯左右相反。

(5)与(3)解同，唯左右相反。

(6)与(2)解同。

图 7-42

2. 手挥琵琶(图 7-43)

(1)右脚跟进，上体后坐，上体半右转。

(2)左脚前移成左虚步，左手由左下向上挑举，臂微屈；右手收回至左臂肘里侧；两手体前侧立掌；目视左手食指。

图 7-43

3. 左右倒卷肱(图 7-44)

(1)上体右转,右手翻掌经腹前由下向后上方划弧平举,臂微屈,左手随即翻掌向上;眼的视线随着向右转体先右视,再转向前方视左手。

(2)右臂屈肘折向前,右手由耳侧前推,手心向前,左臂屈肘后撤,手心向上,撤至左肋外侧;提左腿后退,成右虚步,右脚随转体扭正;目视右手。

(3)上体微向左转。左手随转体向后上方划弧平举,手心向上,右手随即翻掌,掌心向上;目随转体先左视,再前视右手。

(4)与(2)解同,唯左右相反。

(5)与(3)解同,唯左右相反。

(6)与(2)解同。

(7)与(3)解同。

(8)与(2)解同,唯左右相反。

图 7-44

(三)第三组

1. 左揽雀尾(图 7-45)

(1)上体左转,右手随转体划弧平举,目视左手。

(2)身体右转,左手翻掌划弧,右臂屈肘,两手抱球;左脚收至右脚内侧。

(3)上体左转,左脚左前迈出,右腿蹬成左弓步,左臂左前掤出,右手落于右胯旁,目视左前臂。

(4)身体左转,左手翻掌向下,右手翻掌向上;两手下捋,上体右转,右手心向上,左臂平屈胸前。

(5)身体左转，右臂屈肘折回，上体左转，双手挤出，左弓步。

(6)左手翻掌，右手经左腕前右伸，两手左右分开；右腿屈膝，上体后坐，左脚尖翘起；两肘回收至腹前。

(7)上式不停，两手按出，左腿弓成左弓步；目前平视。

图 7-45

2. 右揽雀尾(图 7-46)

(1)上体后坐，右转，重心移至右腿，左脚尖里扣；右手向右平行划弧至右侧，由右下经腹前向左上划弧至左肋前，手心向上；左臂平屈胸前，左手掌向下与右手成抱球状；重心移至左腿，右脚收到左脚内侧，脚尖点地；目视左手。

图 7-46

(2)同“左揽雀尾”(3)解，唯左右相反。

(3)同“左揽雀尾”(4)解，唯左右相反。

(4)同“左揽雀尾”(5)解，唯左右相反。

(5)同“左揽雀尾”(6)解，唯左右相反。

(6)同“左揽雀尾”(7)解，唯左右相反。

(四)第四组

1.单鞭(图 7-47)

(1)上体后坐，重心逐渐移至左腿，右脚尖里扣；同时上体左转，两手(左高右低)向左弧形运转，直至右臂平举，伸于身体左侧，手心向左，右手经腹前运至肋前，手心向后上方；目视左手。

(2)重心再渐渐移至右腿上，上体右转，左脚向右脚靠拢，脚尖点地；同时右手向右上方划弧(手心由里转向外)，至右侧方时变勾手，臂与肩平；左手向下经腹前向右上划弧停于右肩前，手心向里；目视左手。

(3)上体微向左转，左脚向左前侧方迈出，右脚跟后蹬，成左弓步；在身体重心移向左腿的同时，左掌随上体的左转慢慢翻转向前推出，手心向前，手指与眼齐平，臂微屈；目视左手。

图 7-47

2.云手(图 7-48)

(1)身体右转，左脚尖里扣；左手经腹前向右上划弧至右肩前，手心斜向后，同时右手松勾变掌，手心向右前；目视左手。

(2)上体左转，重心左移；左手由脸前向左侧运转，手心左转；右手经腹前向左上划弧，至左肩前，手心斜向后；右脚靠近左脚，小开立步；目视右手。

(3)上体右转，左手经腹前向右上划弧至右肩前，手心斜向后；右手向右侧运转，手心翻转向右；随之左腿向左横跨一步；目视左手。

(4)同(2)解。

(5)同(3)解。

(6)同(2)解。

图 7-48

3. 单鞭(图 7-49)

(1)上体向右转,右手随之向右运转,至右侧方时变成勾手;左手经腹前向右划弧至右肩前,手心向内;重心落在右腿上,左脚尖点地;目视右手。

(2)上体微向左转,左脚向左前侧方迈出,右脚跟后蹬,成左弓步;在身体重心移向左腿的同时,上体继续左转,左掌慢慢翻转向前推出,成“单鞭”式。

图 7-49

(五)第五组

1. 高探马(图 7-50)

(1)右脚跟进半步,重心至右腿上;右勾手变成掌,两手心翻转向上,两肘微屈;同时身体微向右转,左脚跟离地;目视左前方。

(2)上体左转,右掌经右身旁向前推出,手心向前,手指与眼同高;左手收至左侧腰前,手心向上;左脚微向前移,脚尖点地,成左虚步;目视右手。

图 7-50

2. 右蹬脚(图 7-51)

(1)左手手心向上,前伸至右手腕背面,两手相互交叉,随即向两侧分开并向下划弧,手心斜向下,同时左脚提起向左前侧方进步(脚尖稍外撇);身体重心前移;右腿自然蹬直,成左弓步;目视前方。

(2)两手由外圈向里圈划弧,两手交叉合抱于胸前,右手在外,手心均向后;同时左脚靠拢,脚尖点地;眼平视右前方。

(3)两手臂左右划弧分开平举,肘部微屈,手心均向外;同时右腿屈膝提起,右脚向右前方慢慢蹬出;目视右手。

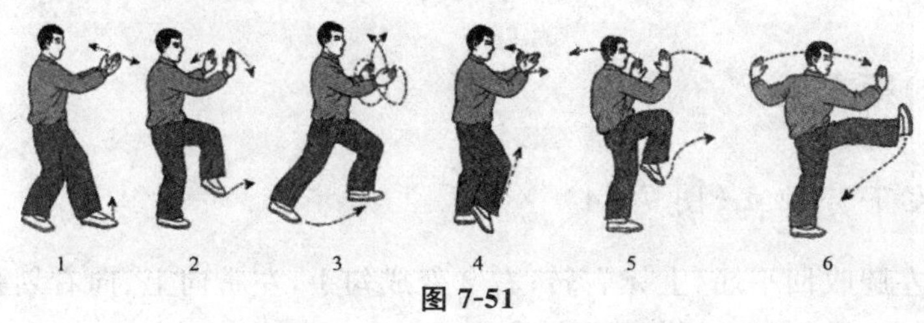

图 7-51

3. 双峰贯耳(图 7-52)

(1)右腿收回,屈膝平举;左手由后向上、向前下落至体前,两手心均翻转向上,两手同时向下划弧,分落于右膝盖两侧;目视前方。

(2)右脚向右前方落下,重心渐渐前移,成右弓步,面向右前方;两手下落,变拳,分别从两侧向上、前划弧至面部前方,成钳形;目视右拳。

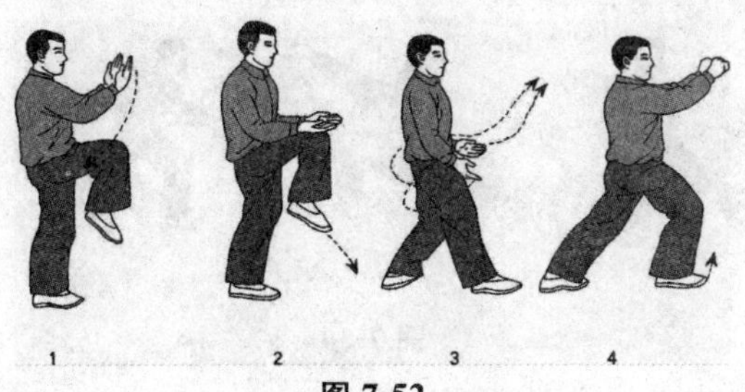

图 7-52

4. 转身左蹬脚(图 7-53)

(1)左腿屈膝后坐,身体重心移至左腿,上体左转,右脚尖里扣;同时两拳变掌,由上向左右划弧分开平举,手心向前;目视左手。

(2)身体重心再移至右腿,左脚收到右脚内侧,脚尖点地;同时两手由外圈向里圈划弧合抱于胸前,左手在外,手心均向后;眼平视左方。

(3)两手臂左右划弧分开平举,肘部微屈,手心均向外;同时左腿屈膝提起,左脚向左前方慢慢蹬出;目视左手。

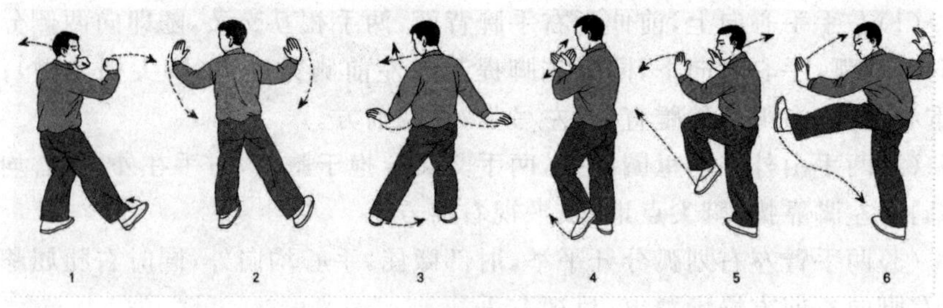

图 7-53

(六)第六组

1. 左下势独立(图 7-54)

(1)左腿收回平屈,上体右转;右掌变成勾手,左掌向上、向右划弧下落,立于右肩前,掌心斜向后;目视右手。

(2)右腿慢慢屈膝下蹲,左腿由内向左侧(偏后)伸出,成左仆步;左手下落(掌心向外)向左下顺左腿内侧向前穿出;目视左手。

(3)身体重心前移,左脚跟为轴,脚尖尽量向外撇,左腿前弓,右腿后蹬,右脚尖里扣,上体微向左转并向前起身;同时左臂继续向前伸出(立掌),掌心向右,右勾手下落,勾尖向后;目视左手。

图 7-54

(4)右腿慢慢提起、平屈,成左独立式;同时右勾手变掌,并由后下方顺右腿外侧向前弧形上挑，屈臂立于右腿上方，肘与膝相对，手心向左；左手落于左胯旁，手心向下，指尖向前；目视右手。

2. 右下势独立（图 7-55）

（1）右脚下落于左脚前，脚尖着地，然后以左脚前掌为轴，脚跟转动，身体随之左转，同时左手向后平举变成勾手，右掌随着转体向左侧划弧，立于左肩前，掌心斜向后；目视左手。

（2）同"左下势独立"（2）解，唯左右相反。

（3）同"左下势独立"（3）解，唯左右相反。

（4）同"左下势独立"（4）解，唯左右相反。

图 7-55

（七）第七组

1. 左右穿梭（图 7-56）

（1）身体左转，左腿向前落地，脚尖外撇，右脚跟离地，两腿屈膝成半坐盘式；两手在左胸前抱球；右脚收到左脚内侧，脚尖点地；目视左前臂。

图 7-56

(2)身体右转,右脚迈出,成右弓步;右手由脸前向上举并翻掌停架在右额前,手心斜向下;左手向左下,经体前向前推出;目视左手。

(3)重心后移,右脚尖稍向外撇,重心移至右腿,左脚跟进,停于右脚内侧,脚尖点地;两手在胸前抱球;目视右前臂。

(4)同(2)解,唯左右相反。

2.海底针(图 7-57)

(1)右脚向前跟进,身体重心移至右腿,右脚稍向前移举步;右手下落经体前向后、向上提抽至肩上耳旁,左手下落至体前侧。

(2)左脚尖点地成左虚点;同时身体稍向右转;右手再随身体左转,由右耳旁斜向前下方插出,掌心向左,指尖斜向下;与此同时,左手向前、向下划弧落于左胯旁,手心向下,指尖向前;目视前下方。

3.闪通臂(图 7-58)

(1)上体稍向右转,左脚微回收举步,同时两手上提;目视前方。

(2)左脚向前迈出,脚跟着地;左右两手分别向左前、右后分开;左手心向前,右手心向外;目视前方。

(3)重心前移,成左弓步;右手屈臂上举,停于右额前上方,掌心翻转斜向上,拇指朝下;左手由胸前前推,高与鼻尖平,手心向前;目视左手。

图 7-57　　图 7-58

(八)第八组

1.转身搬拦捶(图 7-59)

(1)上体后坐,身体重心移至右腿上,左脚尖里扣;身体向右后转,然后身体重心再移至左腿上;与此同时,右手随着转体向右、向下(变拳)经腹前划弧至左肋旁,拳心向下;左掌上举于头前,掌心斜向上;目视前方。

(2)向右转体,右拳经胸前向前翻转撇出,拳心向上;左手落于左胯旁,掌心向下,指尖向前;同时右脚收回后(不要停顿或脚尖点地)即向前迈出,脚尖外撇;目视右拳。

(3)身体重心移至右腿上,左腿向前迈出一步;左手上起经左侧向前上划弧拦出,掌心向前上方;同时右拳向右划弧收到右腰旁,拳心向上;目视左手。

(4)左腿前弓成左弓步,同时右拳向前打出,拳眼向上,高与胸平,左手附于右前臂里侧;目视右拳。

图 7-59

2.如封似闭(图 7-60)

(1)左手由右腕下向前伸出,右拳变掌,两手手心逐渐翻转向上并慢慢分开回收;同时身体后坐,左脚尖翘起,身体重心移至右腿;目视前方。

(2)两手在胸前翻掌,向下经腹前再向上、向前推出;腕部与肩平,手心向前;同时左腿前弓成左弓步;目视前方。

图 7-60

3.十字手(图 7-61)

(1)屈膝后坐,身体重心移向右腿,左脚尖里扣,向右转体;右手随着转体动作向右平摆划弧,与左手成两臂侧平举,掌心向前,肘部微屈;同时右脚尖随着转体稍向外撇,成右侧弓步;目视右手。

(2)身体重心慢慢移至左腿,右脚尖里扣,随即向左收回,两脚距离与肩同宽，两腿逐渐蹬直，成开立步；同时两手向下经腹前向上划弧交叉合抱于胸前，两臂撑圆，腕高与肩平，右手在外，成十字手，手心均向后；目视前方。

4. 收势（图 7-62）

（1）两手向外翻掌，手心向下，两臂慢慢下落，停于腹前；目视前方。

（2）两腿蹬直，两掌慢慢下落至大腿侧，收左脚并步直立；目视前方。

图 7-61　　图 7-62

第三节　健身气功习练方法

一、五禽戏

五禽戏是我国一项历史悠久的养生气功，相传，五禽戏为华佗编创，西晋时陈寿的《三国志·华佗传》："吾有一术，名五禽之戏，一曰虎，二曰鹿，三曰熊，四曰援（猿），五曰鸟。亦以除疾，并利蹏（蹄）足，以当导引。"在五禽戏发展和流传的过程中，各个时期均留下了不同的特色。总的来看，这些五禽戏都是根据"五禽"的动作作导引，以活动筋骨、疏通气血、防治疾病。

五禽戏的内容主要包括虎戏、鹿戏、熊戏、猿戏、鸟戏。具体习练方法如下。

（一）虎戏

（1）自然站式，俯身，两手按地，用力使身躯前耸并配合吸气。当前耸至极后稍停，然后身躯后缩并呼气，如此 3 次。

（2）然后两手先左后右向前挪动，同时两脚向后退移，以极力拉伸腰身。

（3）接着抬头面朝天，再低头向前平视。

（4）像虎行一般用四肢前爬七步，后退七步。

（二）鹿戏

（1）四肢着地，吸气，头颈向左转、双目向右侧后视，当左转至极后稍停，呼气、头颈回转，当转至朝地时再吸气，并继续向右转，如前法。如此左转 3 次，右转两次，最后还原如起式。

（2）抬左腿向后挺伸，稍停后放下左腿，抬右腿如法挺伸。如此左腿后伸 3 次，右腿两次。

（三）熊戏

（1）仰卧式，两腿屈膝拱起，两脚离床面，两手抱膝下，头颈用力向上，使肩背离开床面，略停，先以左肩侧滚落床面，当左肩一触床面立即复头颈用力向上，肩离床面，略停后再以右肩侧滚落，复起。如此左右交替各 7 次。

（2）起身，两脚着床面成蹲式，两手分按同侧脚旁。

（3）接着如熊行走般，抬左脚和右手掌离床面。当左脚、右手掌回落后即抬起右脚和左手掌。如此左右交替，身躯亦随之左右摆动，片刻停止。

（四）猿戏

（1）选择牢固横竿一根，比自身略高，站立手指可触及高度，如猿攀物般以双手抓握横竿，使两脚悬空，作引体向上 7 次。

（2）先以左脚背勾住横竿放下两手，头身随之向下倒悬，略停后换右脚如法勾竿倒悬，如此左右交替各 7 次。

（五）鸟戏

（1）自然站式。吸气时跷起左腿，两臂侧平举，扬起眉毛，鼓足气力，如鸟展翅欲飞状。

（2）呼气时，左腿回落地面，两臂回落腿侧。接着跷右腿如法操作。如此左右交替各 7 次，然后坐下。

（3）屈右腿，两手抱膝下，拉腿膝近胸，稍停后两手换抱左膝下如法操作，左右也交替 7 次。

（4）两臂如鸟理翅般伸缩各 7 次。

二、易筋经

易筋经是我国优秀的养生气功，经常习练可活动肌肉、筋骨，让人体经络、气血通畅，有增进健康、祛病延年之功效。

(一)预备势

两脚并立,两手自然下垂;下颏微收,虚领,唇齿合拢,目视前方。

(二)第一式:韦陀献杵第一势

左脚向左迈半步,两腿开立,屈膝;两手自然下垂;两臂自体侧向前抬至前平举;掌心相对,指尖向前;两臂回收,指尖指向斜前上方 30°,胸前合掌,掌根与膻中穴同高,虚腋;目视前下方(图 7-63)。

(三)第二式:韦陀献杵第二势

接上势,两掌伸平,掌心向下,两掌向前伸展,掌心向下,指尖向前;两臂侧平举,掌心向下,指尖向外;五指并拢;目视前下方(图 7-64)。

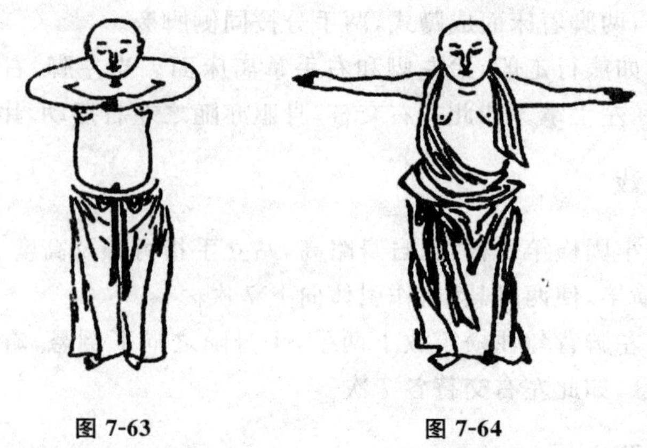

图 7-63　　图 7-64

(四)第三式:韦陀献杵第三势

接上式。松腕,两臂收至胸前平屈,掌心向下;两掌内旋,翻掌至耳垂下,掌心向上,两肘外展与肩平;重心前移,前脚掌支撑,提踵;伸臂,两掌上托至头顶,掌心向上:收颏,舌抵上腭,牙关咬紧;静立片刻(图 7-65)。

(五)第四式:摘星换斗式

右脚右前移步,两脚斜八字,体左微侧;提右足跟,成右虚步;左手握空拳置于腰后,右手指掌握如钩状下垂于裆前;右钩手上提,肘略高于肩;松肩,屈腕,肘向胸,钩尖向右;含胸拔背,直腰收臀;头微偏,目视右掌心;紧吸慢呼,沉气;左右两侧可交替练习(图 7-66)。

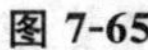
图 7-65　　图 7-66

（六）第五式：倒拽九牛尾式

左腿左跨，屈膝，成马裆式；两手握拳由身后划弧线形向裆前，拳背相对，拳面近地；上体前倾，松肩，直肘；昂头；两拳上提至胸前，由拳化掌，抱球；旋动两前臂，双掌向左右平推至肘直，掌心向外，松肩；右转体，成右弓左箭式；右臂外旋成半圆状，拳心对面，拳与肩平，肘不过膝，膝不过足尖；左臂内旋后伸，拳背离臀，屈肘，两上肢前（外旋）后（内旋）作螺旋劲，上身正直，塌腰收臀，调匀鼻息。左右两侧可交替练习（图 7-67）。

（七）第六式：出爪亮翅式

两手仰掌提过顶，虎口相对，掌心朝天，十指分开，左右手中、食指相接；目视手指交接处；足跟随式上提，以两足尖支撑，直膝；两掌缓缓分开向左右而下，上肢成一字并举，足跟随式落地，直膝；翻掌，掌心朝天，十指分开，目平视，腕、肘与肩平（图 7-68）。

图 7-67　　图 7-68

(八)第七式:九鬼拔马刀式

足尖相衔,双脚成八字,两臂胸前交叉立掌;左臂经上往后成钩手置于身后;右臂向上经右往胸前,掌根着实,蓄劲于指;右臂上举过头,由头右侧屈肘俯掌下覆,手抱于颈项;左手钩手化掌,使左掌心贴于背并尽量上移,抬头并后仰(图 7-69);掌用力下按,手项争力,挺胸直腰,腿坚脚实,使劲由上贯下至踵;左掌由后经下往前,右前臂向前回环,胸前交叉立掌。

(九)第八式:三盘落地式

左腿左跨,足尖内扣,屈膝,成马裆式,两手叉腰,腰直胸挺,后背如弓;两手由后向前抄抱,十指交叉而握,掌背向前,虎口朝上,肘微屈;两臂似一网盘处于上胸;旋腕转掌,掌心朝前,两掌左右划弧线向下,由下成仰掌沿腹胸上托至眉高;旋腕翻掌,掌心朝地,两掌运劲下按虚掌置于膝盖上部;两肩松开,肘微屈,两臂内旋;挺胸,后背如弓,头如顶物,目平视(图 7-70)。

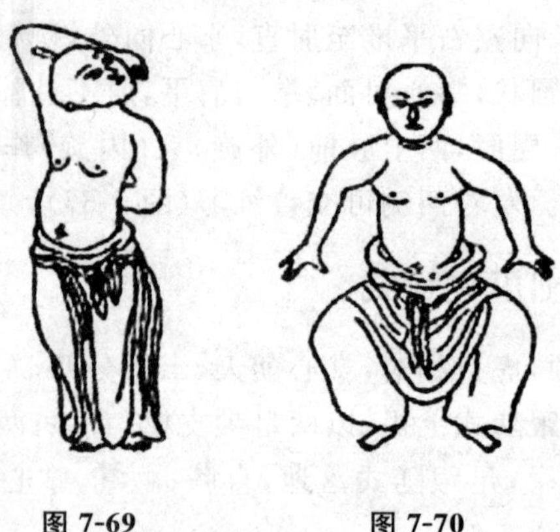

图 7-69　　图 7-70

(十)第九式:青龙探爪式

左腿左跨,两手仰拳护腰;身体正直;左掌向右前伸探,掌高过顶,体微右转,目视手掌,肘与腕直;左手大拇指向掌心屈曲,双目视左手大拇指;左臂内旋,掌心向下推掌地,直膝,足跟不离地,昂首;左掌离地,左膝上收至腰,成两仰掌护腰式,左右手交替前探(图 7-71)。

(十一)第十式:卧虎扑食式

右腿右跨一大步,屈膝,成左仆腿式,两掌相叠,扶于右膝上。直腰挺胸,目左视;身体左转,右腿挺直,屈左膝,成左弓右箭式,两掌分向身体两侧上举于耳后两旁，两掌前推至肘直；俯腰，两掌下按着地，按于左足前方两侧，肘直；右足跟提起，足尖着地，在前之左腿离地后伸，两掌及右足尖支撑身体；蜢膝（膝不触地），重心后移，直膝，两掌使劲，身体前探，重心前移；直肘，昂起头胸，两掌撑实，后收前探（图 7-72）。

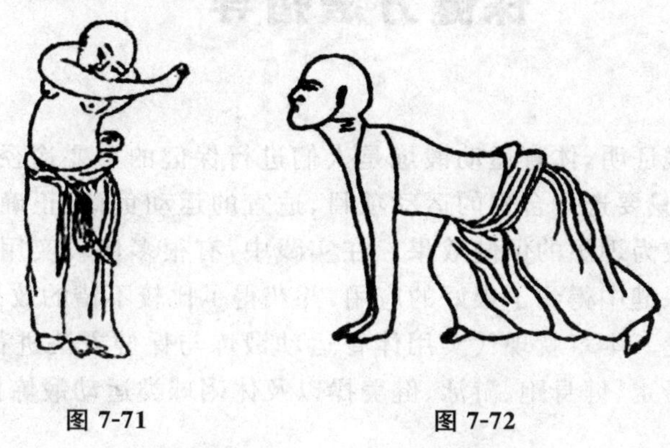

图 7-71　　　　　　图 7-72

（十二）第十一式：打躬式

左腿左跨，足尖内扣，两手仰掌向上成左右平举式，头如顶物，直肘，立身，腕、肘与肩平；屈肘，十指交叉相握，以掌心抱持后脑；屈膝下蹲成马裆式，直膝弯腰前俯，两手用力使头尽向胯下，直膝，足跟始终贴地。

（十三）第十二式：工尾式（掉尾式）

两手仰掌，由胸前上举过顶，目随掌移，身立正直；十指交叉而握，旋腕反掌上托，掌心朝天，两肘欲直，目平视；仰身，腰向后弯，臂随之而往，目上视；俯身向前，推掌至地。昂首瞪目，膝直，足跟离地。

第八章　现代实用体育运动锻炼与保健方法指导

运动实践证明，体育运动锻炼是人们进行保健的重要途径和方法。在体育运动中，只要选择合理的运动项目、适宜的运动负荷、正确的锻炼方法便能够达到较为理想的保健效果。在实践中，有很多比较实用的体育运动锻炼方法在保健中得到了很好的应用，并获得了比较不错的效果，深受人们的欢迎和喜爱。本章就现代实用体育运动锻炼与保健方法进行研究，内容主要包括健身走、健身跑、游泳、健美操以及休闲球类运动锻炼指导。

第一节　健身走与健身跑锻炼方法

一、健身走锻炼方法

（一）快步走锻炼法

快步走（图 8-1）是一种步幅适中或稍大、步频加快、步速较快（130～250 米/分）、运动负荷稍大的健身锻炼方法。据美国健康专家最新研究证实，“快走”的健身效果要胜过“慢跑”。因为快走比慢跑消耗更多的热量，而且快走不易对足部、踝关节部造成伤害，更为安全。快步走锻炼法适用于中老年人和慢性关节炎、胃肠病、高血压病恢复期患者。若每分钟步行 120～140 步，每小时步行 5～7 千米，经常坚持 30～40 分钟快步锻炼，可作为减轻体重的一种手段。

1. 技术与动作

快步走时，身体适度前倾 3°～5°，基本姿势为抬头、垂肩、挺胸、收腹收臀。在行走过程中，两臂配合双腿协同摆动，前摆时肘部成 90°，手臂高度不高于胸，后摆时肘部成 90°，两手臂在体侧自然摆动，两臂摆幅随步幅的变化而变化。双腿交换频率加快，步幅尽量稳定，前摆腿的脚跟着地后迅速滚动至前脚掌，动作要柔和，后脚离地。

2. 练习方法

(1)两脚以脚的内侧为准踩成一条直线。骨盆稍有前后左右的转动，但不宜过大。

(2)快速走的步速要均匀，也可采用变速的方式。以每分钟 100～120 步的速度快速走，或每小时走约 5 千米；以每分钟 100 米的急速步行，或每小时行进 6.5 千米，每次 30～60 分钟。

(3)步幅不要过分加大，主要加快步频练习。

(4)脉搏控制在 120～150 次/分钟，为进行跑步锻炼打下基础。

图 8-1

(二)踏步走锻炼法

踏步走是在原地走或稍有向前移动的特殊走法。踏步走锻炼，没有任何限制，适合于各种人群。通过锻炼，可提高下肢、腰腹部肌肉力量和内脏器官系统的机能。

1. 技术与动作

练习踏步走时，要求身体直立，两臂自然下垂或屈臂。踏步走时两腿交换屈膝抬腿或前脚掌落地，两臂协同两腿前后直臂或摆动，屈膝抬腿至髋高达到抬腿最高点，直腿或膝落地均可，落地要轻缓、平稳。

2.练习方法

(1)踏步走两腿交换频率因人而异,一般来说,以每腿35～45次/分为宜。踏步者也可以根据自身的身体素质情况,不断提高抬腿高度与两腿交换频率。

(2)踏步走脚落地最好用前脚掌先着地,然后滚动全脚着地,注意脚的缓冲,身体重量落在前脚掌上。

(3)每天早晚进行两次原地踏步走的锻炼,在踏步走中要不断创编出新的组合踏步法,如踏步4拍一转体、按音乐拍节踏步、闭眼原地踏步、有氧台阶踏步、有氧踏板等。

(4)踏步时用脉搏控制运动负荷,健康成人1分钟踏步走脉搏最高可达180次/分;一般练习者1分钟踏步走脉搏达到120～150次/分即可达到健身最佳效果。身体不适者1分钟原地踏步走脉搏最高控制在120次/分以下。

(5)运动时,进行变速度原地高抬腿踏步走,能达到减肥目的。

(三)散步锻炼法

散步(图8-2)是一种悠闲轻松的步行锻炼方法。散步适宜于中老年人和体弱多病者,以及关节炎、心脏病和糖尿病患者。糖尿病人坚持在饭前30分结合饭后30分,散步0.5～1小时,可使血糖下降。

1.技术与动作

散步时要保持正确的身体姿势,才能达到良好的锻炼效果。正确的散步姿势要放松、自然、脚要放平、柔和着地、抬头挺胸、收腹收臀、保持与脊柱成一直线,两肩放松,两臂自然下垂协同两腿迈步,动作自然,前后摆动,两腿交替屈膝前摆,足跟着地滚动至脚尖时,另一腿屈膝前摆足着地,步幅因人而异。散步是一种十分有效的锻炼方法,既有利于身体的锻炼,也有利于紧张心理的缓解和情绪的改善。

2.练习方法

散步锻炼的方法主要有以下几种。

(1)普通散步法:普通散步法速度为60～90步/分,每次应走20～40分钟。

(2)摆臂散步法:行步时两臂前后做较大幅度的摆动。行走速度为60～90步/分。

(3)快速行走法：快速行走法速度为 90～120 步/分，每次应走 30～60 分钟。

(4)臂后背向散步法：即行走时把两手背放在腰部，缓步背向行走 50 步，然后再向前走 100 步。这样一退一进反复行走 5～10 次。

(5)摩腹散步法：此法是传统的中医养生法，行走时两手旋转按摩腹部，速度为 30～60 步/分，每走一步按摩一周。

(四)倒步走锻炼法

倒步走(图 8-3)即向后行走，倒退行走时，两腿交替向后迈进，增强了大腿后肌群和腰背部肌群力量，同时还保健小脑，有利于提高人体的灵活性、协调性。倒行锻炼是一种非正常的活动方式，资料显示，倒步走比向前走的氧气消耗高 31%，心跳快 15%，血液中的乳酸含量也偏高，出现这种生理现象的原因是增加了走的动作难度和维持平衡的难度，使人消耗更多的氧气和热量。所以倒步走可使人精力集中，心理趋于安定，神经的自律性得以增强，使神经系统和肌肉组织得到比正常运动更全面的锻炼。倒步走适合各种年龄的肥胖者，也适用于腰部损伤、慢性腰部疾病的康复训练，同时还可防治脑萎缩。

图 8-2

图 8-3

1. 技术与动作

倒步走可分为摆臂式和叉腰式两种。

(1)摆臂式倒步走

上体自然正直,腰部放松,身体不要后仰,不要抬头,眼要平视。右腿支撑,左腿屈膝后摆下落,以左前脚掌先着地,然后滚动到全脚掌着地,身体重心随之移至左腿,按同样方法左右脚交替后退,两臂配合两腿动作自然前后摆动。步幅 1~2 脚长。

(2)叉腰式倒步走

行走时双手叉腰,拇指在后按"肾俞"穴(位于第 2 腰椎两侧,离开脊柱 2 横指宽处,上下位置与脐相平),四指在前,腿部动作同摆臂式。每后退一步,用两手拇指按摩"肾俞"穴一次,缓步倒退行走 100 步,然后再正向前走 100 步。一背一正反复走 5~10 次,可以起到补肾壮腰的作用。

2. 练习方法

(1)倒步走可选择在早晨,在空气清新的环境中进行,每天练习的次数不限,锻炼时间基本上为 20 分钟左右,并逐渐增至每次 30~40 分钟。

(2)倒步走要选择平坦、不滑、无障碍物的地方,可选择走廊、过道等地方,切不可在车辆往来密集、人多、有杂物的地区进行,以免发生危险。

(3)倒步走时,人们对空间的感知觉能力明显下降,身体容易失去平衡。因此步速不要快,步子不要大。走步时,一腿前脚掌擦着地面向后交替倒退走即可,不要屈膝抬腿。在倒走过程中,初始阶段两眼可随同侧腿左顾右盼,掌握方向,等平衡协调能力提高了,眼看前方。腰痛病和腿脚有病者速度更要慢。倒退行走可用脉搏控制运动负荷,健康人一般在 90~100 次/分,腰痛者脉搏比自己安静时增加 10 次以上,肥胖者脉搏可达 120~140 次/分。

(4)倒步走的负荷量依个人身体情况而定,每次锻炼后,稍事休息,以疲劳感消失为度。要循序渐进,开始锻炼时少走一些,适应后逐渐增加步数和加长距离。走中可采用正向走与倒退走交替进行,并逐渐加快步频或加大步幅。

(五)其他形式的健身走

1. 登楼梯练习法

上下往返走楼梯,对于在高层楼工作及高层公寓、住宅楼居住的人们来说,是一项很好的室内健身项目。研究显示,一个人登楼梯每登高 1 米所消耗的热量,相当于散步 28 米;上 6 层楼,相当于慢跑 500 米。登楼梯的人每分钟消耗热量 14 千卡,一个体重 40 千克的人,登楼梯 10 分钟消耗的热量为 200 千卡,下楼梯消耗的热量是登楼梯的 1/3。在相同的时间里,登楼梯消耗的热量要比静坐多10倍，比步行多4倍，比跑步多3倍，比游泳多2.5倍。若往返6层高的楼上下2～3趟，相当于慢跑800～1500米的运动量。而研究表明：每天登5层楼梯，可使心脏病的发病率比乘电梯的人少25%。因而许多人认为，登楼梯是一种很好的、有利于锻炼人体肌群和全身耐力的有氧运动。而且，登楼梯时，除了下肢肌肉、韧带、关节的活动能力增强外，腰、背、颈部、上肢的关节、肌肉也都参与活动，这不仅可以增强肢体肌肉的力量，还可使肺活量增大，血液循环加速，促进能量代谢，有助于改善和提高心肺功能，提高血液中高密度脂蛋白的含量。研究表明：中老年人长年坚持走步上下楼梯，可预防高血压、冠心病，对肥胖者来说，可以达到很好的减肥效果。

一般来说，登楼梯主要有以下练习方法。

(1)爬楼梯

爬楼梯或称缓慢式登楼梯运动，大致与平时登楼梯相同。比较适合健康的老年人及有慢性疾患的中年病人。

(2)跨台阶

就是登楼梯时，每一步不是登一级梯阶，而是登两级，甚至三级梯阶，通过这一方式以增加运动的强度和锻炼的难度，青少年多用此方法。

(3)跑楼梯

即采用奔跑的形式登楼梯。一般需有一定的锻炼基础才可进行，例如，在达到每分钟登50～70级梯阶或能连续登楼梯6～7分钟后，才可以进行跑楼梯锻炼。

(4)负重登楼梯

手提重物或肩背重物登楼梯也是一种加大运动量的锻炼方式，可以锻炼臂力、腿力和腰力。一般手持重物重量大致在5千克。为了保持平衡，应双手同时提取等重量的重物，并注意重物的体积不宜过大，或用一只手提重物，一只手扶着楼梯栏杆上行。

2.踩石子练习法

现在有许多居民社区的小路是用石头铺成的，专供人们锻炼之用。按中国传统医学的说法，人身体上有几百个穴位，而在脚板上便有60多个。在石头路上走步，可以起到按摩和治病健身的作用。走石头路，一般选择较薄的软底鞋，也有赤脚走的。赤脚走的效果会更好些，赤脚踩石头，使脚直接与大地接触便于人体静电的施放，这将有助于降压和调节大脑神经。

3.雨中行练习法

近年来,在欧洲不少国家掀起了雨中散步的热潮。当淅淅沥沥下着小雨时,人们纷纷拥上街头悠然散步,尽情地享受毛毛细雨的沐浴。霏霏细雨产生大量的阴离子,享有“空气维生素”的美称,会令人安神逸志,并有助于降低血压。另外,雨中散步能调节心态,稳定情绪。科学家研究也认为:雨中散步有许多晴日散步所不可比拟的健身作用。

4.双手持杖大步走练习法

双手持杖大步走(图 8-4),是近几年在美国兴起的一种中老年健身走法。在我国南方等地也得到流行。双手持杖大步走,它可同时锻炼健身者的四肢力量。关于手杖,可使用简易的手杖或自制手杖。其基本练习方法是:双手各持一根轻质手杖,手杖是用高级纤维合成物制成,很轻,每支只有150 克,但又具备足够的承重力和弹性。它可以在体重的重压下弯曲,然后再弹直,使人得到缓冲和借力。用腕带把手杖固定在手腕上,行走时不用握住手杖,而是张开手掌借助腕带向后推手杖,这样才能加大手臂摆动的幅度。行走的步子要大,要后脚跟先着地,每走一步均要使腰部有一个扭动动作,这有助于消除腰腹部脂肪。与普通行走锻炼相比,持手杖行走节奏感强、步幅大、速度快,并可减轻下肢关节的压力,可有效保护膝关节。在锻炼下肢的同时还可活动手臂和双肩,由于增加了上肢的运动,能量的消耗至少可增加 20%~46%,大大提升了行走的锻炼价值。

图 8-4

5.水中行

游泳时可按以下步骤做水中行走锻炼(图 8-5)。

(1)水深齐下胸部,水温在 28℃。开始面向池壁,手扶池边左右侧各走 10 步,“大步走”10 趟。

(2)左手扶池边向前走 10 步、向后倒退 10 步,来回走 10 趟,后换右手重复上述动作。

(3)依然手扶池边“抬腿走”。将大腿抬起与上身成直角,然后尽量向前跨步走 10 步,转过身来再向前走。

(4)在水中感觉自如以后,可以不扶池壁重复以上动作,走 25～50 米并可加快速度。初期在水中行走 10～15 分钟后,可以回到陆地上休息 5 分钟再回到水里活动 10～15 分钟,以免感到气短头晕。

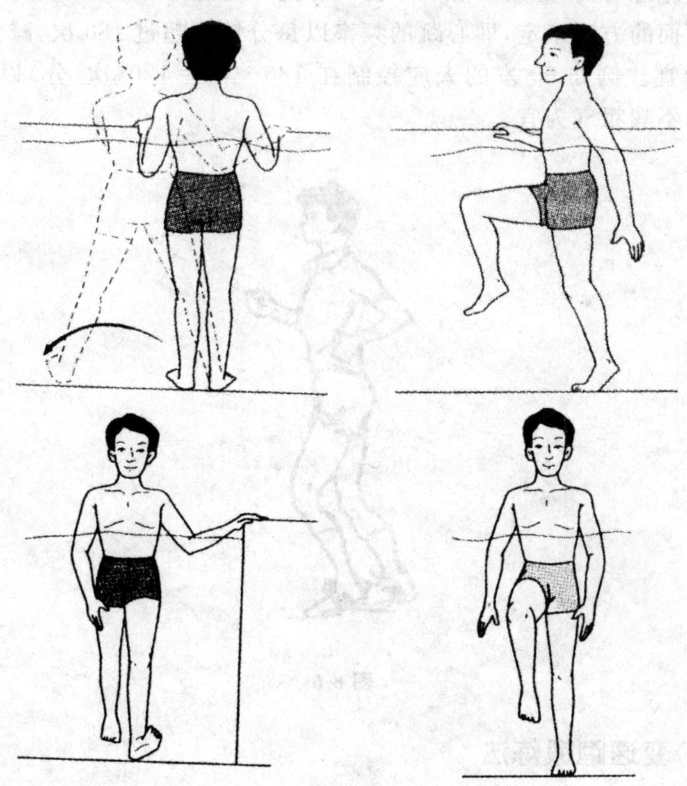

图 8-5

二、健身跑的锻炼方法

（一）慢速跑锻炼法

慢跑(图 8-6)是一种主要的健身跑锻炼方式。它是根据自己的体质情况,以匀速慢跑的方式完成一定距离,来达到锻炼身体目的的运动方式。健身慢跑,始以 90～100 步/分为好,然后逐渐增到 110～130 步/分。运动时间以每天 30 分钟左右为宜,距离 2.5～3 千米。速度可参考下列指标:如慢跑 1 千米距离,8～12 岁儿童用 8～9 分钟;青少年用 7～8 分钟;30～49 岁中年人用 8～9 分钟;50 岁以上老人用 10～15 分钟。锻炼应每日或隔日进行一次,老年人和体质较弱者可以比走步稍快一些,体质好的跑速可稍快。

慢速跑练习时,运动强度的掌握以脉搏不超过 110～120 次/分最好;也可采用下面的方法来定,即心跳的频率以每分钟不超过 180 次,减去自己的年龄数为宜。例如 60 岁的人应控制在 180－60＝120(次/分)以下为宜。呼吸也以不喘粗气为宜。

图 8-6

（二）变速跑锻炼法

变速跑就是在跑的过程中快跑一阵后,再慢跑一阵,快跑和慢跑交替进行的一种跑法。这适合于体质较好的健身跑爱好者。当慢跑时,肌肉活动不是很激烈,吸入的氧气就可以满足肌肉活动的需要,是有氧代谢;而快速跑时,肌肉活动激烈,氧需求量增多,不能满足运动对氧的需求,属于无氧代谢。变速跑的锻炼，不仅对发展一般耐力有好处，而且也能提高机体的速度耐力素质，对提高人体机能大有益处。

变速跑可以根据自己的情况随时改变速度，逐渐提高变速跑的速度，逐渐增加运动量，以最大限度地发挥健身跑的作用。

（三）滑步跑锻炼法

在进行跑步锻炼时，练习者不是面朝前方，而是侧身而跑，即向左跑或向右跑，这种锻炼方式称为滑步跑锻炼法。向左跑时，右脚先从左脚之前向左侧移动一步，左脚则从右脚之后向左移动一步，如此反复侧向前进，而向右跑时，正好相反。这种跑步方式适用人群广泛，多在其他跑步方式锻炼间隔中进行，可增加机体的灵活性、敏捷性、协调性及平衡性。

（四）定时跑锻炼法

定时跑有两种情况，其一，每天必跑一定时间，而不限速度和距离，如开始时每周 2 次，每次 30 分钟，以后逐渐增加至每周 3～5 次以上，每次时间也延长至 30～60 分钟不等。其二，限定在某段时间内跑完一定距离的方法，如开始时 5 分钟内跑完 500 米，以后随运动水平的提高可缩短时间，加快速度，或加长距离来加快速度，以提高速度耐力素质，对提高体力，检验体力有益处。

（五）倒跑锻炼法

倒跑是返序运动中的一个健身项目，是背部指向正常跑步方向的运动，两脚向后移动的跑步方式。倒跑时，上体正直稍向后，抬头挺胸，两眼平视，双手半握拳置于腰间，一条腿抬起向后迈出，脚尖着地，身体重心随之后移，再以同样的方式换另一腿，小跑步向后退去，交替进行，两臂自然前后摆动，身体不要左右摇摆。

初学时也可同正常跑和步行结合起来，先步行，慢跑，再倒跑，逐步增加倒跑的距离。此法对腰肌劳损、腰椎病，腰、腿、脚骨质增生等患者，尤有益处。

（六）跑跳交替锻炼法

跑跳交替即跑一段距离之后跳几下，再跑一段，再跳几下，这样跑跳交替进行，跑的速度可根据自己的身体情况采用慢跑或中速跑，或稍慢速度，动作要放松协调，轻松自如，具有良好的节奏。跳是身体向前跑的过程中尽量向上跳起几下，使身体肌肉、关节在长时间的连续活动中得到刹那间的休息，可缓解跑步的疲劳，同时锻炼弹力。

（七）跑楼梯锻炼法

在城市里，借助于高层寓所进行跑楼梯运动（图 8-7），已成为广大市民一种时尚的健美项目。据医学论证，跑楼梯既是增强心肺功能的全身性需氧运动，又是一项可以灵活掌握运动量、无须投资及男女老幼皆宜的锻炼方法。跑楼梯可延缓肢体肌群萎缩、韧带僵硬、骨质疏松脆弱，达到强肌肉、疏关节、柔韧带、坚骨质的健美效果。

跑楼梯要求腰、背、颈部和肢体不间歇地活动，肌肉有节奏地收缩和放松，可促进肺活量，加速血流，改善新陈代谢和增强心肺功能。据测定，采用匀速跑楼梯方式每 5 分钟可消耗 100～110 千卡的热量，是散步的 2 倍，可与慢跑或骑自行车耗量相类同，是去脂减肥的健身新招。

（八）原地跑锻炼法

原地跑（图 8-8）是在室内进行的一种健身形式的锻炼。适用于普通健康人，以及有较好锻炼基础的慢性病患者。原地跑的时间可长可短，根据需要而定。跑的速度可逐渐加快，动作也可逐渐加大，以便逐渐增加运动强度和运动量，也可以根据跑步的速度挑选合拍的音乐，在音乐伴奏下原地跑步，提高练习兴趣，发挥跑步的健身功效。

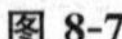

图 8-7

图 8-8

(九)气功慢跑锻炼法

气功慢跑法,即将跑步与气功锻炼相结合,把气功的调身、调心、调息运用到跑步上来。气功慢跑讲究姿势的正确,在跑步的过程中,人体处于运动状态,各个部位必须保持相应平衡,颈椎和腰椎处于身体平衡的中心部位,协调着四肢运动。身体过分摇摆,或跑步时姿势不当,便会使颈椎和腰椎的椎间力失去平衡,相应的肌肉群活动不相协调。这种长时间失去了平衡的状况,容易诱发颈椎病和腰腿痛。气功慢跑要求在跑动时上身略微前倾,前脚掌先着地,随后脚跟着地,头正颈直,双臂摆动自然,身体不要过分摇晃,呼吸要自然。这对颈椎、腰腿保健十分有益。具体方法如下。

(1)保持跑步的姿势,头正颈直,上身微向前倾,双目平视,两手自然握成空拳,前臂弯曲成 90°。

(2)采用自然呼吸方法,先是鼻吸口呼,待仅靠鼻吸不够用感到憋气时,改用口鼻同时呼吸。这时口唇微微张开,舌抵上腭,让空气通过齿缝出入。呼吸宜均匀深长。

(3)全身放松,保持乐观情绪,面带微笑,意守丹田,除去一切杂念,只想跑步是强身的有效手段。通过跑步可使疲劳消除,精神振奋,体力和脑力增强,病痛祛除,健康长寿。

(4)跑步之前可缓缓行走,放松形体,调节情志活动,调匀呼吸。有了心理准备后,再摆好姿势,迈开两腿,缓缓小跑。跑步时,步子可迈得大一些,但每一步都要踏得稳,两臂随之前后摆动。尽量用脚尖着地,以增加锻炼效果,体弱多病者可采用全脚落地,有利于步履稳定。一般宜连续跑 15～30 分钟。

(5)跑步结束之后,要继续行走一段,做深呼吸,让全身肌肉彻底放松。

气功慢跑对于调节胃肠功能,防治胃及十二指肠溃疡、慢性胃炎、结肠炎等消化系统疾病功效显著。更重要的是,气功慢跑运动量不是很大,体力消耗适中,适宜于平时缺乏锻炼及体质虚弱难以胜任快跑、慢跑者采用。

第二节 游泳锻炼方法

游泳运动包含有很多泳姿,常见的有蛙泳、仰泳、爬泳、蝶泳等。这也出现了很多锻炼的方法,本节主要就蛙泳的锻炼方法进行研究。

蛙泳是世界上最早的游泳姿势之一,它是模仿青蛙的游泳动作而得来的。蛙泳动作具有持久、省力、声音较小、易于观察等优点,头部可以出没水中呼吸，具有较广阔的视野，因而是一种实用性强的健身锻炼方法。

一、蛙泳身体姿势

游蛙泳时，要求身体水平俯卧于水中，两臂向前伸直并拢，两腿自然向后伸直并拢，同时上体稍挺起，头略抬，使身体和前进方向成5°～10°的夹角。在游动中，身体呈流线型姿势，因而能够很好地发挥手、臂、腿的作用，并能够减少前进的阻力，从而加快了游进的速度。

在现代游泳比赛中，蛙泳的身体姿势出现了腰部动作类似海豚腿的动作。在吸气后，随着蹬腿，臂的迅速前伸，头前冲没入水中并提臀，使臀部略高于肩，身体纵轴与水面呈现负角，在划臂过程中身体再逐渐与水面形成迎角。

二、蛙泳腿部动作

在蛙泳运动中，腿部动作是推动身体前进的主要动力。腿部动作是由滑行、收腿、翻脚和蹬夹水四部分组成的。

（一）滑行

滑行是蛙泳的开始姿势，当身体借助惯性高速向前滑行时，两腿并拢向后伸直，身体成水平姿态势，下肢放松，只靠腿部肌肉的适当收缩，把脚跟稍稍提向水面，从而为收腿动作做好准备。

（二）收腿

收腿（图8-9）是蹬腿动作的准备活动，路线要短，阻力要小，可为蹬水导致创造条件。开始收腿时两腿逐渐分开，屈膝和屈髋收腿。屈膝收小腿快于屈髋收大腿，足跟收得尽量靠近臀部。收腿完成后大腿与上体之间的夹角为130°左右，两膝之间的距离约与肩同宽。在收腿时，锻炼者应保持先慢后快的速度，尽力减少收腿时引起的阻力。

（三）翻脚

翻脚是从收腿到蹬水的过渡，也是收腿的继续、蹬水的开始。收腿即将结束时，脚仍向臀部靠拢，这时膝关节内扣，同时两脚向外侧翻开，使脚和小腿内侧对好蹬水方向，这样既加大了蹬水面积，又为大腿发力做好了准备。翻脚动作可分为内收腿、压膝和翻脚三个部分。

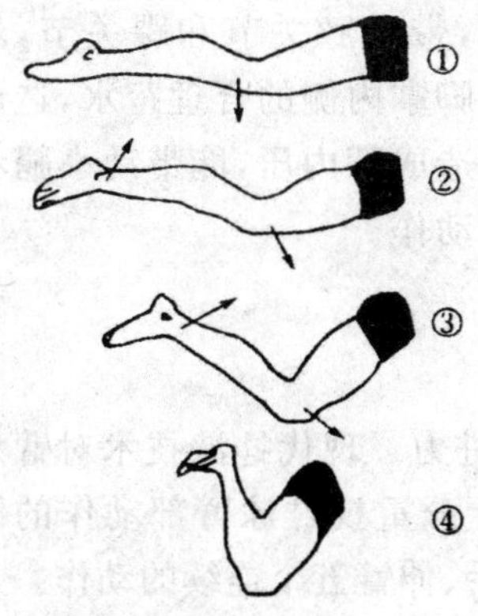

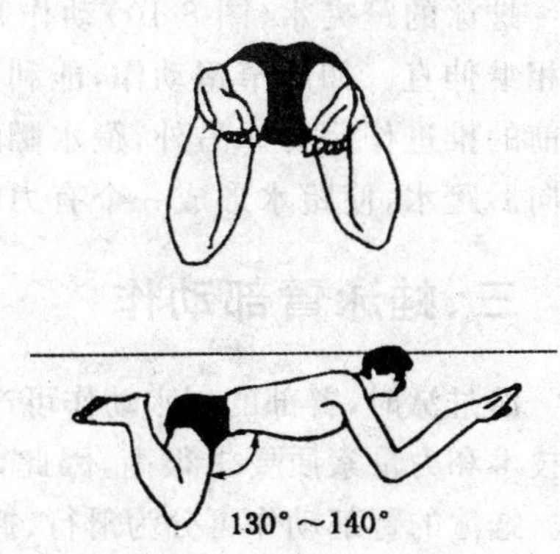

图 8-9

(四)蹬夹水

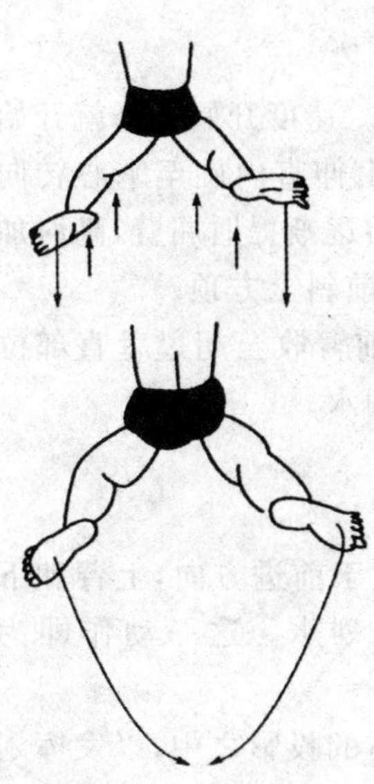

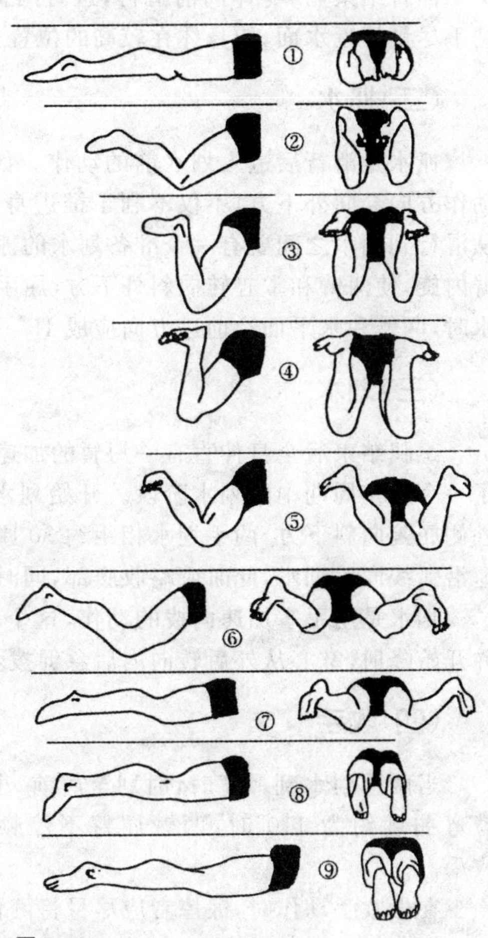

图 8-10

蛙泳的蹬夹水(图 8-10)动作是由髋部发力,带动膝关节和踝关节,然后相继伸直。如用窄蹬动作,能利用小腿内侧和脚掌内侧的合理蹬水,造成向前的推进作用力。另外,蹬水翻脚时大腿内旋造成膝内压,能带动小腿和脚向后蹬水,使蹬水形成一个有力的鞭状打水的动作。

三、蛙泳臂部动作

游蛙泳时,臂部的划水动作可产生很大的推进力。现代蛙泳技术对臂划水技术和力量素质要求很高,因此,游泳运动员十分重视蛙泳臂部动作的练习。蛙泳的臂部动作可分为滑行、抓水、划水、收手、伸臂五个连续的动作。

(一)滑行

伸臂结束后,身体向前滑行,这时两臂向前伸直,手指并拢,掌心向下,两手尽量接近水面,使身体在较高的位置上保持稳定,整个身体成流线型。

(二)抓水

抓水是滑行后进入划水前的动作。如果滑行后立即进入划水动作,其动作方向会向外下方,不仅不利于推进身体,还会造成身体过分起伏,所以从滑行到划水之间要有一个准备划水的抓水动作。抓水时,肩保持前伸,两臂内旋,使两臂和掌心转向斜外下方,屈手腕成 150°～160°的夹角。结束抓水时,两臂和水平面及前进方向应成 15°～20°的夹角,肘关节应伸直。

(三)划水

蹬腿结束后全身伸直有一短暂的加速向前滑行。速度开始下降就开始了一个动作周期中的划水阶段。开始划水时,两臂由伸直内旋至掌心转向外侧屈腕向斜下方,两手划水相距约 30 厘米时,开始逐渐提肘屈臂,高肘加速沿弧线向后划水,此时应略收腹部,同时要求头向前斜上方顶。

划水是用手掌加速内拨的动作,这个动作带动前臂收至超过垂直部位并开始降肘,掌心从外后转向内后急促拨水而结束划水。

(四)收手

当两手划水到最宽时,肘划至肩前,小臂等垂直于前进方向,上臂和下臂弯曲度约为 110°时,两臂屈臂不停顿地转向内划水。这一动作即为收手。

在做收手动作时,锻炼者应尽量将两臂收在身体的投影之中,以发挥划水造成的推进惯性作用,减少水对手臂前移的阻力。

（五）伸臂

锻炼者在完毕收手动作时，两肘不应贴近肋而应借助向前惯性立即伸臂，同时紧跟着迅速低头前冲入水，压胸，两臂前伸，掌心转向池底。两臂伸直后即恢复成滑行姿势，伸臂时不能有停顿的动作。

四、蛙泳配合技术

蛙泳的手臂和腿部划水动作应与呼吸紧密配合。蛙泳可在水上用口吸气，而在水中可用口和鼻呼气。早吸气和晚吸气是蛙泳呼吸技术的两种类型。早吸气是两臂划水开始时，头和口露出水面，用口把最后余气用力吐完，并迅速做深吸气动作，继而随伸臂低头闭气，当两臂开始滑下时逐渐呼气。晚吸气是随着臂的有力划水动作，头和肩上升时吸气。

早吸气的吸气时间较长，比较适合初学者运用；晚吸气其吸气时间短，但完整配合连贯、紧凑，有利于力量的发挥，对提高成绩有明显的优势，因此晚吸气的呼吸方法常被运动员采用。在比赛中，一般都是一个动作周期呼吸一次。臂腿配合技术要求，在手臂划水时，腿部应保持放松或自然伸直。臂内划同时收腿，臂将伸直时要开始做蹬夹腿动作。

蛙泳的完整配合技术如图 8-11 所示。

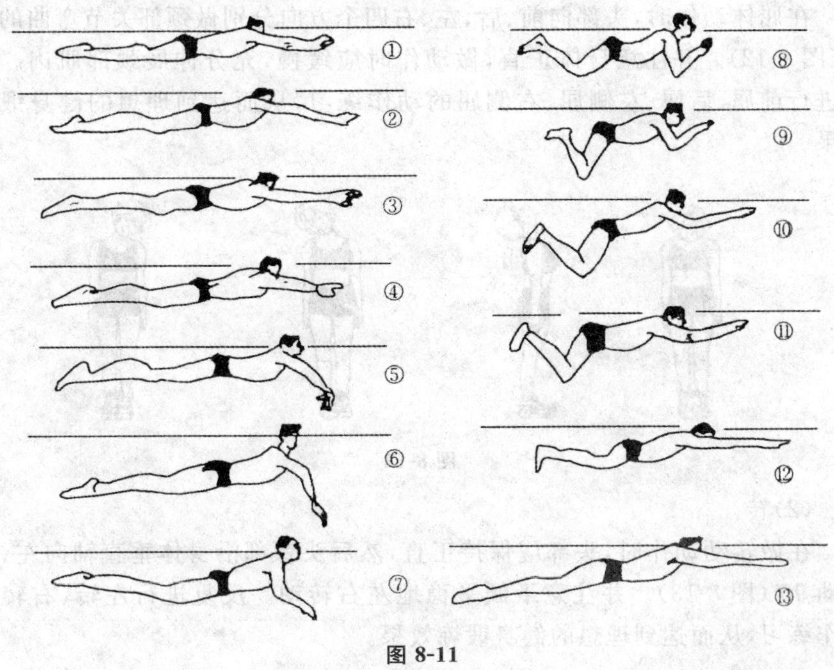

图 8-11

第三节　健美操锻炼方法

一、健美操基本动作健身方法

健美操基本动作是由头颈、躯干、上下肢部位的身体动作组成的，它对全面锻炼身体各部位具有显著的效果。其具有方便、易于操作等特点，因此受到广大健身者的喜爱。

(一)头颈动作

1. 动作方向

头颈动作方向主要是向前、后、左、右四个方向进行运动。另外，侧前、侧后、侧上、侧下也是健美操常见的运动方向。

2. 动作内容

(1)屈

在屈体动作时，头部向前、后、左、右四个方向分别做颈部关节弯曲的运动(图 8-12)。并注意身体正直，做动作时应缓慢，充分伸展颈部肌肉。重复进行前屈、后屈、左侧屈、右侧屈的动作练习，从而达到理想的健身锻炼效果。

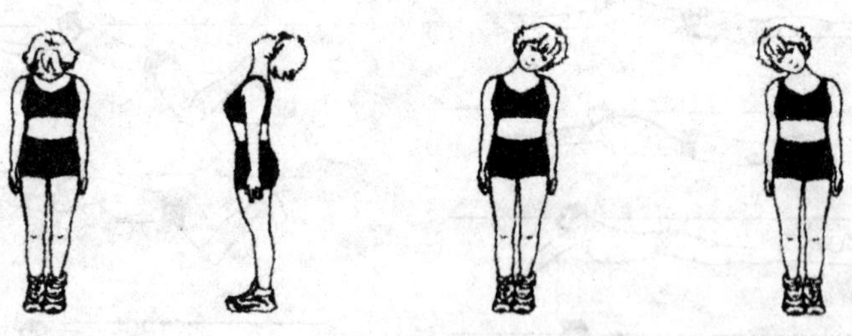

图 8-12

(2)转

在做转动动作时，头部应保持正直，然后头颈部沿身体垂直轴向左、右转动 90°(图 8-13)。并注意下颌平稳地左右转动。反复进行左转、右转的动作练习，从而达到理想的健身锻炼效果。

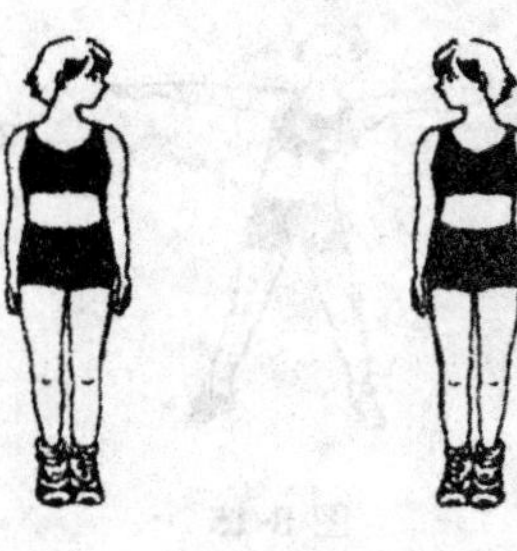

图 8-13

(二)躯干动作

在健美操运动中,躯干动作是最富表现力的身体部位,其主要部位有胸、腰、髋等。

1. 胸部动作

胸部动作主要包括含胸、展胸、移胸、振胸等。

(1)含胸、展胸

在做含胸动作时,应低头收腹,收肩,形成背弓,呼气;展胸时,抬头挺胸,展肩,吸气(图 8-14)。并注意含胸时身体放松,但不松懈;展胸时,身体紧张但不僵硬。可进行结合手臂动作含展胸的动作练习,从而达到理想的健身锻炼效果。

图 8-14

(2)移胸、振胸

健身锻炼时,移胸——髋部位置固定,腰腹随胸部左右移动;振胸——胸部向一个方向有节奏地摆动(图 8-15)。并注意移胸时,腰腹带动胸部移动;振胸时有弹性、有节奏。反复进行提肩移胸、手臂侧平举移胸、举臂振胸的动作练习,从而达到理想的健身锻炼效果。

图 8-15

2. 腰部动作

健美操的腰部动作主要包括屈、转、绕和绕环、波浪。

(1)屈

进行腰部屈的健身锻炼时,腰部向前或向侧做拉伸运动(图 8-16)。并注意充分伸展,运动速度不宜过快。可反复进行体前屈、体侧屈、体后屈的动作练习,从而达到理想的健身锻炼效果。

图 8-16

(2)转

健身锻炼时,腰部带动身体沿垂直轴左右转动(图 8-17)。并注意身体保持紧张,腰部灵活转动。可反复进行与上下肢动作相结合协调转动的动作练习,从而达到理想的健身锻炼效果。

图 8-17

(3)绕和绕环

健身锻炼时,腰部做弧线或圆周运动(图 8-18)。并注意路线清晰、动作圆滑。可反复进行与手臂动作相结合进行腰部绕和绕环的动作练习。如一手头后屈，一手叉腰，做腰部绕环运动。

图 8-18

(4)波浪

在进行波浪运动时，要求两腿开立，从头开始，颈、胸、腰、髋各关节依次向侧屈伸，像钻过绳索一样连贯波浪(图 8-19)。并注意各部位必须有顺序地依次屈伸，动作要求清晰连贯，自然过渡。可反复进行手臂配合身体做腰部波浪的动作练习，从而达到理想的健身锻炼效果。

图 8-19

3. 髋部动作

健美操的髋部动作主要包括提髋、顶髋、摆髋、绕和绕环。

(1)提髋

健身锻炼时，髋向上提翻的动作(图 8-20)。并注意髋与腿部协调向上。可反复进行手臂与髋部配合协调运动的动作练习，从而达到理想的健身锻炼效果。

(2)顶髋

健身锻炼时，两腿开立，一腿支撑并伸直、另一腿屈膝内扣，上体保持正直，用力将髋顶出(图 8-21)。并注意用力且有节奏感。可反复进行体前交叉顶髋、两臂侧平举顶髋、双手叉腰顶髋的动作练习，从而达到理想的健身锻炼效果。

图 8-20

图 8-21

(3)摆髋

健身锻炼时，两腿微屈并拢，髋部向左右摆动，腰部要协调配合髋部动作(图 8-22)。并注意髋部带动腰部协调摆动。可反复进行两臂侧平举随髋摆动，两臂上举随髋摆动等动作练习，从而达到理想的健身锻炼效果。

图 8-22

(4)绕和绕环

健身锻炼时，髋部做弧线或圆周运动(图 8-23)。并注意运动轨迹圆滑。可反复进行两臂上举髋部绕环，两臂前举髋部绕环的动作练习，从而达到理想的健身锻炼效果。

图 8-23

(三)上肢动作

1. 手型

不断变化的手型能有效增强手臂动作的多样性,使手臂动作更加多变和更富美感,还可使动作更具力量。健美操常用的手型主要有拳、掌以及西班牙舞手型等。

(1)拳

实心拳:拇指握住四指,中间无空隙(图 8-24)。

空心拳:拇指握住四指,中间有空隙(图 8-25)。

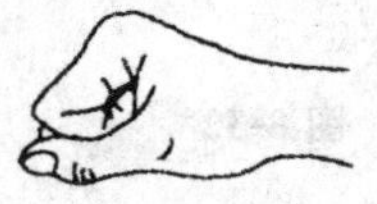

图 8-24

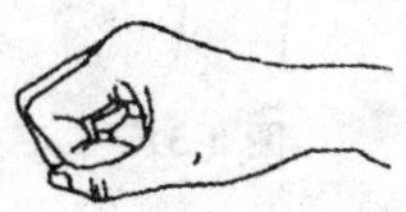

图 8-25

(2)掌

并指掌:大拇指指关节弯曲内扣,其余四指并拢伸直。手腕伸直,使手臂成一条直线。腕关节掌指关节适度紧张(图 8-26)。

分指掌:五指用力分开,并伸直(图 8-27)。

屈指掌:手掌用力上屈,五指自然弯曲(图 8-28)。

图 8-26

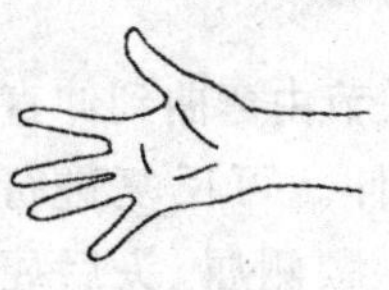

图 8-27

图 8-28

(3)其他手型

西班牙舞手型：五指分开，小指内旋，拇指稍内收(图 8-29)。

剑指：食指和中指并拢伸直，拇指、无名指小指内收(图 8-30)。

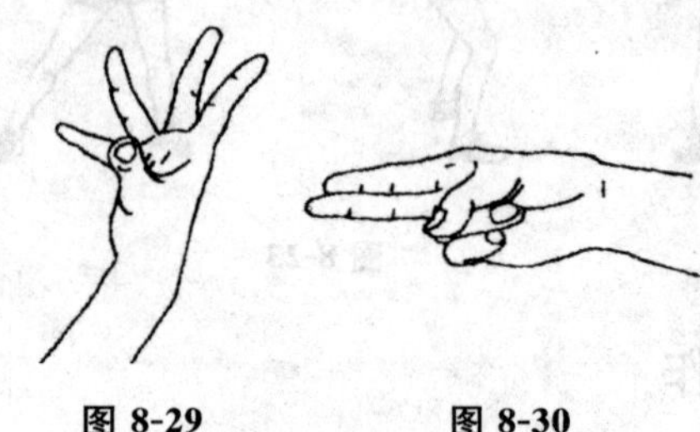

图 8-29 **图 8-30**

"V"指：拇指与小指、无名指弯曲，食指与中指伸直并尽力分开(图 8-31)。

响指：无名指与小指屈握，拇指与中指、食指摩擦后，中指击打大鱼际处产生响声(图 8-32)。

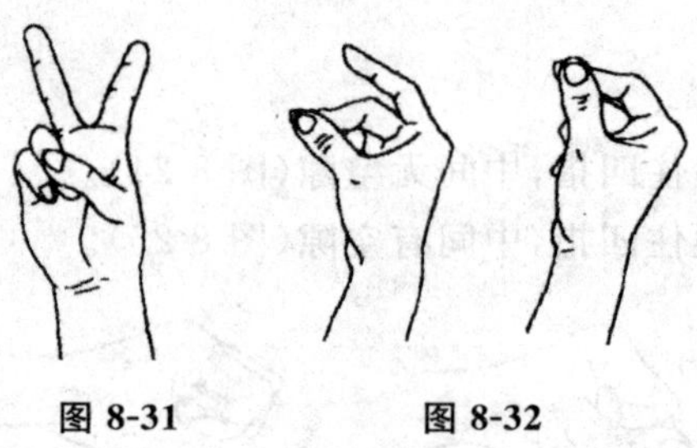

图 8-31 **图 8-32**

2.手臂动作

(1)举

在进行上举动作时，以肩关节为轴，臂的活动范围不超过 180°并停止在某一部位(图 8-33)。并注意动作到位、路线清晰、有力度。可反复进行前举、上举、前上举、前下举、侧举、下举、侧下举、侧上举、后下举的动作练习，从而达到理想的健身锻炼效果。

(2)屈、伸

在做屈、伸动作时，肘关节由弯曲到伸直或由伸直到弯曲的动作(图 8-34)。并注意关节做有弹性的屈伸。可反复进行胸前屈、胸前平屈、肩侧屈、肩侧上屈、肩侧下屈、胸前上屈、腰侧屈、头后屈的动作练习，从而达到理想的健身锻炼效果。

图 8-33

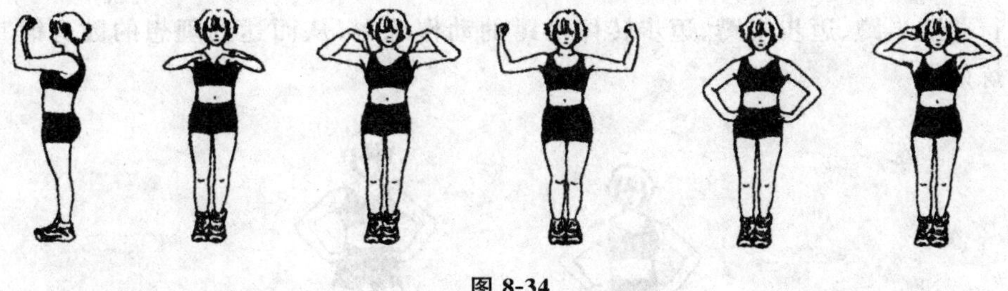

图 8-34

(3)绕和绕环

在做绕和绕环动作时,两臂或单臂以肩为轴做弧线运动(图 8-35、图 8-36)。并注意路线清晰,起始和结束动作位置明确。可反复进行两臂或单臂向内、外、前、后绕或绕环的动作练习,从而达到理想的健身锻炼效果。

图 8-35

图 8-36

(四)下肢动作

1.无冲击动作

(1)半蹲

在做半蹲动作时,两腿左右分开站立,与肩同宽或比肩稍宽,脚尖稍外开,两腿同时屈伸(图 8-37)。并注意身体重心放在两腿之间,屈膝时,膝关节朝着脚尖的方向,同时膝关节不能超过脚尖,下蹲时身体前倾。可反复进行并腿半蹲、迈步半蹲、迈步转体半蹲的动作练习,从而达到理想的健身锻炼效果。

图 8-37

(2)弓步

弓步动作主要分为两种:两腿前后开立,两脚距离与髋同宽,脚尖朝前,两腿同时屈伸(图 8-38);一腿屈膝,另一腿伸直(图 8-39)。同时还要注意身体重心在两腿之间,前腿膝关节弯曲不能超过 90°,膝关节不能超过脚尖。可反复进行原地前后弓、原地左右弓步、转体弓步的动作练习,从而达到理想的健身锻炼效果。

图 8-38　　图 8-39

2. 低冲击动作

低冲击动作，是指做动作时一脚着地，另一脚离地的动作。在目前健美操运动中，低冲击动作是健美操动作编排运用最多的一种动作类型。

(1)踏步

在做踏步动作时，两腿要做到依次抬起、依次落地(图 8-40)。同时还应注意，在双腿下落时，膝、踝关节要进行有弹性的缓冲。可反复进行踏步转体、踏步分腿、踏步并腿、弹动踏步的动作练习，从而达到理想的健身锻炼效果。

图 8-40

(2)并步

在做并步动作时(以左脚起步为例)，左脚应向侧迈步，同时重心左移，两腿屈膝向下，右腿并向左腿(图 8-41)。并注意膝、踝关节的弹动缓冲，重心平稳过渡。可反复进行左右的并步、前后的并步、向两侧的并步、转体的并步的动作练习，从而达到理想的健身锻炼效果。

图 8-41

(3)屈腿

在做屈腿动作时(以左脚为例),左脚向侧迈一步,同时膝盖微屈,重心移至左脚上,随后右脚抬离地面,屈膝,然后再做反方向动作(图 8-42)。并注意屈膝时膝关节朝着脚尖方向,主力腿始终保持有弹性的屈伸,后屈腿脚跟朝着臀部,脚尖绷直。可反复进行原地后屈腿、前后移动后屈腿、转体后屈腿的动作练习,从而达到理想的健身锻炼效果。

图 8-42

(4)吸腿

在做吸腿动作时,一腿屈膝抬起,另一腿屈膝弹动缓冲(图 8-43)。并注意上体保持正直,大腿抬起与地面平行,小腿自然下垂,绷脚尖。可反复进行向前吸腿、向侧吸腿、迈步吸腿、上步吸腿、向侧前吸腿、转体吸腿的动作练习,从而达到理想的健身锻炼效果。

图 8-43

(5)摆腿

在做摆腿动作时,一腿站立,另一腿自然摆动,然后还原成并步(图 8-44)。并注意保持上体正直。主力腿并注意屈膝缓冲,摆动腿抬起时幅度不要过大且要有控制。可反复进行向前摆腿、向侧摆腿的动作练习,从而达到理想的健身锻炼效果。

(6)走步

在做走步动作时,要求迈步移动。向前走时,脚跟先落地,过渡到全脚掌,向后走时则相反(图 8-45)。并注意落地时,并注意膝、踝关节有弹性的缓冲，上体可以有节奏地协调摆动。可反复进行向前向后走步、向侧前和侧后走步、向左右转体或弧线走步的动作练习，从而达到理想的健身锻炼效果。

图 8-44

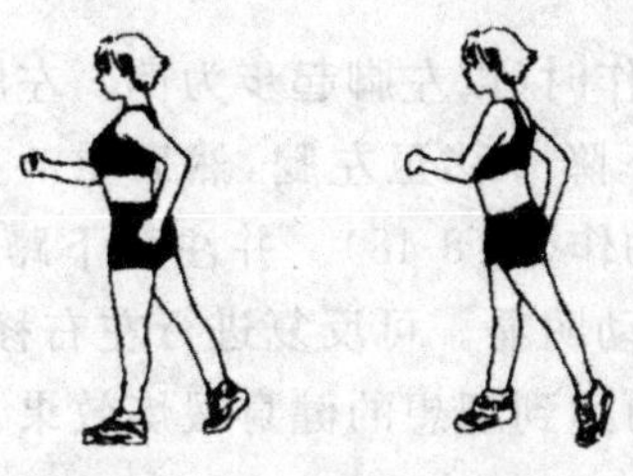

图 8-45

(7)一字步

在做一字步动作时(以左脚起步为例)，左脚向正前方迈一步，右脚并向左脚，然后左脚向后一步，右脚并向左脚(图 8-46)。并注意偶数拍都有并步，落地时，并注意膝、踝关节有弹性的缓冲。可反复进行向前向后的一字步、转体的一字步的动作练习，从而达到理想的健身锻炼效果。

图 8-46

(8)V 字步

在做 V 字步动作时(以左脚起步为例)，左脚向左前方迈步，右脚随之向右前方迈步，两脚开立，形成 V 字轨迹，然后左右脚依次还原(图 8-47)。

并注意开立时两脚距离大于肩宽，中心在两腿之间，屈膝时膝关节朝着脚尖方向。可反复进行倒 V 字步、转体 V 字步、跳的 V 字步的动作练习，从而达到理想的健身锻炼效果。

图 8-47

(9)迈步移重心

在做迈步移重心动作时(以左脚起步为例)，左脚向左侧迈出一步，落地时双腿屈膝，随之重心下降并移至左腿，然后重心上移，膝盖伸直，右脚点地，然后再做反方向的动作(图 8-48)。并注意下蹲屈膝时膝关节朝着脚尖方向，重心上下、左右移动明显。可反复进行左右移重心、前后移重心、转体移重心的动作练习，从而达到理想的健身锻炼效果。

图 8-48

(10)漫步

在做漫步动作时(以左脚起步为例)，左脚向前迈步，同时重心随之前移，接着右脚稍抬起，然后落下，重心随之后移，左脚随之后迈向右脚之后(图 8-49)。并注意重心的前后移动，动作有弹性。可反复进行转体的漫步，跳的漫步等动作练习，从而达到理想的健身锻炼效果。

(11)交叉步

在做交叉步动作时(以左脚起步为例)，左脚向左侧迈步，同时重心左移，接着右脚交叉于左脚之后，然后左脚再向侧移动，重心再向左移，最后右脚并于左脚(图 8-50)。并注意重心要及时移动，膝、踝关节有弹动的缓冲。可反复进行左右的交叉步、转体的交叉步的动作练习，从而达到理想的健身锻炼效果。

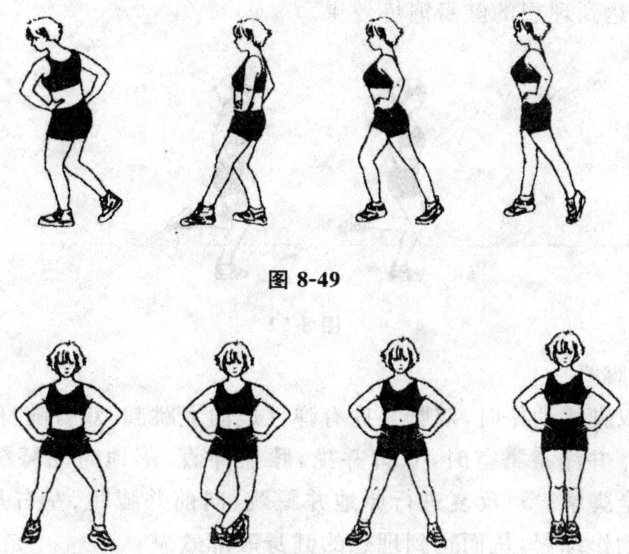

图 8-49

图 8-50

(12)踢腿

在做踢腿动作时,一腿站立,另一腿加速向上摆动(图 8-51)。并注意保持上体正直。主力腿脚跟不能离地,膝关节微屈缓冲。踢腿的幅度因人而异,避免受伤。可反复进行向前提、向侧踢、向后踢、移动中踢腿的动作练习,从而达到理想的健身锻炼效果。

图 8-51

3. 高冲击动作

高冲击动作,是指在做动作时,双脚都离地的动作。高冲击动作也就是平常所说的跳类动作。

(1)单脚跳

在做单脚跳动作时,一脚跳跃时,另一脚离地(图 8-52)。在跳跃落地时注意屈膝弹动。可反复进行原地单脚跳、移动单脚跳、转体单脚跳的动作练习，从而达到理想的健身锻炼效果。

图 8-52

(2)双脚跳

在做双脚跳动作时，双脚并拢有弹性地向上跳起，双臂随身体协调摆动(图 8-53)。并注意腾空时，双脚并拢，膝盖伸直，落地时屈膝缓冲，由前脚掌过渡到全脚掌。可反复进行原地并腿跳、向前并腿跳、左右并腿跳、转体并腿跳的动作练习，从而达到理想的健身锻炼效果。

图 8-53

(3)开合跳

在做开合跳动作时，并腿向上跳起，左右分腿姿势落地，接着再向上跳起，并腿落地(图 8-54)。并注意落地时，膝关节有弹性地缓冲，分腿落地时屈膝且朝着脚尖方向。可反复进行原地开合跳、转体开合跳的动作练习，从而达到理想的健身锻炼效果。

图 8-54

(4)并步跳

在做并步跳动作时(以左脚起步为例),左脚迈出,随之蹬地跳起,右脚并左脚,并腿落地(图 8-55)。并注意身体重心随身体迅速移动,落地时并注意缓冲。可反复进行向前并步跳、向后并步跳、向侧并步跳的动作练习,从而达到理想的健身锻炼效果。

图 8-55

(5)跑

在做跑的动作时,两脚依次经过腾空后,一脚落地缓冲,另一腿小腿后屈,双臂配合下肢前后摆动(图 8-56)。并注意膝、踝关节有弹动的缓冲,落地时由前脚掌过渡到全脚掌。可反复进行原地跑、向前跑、向后跑、弧线跑、转体跑的动作练习,从而达到理想的健身锻炼效果。

图 8-56

(6)弹踢腿跳

在做弹踢腿跳动作时,双腿起跳,单腿落地,另一腿小腿后撩,然后小腿前踢伸直(图 8-57)。并注意无双脚落地的过程,弹踢腿脚尖伸直。可反复进行向前弹踢腿跳、向侧弹踢腿、转体的弹踢腿跳、移动弹踢腿跳的动作练习,从而达到理想的健身锻炼效果。

(7)点跳

在做点跳动作时(以左脚起步为例),右脚蹬地跳起,同时左脚向侧迈步落地,随之右脚并左脚点地,随后反方向做一次,动作相同,方向相反(图 8-58)。并注意两脚轻松蹬地,身体重心随之平稳移动,并注意膝踝的弹动。可反复进行原地点跳、向前点跳、向侧点跳、向后点跳、转体点跳的动作练习，从而达到理想的健身锻炼效果。

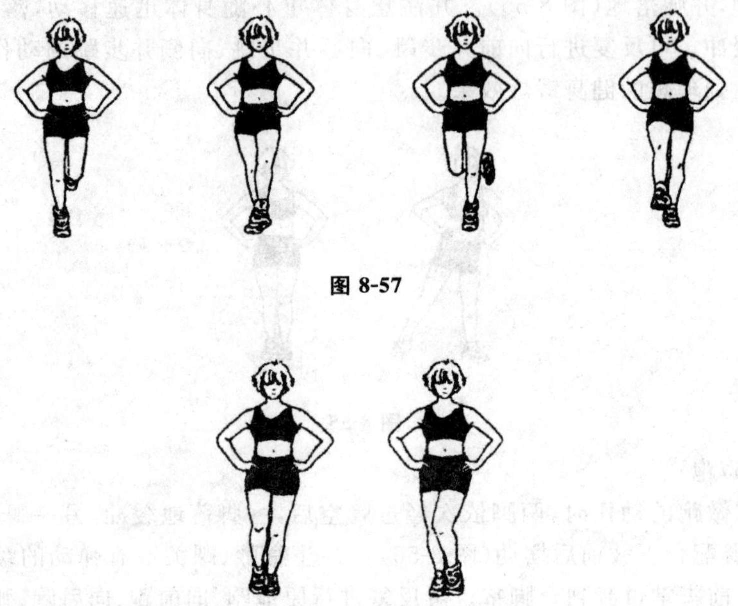

图 8-57

图 8-58

二、健美操组合动作健身方法

跳步动作组合是健美操组合动作的重要组成部分，其富有弹性、多样化的特点更加丰富了健美操的练习形式。这套跳跃动作组合共有 10 个 8 拍，它是由后踢腿跑跳、提膝跳、弓步跳、高踢腿跳、开并腿跳等，并配以规范有力的上肢动作组合而成的。跳步动作组合因其大量的上肢运动和不同身体方向变化，而更加有益于下肢力量的发展和动作协调性的提高。因此，对锻炼者来说，健美操跳步动作组合可起到发展下肢力量以及身体协调性的重要作用。

预备姿势：两腿开立，两手叉腰。

第一个 8 拍：

1～2 拍不动。

3～4 拍两脚弹动 2 次。

5～6 拍跳成并立，同时两脚弹动 2 次。

7 拍跳成开立。

8 拍跳成并立，同时两臂落至体侧（五指并拢，掌心向内）。

第二个 8 拍：

1 拍右腿后踢跑，同时两臂胸前屈（拳心向后）。

2 拍左腿后踢跑，同时两手胸前击掌。

3 拍右腿后踢跑，同时两臂肩侧上屈（拳心向内）。

4 拍并腿，手同 2 拍。

5 拍双脚向右蹬跳成右侧弓步（左脚跟着地），同时左臂侧举（拳心向下），右臂胸前平屈（拳心向下），头稍左转。

6 拍还原成并立，同时两手胸前击掌。

7～8 拍同 5～6 拍，方向相反，但 8 拍两臂还原至体侧。

第三个 8 拍：

1 拍左脚向侧一步，同时左臂上举（五指并拢，掌心向内），右臂前举（五指并拢，掌心向内），目视前方。

2 拍提右膝同时向右转体 90°，右臂胸前上屈（拳心向后），左臂胸前平屈（指尖搭在右上臂）。

3 拍右腿后伸成左前弓步，同时左臂侧举（掌心向下），右臂肩侧上屈（拳心向内），头向左转。

4 拍右腿还原跳成并立，同时两臂还原至体侧（掌心向内），头还原。

5 拍左腿提膝跳，同时两臂胸前平屈（拳心向下）。

6 拍还原成并立，同时两臂还原至体侧（拳心向后）。

7 拍右腿高踢跳。

8 拍右腿落下成并立。

第四个 8 拍同第三个 8 拍，方向相反。

第五个 8 拍：

1 拍跳成开立，同时左臂侧举（拳心向下），头向左转。

2 拍跳成并立，同时左臂肩侧上屈（拳心向内），头还原。

3 拍跳成开立，同时右臂侧举（拳心向下），头向右转。

4 拍跳成并立，同时右臂肩侧上屈（拳心向内），头还原。

5 拍跳成开立，同时两臂胸前屈（拳心向后）。

6 拍跳成并立，同时两臂胸前平屈（拳心向下）。

7 拍跳成开立，同时两臂上举（五指并拢，掌心向内）。

8 拍跳成并立，同时两臂还原至体侧（掌心向内）。

第六至第九个 8 拍同第二至第五个 8 拍，方向相反。

第十个 8 拍：

1～4 拍跑跳步向左转体 360°，同时两臂体侧屈自然摆动（拳心向内）。

5～6 拍原地踏步走，同时两手胸前击掌 2 次。

7～8 拍跳成开立，两臂向外绕至肩上屈，两手扶头后（五指并拢），挺胸立腰，目视前方。

在音乐选择方面，应选择节奏感强的音乐，速度为 26 拍/10 秒。

动作要求：跳跃轻快，富有弹性；上肢动作到位，有力度；整套动作应做到连贯，节奏准确，且富有表现力。

第四节　休闲球类运动锻炼方法

一、保龄球运动锻炼方法

（一）准备姿势

首先确定站立点和瞄准点。在站立点上，将脚尖对准瞄准点，双脚稍微并拢，这时再将球握好。其中要注意手腕平行于地面、手臂与腰部尽量靠拢，使球的位置在腰与肩之间，球的中心与手臂成一条直线。

握球右手稍紧，左手稍松，两肘紧靠肋部。上身微屈，两膝微屈，腰挺直，保持一点弹性，眼睛瞄准目标及目标线。两肩平行并对准目标。集中精神，两眼注视前方。

（二）握球

握球也称持球，双手放在球的左右两边捧起球。以右手持球为例，左右托球，右手的中指和无名指插入指孔，再把大拇指深插入拇指孔；手掌心贴球的弧面，紧握住球（图 8-59）。

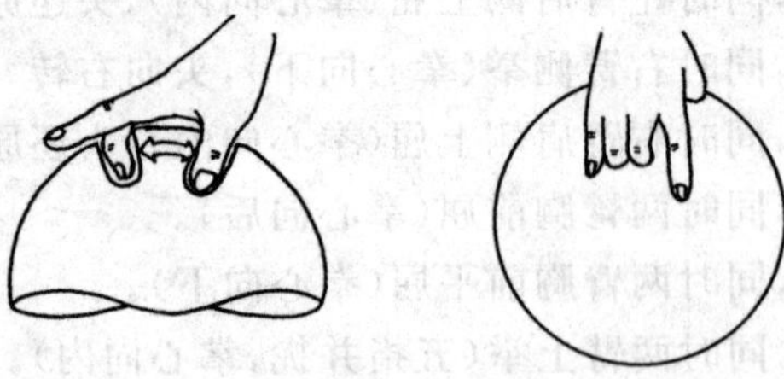

图 8-59

根据技术打法的不同，持球的方法也不相同，主要有传统持球法、半指节握球法和满指节握球法。

1. 传统持球法

所谓的传统持球法是，第一指节至第二指节皆没于指孔内的持球法，也是当今常用的持球方法，这种持球方法控制较容易，适合初学者及力量较弱的女性。

2. 半指节握球法

半指节握球法主要将中指和无名指伸入指孔到第一指节和第二指节之间。此方法适用于投出速度快的曲线及球飞碟球，同时也能增强保龄球的健身趣味性，这种方法主要被半专业球员应用。

3. 满指节握球法

满指节握球法主要将中指与无名指第一指节伸入指孔，然后再将拇指伸入指孔。此方法摆动费力，对两指指端的负担加重，不易控制球，但能投出转速很快的大曲线球，适合经验丰富的球员，同时也是职业球员在比赛时所采用的握球方法。

（三）助走摆臂

在做助走前，应先找好助跑的起点。助走必须沿直线进行。做好准备姿势后，持球站立，使球体的中心线对准某一目标箭头。开始助走，右脚向正前方迈出一小步，同时双手把球向前下方推出，左手离球向外侧展。右脚着地后，重心移至右脚。

第二步迈左脚，步幅稍大于第一步，同时右手臂在球的重力作用下下摆，左手继续外展。右手臂下摆到与地面垂直时身体重心平稳地移至左脚。迈第三步时，握球的右手臂由下摆过渡到后摆，同时右腿迈出，步幅同第一步，要求迅速。左手继续外展。右脚着地时球后摆至最高点与肩齐平。身体前屈，重心移至右脚，保持平衡（图 8-60）。

（四）放球技术

球回摆时，手臂和手腕姿势固定，当球回摆至左脚内侧时，先脱出大拇指，中指和无名指向上钩提后脱出，顺势将球推出。球出手后姿势如同握手一样，手臂顺势前伸。这是保龄球运动的一种手感，这种手感对球的运行路线有直接的影响（图 8-61）。

图 8-60

图 8-61

(五)直线球和斜线球

球出手后到球击中球瓶的这一过程,球始终保持着直线的轨迹运行,称为直线球;斜线球只是与直线球有一定的角度差。

1. 直线球动作技术

投直线球时,球员做好站立准备姿势,左脚内侧在第 27 块木板左侧边线上,通常将 1 号瓶设为投击目标,球路轨迹在 1 号瓶和 4 号三角箭头所在的 20 块木板上。

选好投球位置后,球员站在助跑道的站位点开始进行投球。整个投球过程中,要平稳地助跑,球的落点要准确,球路要直,持球手臂的摆动要始终在助跑道的第 4 点标点和球道上的第 4 号目标箭头所在的两点连接线上(图 8-62)。

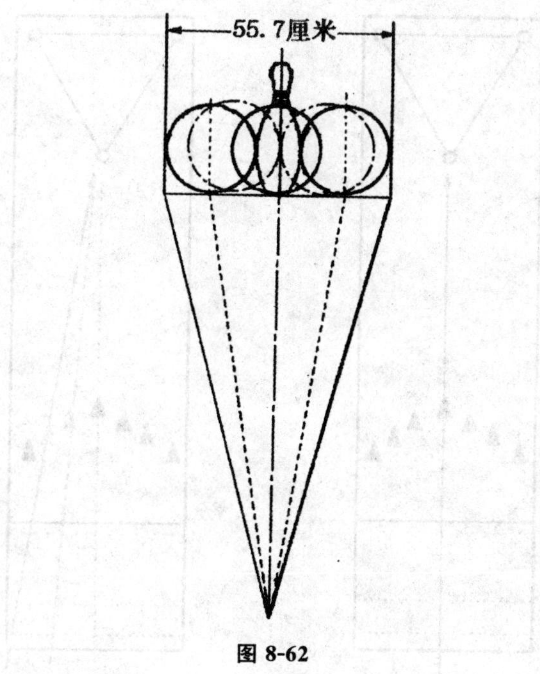

图 8-62

2. 斜线球动作技术

斜线球是与直线球有一定角度差的投球方法。技术与直线球投球技术相同。但应该指出的是尽可能在外侧或最外侧处投球，以尽可能增大射入角；加快球速，使球击上 1 号瓶袋，有机会击中 5 号瓶；击瓶的部位要稍高，这样有利于保持击瓶袋的正确路线（图 8-63）。

（六）四步助走投球

保龄球的助走方法并没有特定的要求，通常情况下都采用四步助走。这种方法要注意助走与手的摆荡动作节奏一定要和谐，动作协调配合。

1. 推出动作

右脚先行踏出，同时两手把球轻轻向前推出。从向后摆动的顶点开始到向前摆动的瞬间必须踏出左脚，此时采用滑行步。左膝弯曲从足尖开始踏出，腰部下沉，并且重心前移，当球到最低点时，身体全部重心都放到左脚上，右脚向后提起，并保持身体平衡。这时的右脚可使身体不向左侧倾斜，体重完全移到左脚。

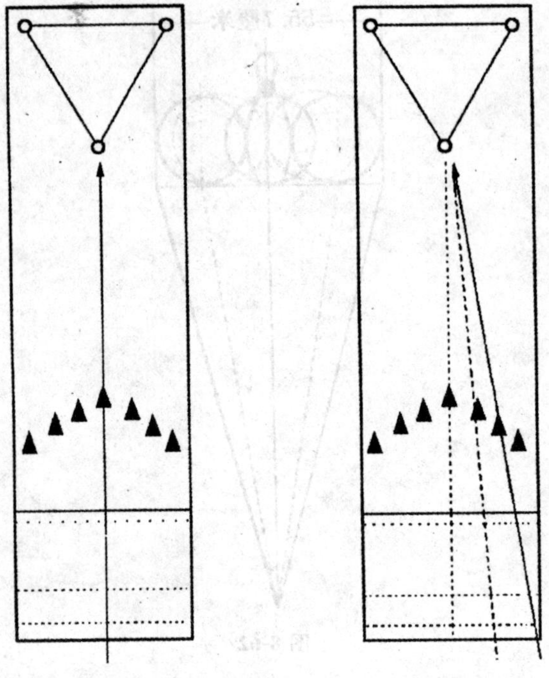

图 8-63

2. 垂直下摆

球推出后，右臂在球的重力作用下自然下摆，同时左脚迈出一步，步幅比第一步稍大，左臂自然外展，右臂下摆到与肩部成垂直部位时，完成第二步。特别注意手臂下摆时要以肩为支点，并不做任何附加动作。

3. 后摆动作

利用惯性，球自然后摆，高度与肩齐平。此时，右脚迈出的幅度稍大，速度加快，并使右肩、球、右脚几乎保持在同一垂直面上。左臂继续顺势外展，身体保持平衡。要特别注意后摆的动作，肩部肌肉保持放松状态，并利用球的重量进行钟摆运动。

4. 向前垂直回摆放球

重力的影响下，球向下回摆，身体稍前倾，同时左脚迈出，速度加快，并使左脚以惯性向前滑行半步，至离犯规线 5 厘米处，以脚跟着地制动；左膝深屈，形成屈俯状；此时球已回摆至左脚内侧，将所有力量集中一起时，放球。球推出时，大拇指先行脱出指孔，中指、无名指紧接着向上钩提后脱出指孔。球出手后，右手顺势，自然向上摆动，左臂同时继续外展以保持身体平衡。

二、软式排球运动锻炼方法

（一）准备姿势

1.准备姿势

准备姿势的目的首先是为了迅速地起动，快速地移动接球与球保持合理的位置，以便完成技术动作。准备姿势是完成各种技、战术的基础。按照身体重心的高低，准备姿势可分为半蹲、稍蹲和深蹲三种准备姿势。

（1）半蹲

两脚左右开立，一脚在前，两脚距离稍微比肩宽，脚尖稍微往里收，脚跟稍抬起。身体前倾，重心在前，膝关节要有一定的弯曲，其投影在脚尖前面。两臂自然屈肘，双手置于腹前。身体自然放松，眼睛盯住来球，两只脚要一直不停挪动以方便起动（图8-64）。

（2）稍蹲

身体重心比半蹲准备姿势稍高，其方法和半蹲准备姿势基本相同（图8-65）。通常用于不需要快速反应起动或是扣球助跑前、对方正在组织进攻时，需要快速起动的情况下。

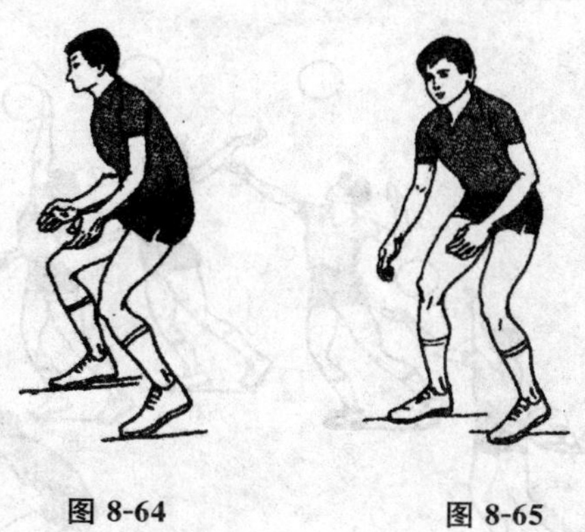

图 8-64　　　　图 8-65

（3）深蹲

身体重心比半蹲准备姿势还要低，身体重心更靠前，两脚之间的距离要更宽一些，膝关节的弯曲角度要更大一些。这时候肩部的投影要超过膝盖，膝关节的投影要超过脚尖，两只手要放在腹部之上（图8-66）。低蹲准备姿势主要用在防守和接拦回球的时候。

图 8-66

(二)发球

发球也是进攻的手段之一,发球既可以破坏对方的战术阵型;又可以起到先发制人的作用。

1. 正面上手发球

面对球网,两脚开立,左脚在前,左手持球于体前。用抬臂和手掌的平托上送,将球平稳地垂直抛于右肩的前上方,高度适中。左手抛球,同时右臂抬起,做屈肘后引的姿势,挺胸,抬头,肘与肩平行,上体稍向右侧转动。

击球时,利用蹬地转体和迅速收腹的动作来带动手臂自然有力地快速挥出,手指自然张开吻合球,手腕要迅速主动地做推压动作,使击出的球呈上旋飞行。击球后,随着重心前移,快速进场落位(图 8-67)。

图 8-67

2. 正面下手发球

面对球网，两脚前后开立，略同肩宽，左脚在前，右脚在后，两膝微屈，上体前倾，重心移至后脚，左手持球于腹前。在抛球的同时，右臂伸直，以肩为轴摆向身体的右侧后下方。击球后，随着身体重心前移之势迅速跨步入场。

3. 侧面下手发球

左肩对网，两脚左右开立，略与肩宽，两膝向前微屈，上体稍前倾，重心落在两脚之间，左手持球于腹前。发球时用左手将球抛起，距腹前约一臂远，高度离手 30 厘米左右。在抛球的同时，右臂摆至右侧下方。

击球时，利用右脚蹬地向右转体的力量，带动右臂向前上方摆动，用全手掌或掌根在腹前击球的后下方将球击出。击球后，顺势使重心前移，迅速进场(图 8-68)。

图 8-68

软式排球的发球技术与硬式排球有一定区别，其主要在于软式排球球体软、气压小，发球时必须要加快挥臂的动作速度，要时刻保持击球部位肌肉的紧张程度，只有这样才能发出高水平、效果佳的球。

(三)传球

传球是软式排球健身运动的基本技术之一，是组织战术的基础，主要用于衔接防守和进攻，其主要作用是将接、防起的球传给进攻队员进攻。

1. 传球手型

手触球时，十指自然张开成半球状，手腕稍后仰，以拇指内侧、食指全部、中指的二、三指节触球的后下部，无名指和小指辅助控球的方向。两拇指相对近“一”字形(图 8-69)。

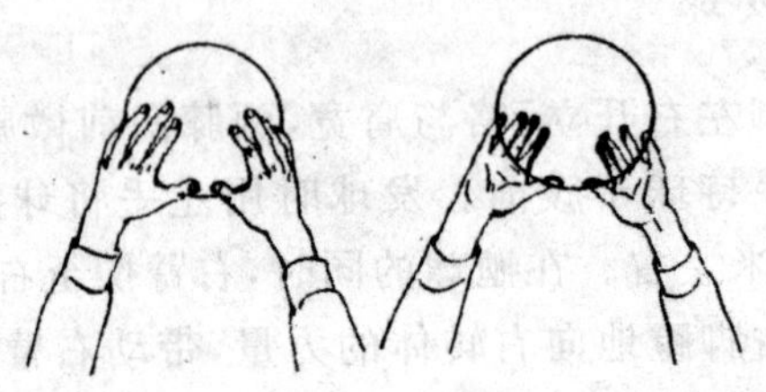

图 8-69

2. 正面传球

正面对准来球方向，双脚前后开立，屈膝下蹲(稍蹲或半蹲)，上体前倾。当来球接近额前时，开始蹬地、伸膝、伸臂，手指微张向前上方迎出。击球点在脸额前上方约一球距离处。在迎球动作的基础上，当手和球即将接触前，手腕稍后仰，以拇指、食指和中指托住球的后下部，手指手腕保持适当的紧张，以承担球的压力。

3. 侧向传球

侧向传球同正面传球的基本动作相同，但击球点应偏向传出方向一侧。迎球时，身体重心上移，上体和双臂向传球方向一侧伸展。异侧手臂动作幅度要大，迅速伸展，以双臂和上体侧屈的协同配合，将球传出(图 8-70)。

4. 背向传球

背向传球时上体比正面传球稍直立，身体重心稳定在两脚之间。击球时，手腕适当的后仰，使掌心向后上方，击球的底部，手指手腕要适当放松，利用主动向上方的力量将球向后上方传出(图 8-71)。

软式排球与硬式排球在传球技术方面也有些区别。软式排球的传球手型要稍大于硬式排球，传球时除了手指、手腕的缓冲动作不需要外，其他技术动作同硬式排球相同。

图 8-70　　图 8-71

(四)垫球

垫球是排球的基本技术之一,是接发球和接扣球的主要方法。它是防守的基础,在软式排球运动中占有重要的地位。

1. 正面双手垫球

移动对准来球后,双手在腹前垫击,叫正面双手垫球,是各种垫球技术的基础(图 8-72)。

图 8-72

2. 侧面双手垫球

当球飞向左侧时，右脚前脚掌内侧蹬地，左脚向左跨出一步，身体重心放在左脚上，两手臂夹紧向左伸出，右肩微向下倾斜，同时腰右转、左肩上提。两臂垫击球的后下部，截住球的运行轨迹，侧垫时，手臂要提前伸出，截住来球方向，不要随球伸臂，否则球接触手臂后会向侧方飞出。

3. 背垫球

背对垫出方向，从身前向背后垫球，一定要对球的飞行方向有准确的判断，迅速移动到球的落点处，背对着出球方向，两臂夹紧伸直，插入球下，击球点以高于肩为最佳。当来球较低时，应屈肘、翘腕，用虎口处将球向后上方垫起(图 8-73)。

图 8-73

4. 单手垫球

当球从身体右侧飞来时，向右跨出一大步，上体顺势向右倾斜，重心放在右腿上，右臂伸直，用前臂内侧、掌根或虎口处垫击球后下部，手臂自右后方向前摆动将球垫起。

与硬式排球相比较，软式排球的垫球技术也有所不同。软式排球的空中飞行速度更慢，并随时伴有下沉现象。此外，由于球体较软，触球时球体会出现凹陷、滑动，从而造成球体重心易越过触球点。因此，软式排球垫球技术要特别注意提前找准位置，身体重心应比硬式排球的落点稍前移，并加大击球力量，使垫球效果达到最佳。

（五）扣球

（1）助跑起跳时，首先左脚要先向前迈出一步，接着右脚跟着迅速跨出一大步，左脚及时跟上，落在右脚侧前方，两脚尖稍内收准备起跳。在助跑跨出最后一步的同时，两手臂后引于体侧，两臂自后积极向前摆动的同时，左脚要落地制动，双腿蹬地向上起跳时，两手臂要配合起跳用力上摆（图 8-74）。

（2）击球时，起跳后，挺胸、展腹，上体稍向右转，右臂向后上方引臂，使身体成反弓形。挥臂时，转体要迅速、快速收腹，集中力量带动肩、肘、腕各关节成鞭甩动作向前上方挥动击球。击球点要保持在起跳和手臂伸直最高点的前上方，五指自然张成勺形，并固定形态，以掌心为击球中心，全手掌包满球击球的后中部，同时屈腕屈指主动用力向前推压，使扣出的球加速上旋（图 8-75）。

图 8-74　　图 8-75

软式排球的扣球技术与硬式排球有很大的区别，主要在于软式排球扣球时，不需要扣球手的包裹动作，而是用全手掌包满球，击球点为球的中上部。由于球体轻的原因，在飞行过程中有下沉的现象，要特别注意起跳点的选择。此外，由于球体软，扣球时不需要硬式排球的搓球动作。而在轻吊球时，用力应稍大些，以防止手指陷进球体中，造成失误。

（六）拦网

拦网是队员在网前以身体任何部分，主要是手臂、手掌在球网上沿阻挡对方击球过网的技术动作。拦网是防御的前沿，是后防布置的依据，它起着阻拦对方攻击、为本方反击创造条件的特殊作用。拦网可以直接拦死或拦回对方的扣球，其次，拦网带有强烈的攻击性，是得分得权的重要手段（图8-76）。

（1）准备姿势：两脚平行开立，约与肩同宽，离网 30～40 厘米。膝关节微屈，两手臂自然弯曲放在胸前，做好起跳和移动的准备。

（2）移动：为了及时对正扣球，可根据不同的实际情况，改变移动步法，迅速取好起跳点，准备起跳。

（3）起跳：原地起跳时，重心降低，两膝弯曲，用力蹬地，使身体垂直起跳。

要掌握好拦网起跳的时间。拦高球时，一般在扣球队员跳起之后起跳；拦快球时，可以和扣球队员同时起跳或提前起跳。

（4）空中击球：起跳的同时，两手臂要与球网平行，两臂伸直，努力向网上沿的前上方伸出，两手臂伸直，前臂接近网时，两手伸向对方上空接近球，两手自然张开，屈指屈腕呈勺形。为了防止球从两手间漏过，所以两手之间距离不能超过一个球。

（5）落地：如已将球拦回，则可面对对方，屈膝缓冲，双脚落地。如果球没有被拦到，身体下落时要向着球飞出的方向转身准备救球。

图 8-76

软式排球的拦网技术与硬式排球也有差别，其主要在于拦网时两手间距离小，且双手要正对来球，尽可能地罩住球。这是因为软式排球的球体容易变形，在进行正面截击以防止对方扣球球速和力量过大时，会从两手和两臂间挤过，造成拦网失败。

第九章　社区体育健身路径及方法指导

体育健身运动在社区中有着较为广泛的开展，因此，社区体育健身已经成为人们健身普遍采用的一种途径。当前，在很多的小区中都能看到体育健身锻炼的一些专业器械，这就为人们健身锻炼提供了良好的条件。通常，可以将这些健身器械和锻炼方法分为上肢、下肢、腰腹以及综合健身器械锻炼方法，这也是本章需要分析和阐述的主要内容。由此，能够让读者对社区中的常见健身器械有一定的了解，并能够掌握科学锻炼的方法，同时还能学到一些锻炼过程中应注意的问题，保证健身锻炼的安全性、科学性、有效性。

第一节　上肢健身器械锻炼方法

一、上肢牵引器健身锻炼

（一）上肢牵引器简介

上肢牵引器是社区健身设施中非常受欢迎的一项锻炼器材。上肢牵引器由立杆、挑杆、滑轮和牵引绳索等部件构成，绳索两端装有手柄，通过滑轮可供练习者自由牵拉(图 9-1)。

（二）上肢牵引器锻炼方法

准备姿势：锻炼者背对器械双脚开立，双手分别握住两个手柄。

练习方法：练习时，锻炼者左、右手交替向下牵拉绳索，通过手臂的上下交替屈伸运动，使肩关节及相关部位的肌肉得到锻炼。

量与强度的控制：每组 1～2 分钟，2～3 组，组间间隔时间为 30～60 秒。锻炼者根据自身的身体状况调整次数、组数及组间间隔时间。

动作要领：将重心放在两腿之间，两臂同时对抗性均衡用力，有控制地屈伸手臂。斜拉用力的情况要尽可能避免。

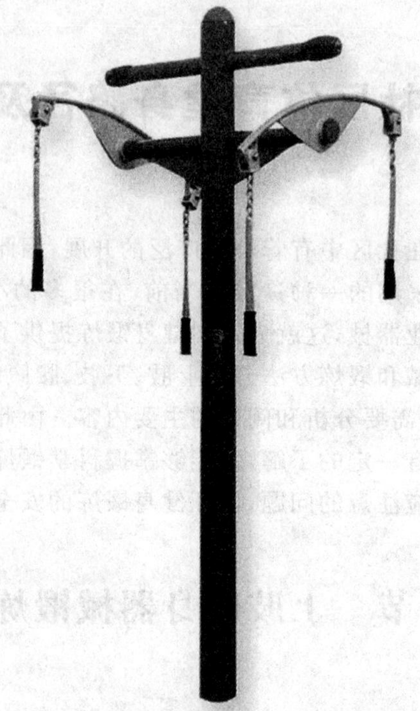

图 9-1

（三）上肢牵引器锻炼的注意事项

在运用上肢牵引器来进行健身锻炼时，为了保证理想的锻炼效果，需要对以下几个方面的事项加以注意。

(1)练习前应做上肢的准备活动，动作幅度循序渐进。如两臂经前至上举，双手十指相握（手心向上），2 拍一动向后振臂。

(2)握手柄时手心向内握柄，上下垂直用力拉绳。

(3)避免单手拉绳或负重牵拉。

(4)锻炼者在拉伸过程中，应保持拉绳垂直，用力速度均匀、缓慢，避免出现斜拉现象。

(5)练习后做几节上肢的放松活动。如抖动双臂及反方向伸拉等练习。

二、臂力训练器健身锻炼

（一）臂力训练器简介

臂力训练器是一种需要两个人配合使用的锻炼器械。臂力训练器由用拱形横梁链接的两根立柱、转轮等组成。锻炼部件是对称的两个转轮，它置于器械的两边，并装在同一根轴上(图 9-2)。

图 9-2

(二)臂力训练器锻炼方法

准备姿势：两位锻炼者分别面对转轮站立，双手握住转轮的边缘，双脚开立与肩同宽。

练习方法：练习时，两人同时向左对抗用力，再同时向右对抗用力转动转轮，往返 4～6 次。然后，同时向左、向右来回转动转轮。左右转动相结合，使双臂的肌肉得到均衡锻炼和发展。

量与强度的控制：锻炼时往返转动 10～15 次，共做 2～3 组。组间间隔时间为 20～30 秒。

动作要领：两人用力配合协调一致。对抗用力时，一方不可突然停止用力或撤离。

(三)臂力训练器锻炼的注意事项

在运用臂力训练器来进行健身锻炼时，为了保证理想的锻炼效果，需要对以下几个方面的事项加以注意。

(1)练习前做上肢的准备活动。如扩胸振臂运动。

(2)使用前检查器材是否牢固安全。

(3)此项锻炼需要双方的协调配合，最好两名锻炼者体力情况大致相似。

(4)锻炼者在相互对抗用力时,一方不可以突然撤力,以免伤及对方。

三、太极揉推器健身锻炼

(一)太极揉推器简介

太极揉推器以太极拳的推手动作作为基本的锻炼形式,是一种设计新颖的能达到强身健体作用的健身器材。太极揉推器因具有我国民族特色深受中老年锻炼者喜爱。太极揉推器的基本构造包括支架和转盘。转盘以斜向约 60°角成对安装,以配合推手动作的完成(图 9-3)。

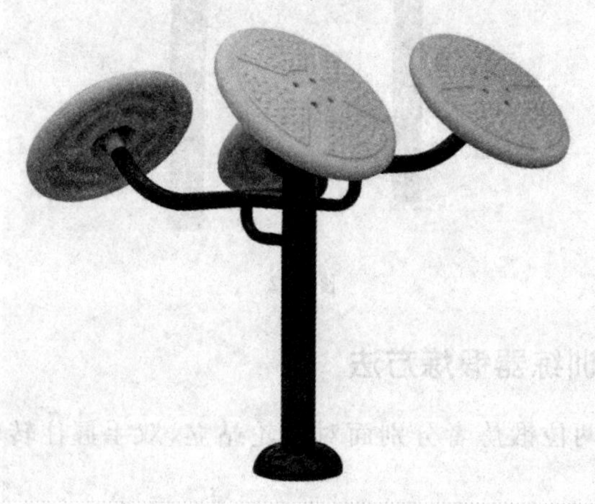

图 9-3

(二)太极揉推器锻炼方法

1. 太极推手

准备姿势:锻炼者面向器械双脚开立,屈膝下蹲、腰背自然放松。双手按压住转盘盘面,双臂微屈。

练习方法:练习时,腰臂用力,按顺时针方向转动转盘,重心随手的方向及时移动;然后向逆时针方向转动转盘。

量与强度的控制:每个方向连续转动 10～15 次为 1 组,做 2～3 组。组间间隔时间为 15～30 秒。锻炼者根据自身的身体状况调整次数、组数及组间间隔时间。

动作要领:身随手动,重心随手适时地转换。

2.太极双盘推手

准备姿势:锻炼者面向转盘,双脚左右开立,稍宽于肩,双腿微屈,双手分别按压住转盘盘面,双臂微屈。

练习方法:练习时,两手同时向内或向外转动转盘。

量与强度的控制:每组15～20次,2～3组,组间间隔时间为15～20秒。锻炼者根据自身的身体状况调整组数、次数及组间间隔时间。

动作要领:手臂协调发力,身体重心控制在两腿之间。

(三)太极揉推器锻炼的注意事项

在运用太极揉推器进行健身锻炼时,为了保证理想的锻炼效果,需要对以下几个方面的事项加以注意。

(1)练习前先做几节以上肢和腰背为主的准备活动。如两臂经侧举于胸前交叉抱肘、低头含胸,腿屈膝,然后双腿伸直,抬头挺胸。

(2)膝盖微屈,重心自然下沉。

(3)重心移动的幅度可根据双手转动的幅度调整。

(4)上肢转动时始终保持微屈状态,避免直臂练习,也要避免利用惯性转动。

四、鞍马训练器健身锻炼

(一)鞍马训练器简介

鞍马训练器外形看上去有些像体操比赛中使用的鞍马,主要由扶手、鞍马座组成(图9-4)。

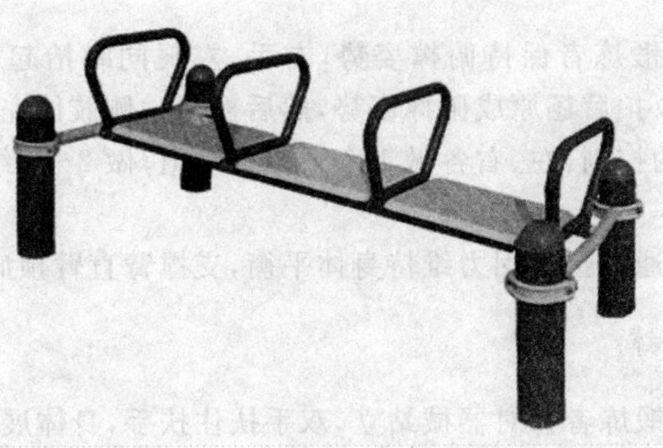

图 9-4

(二)鞍马训练器锻炼方法

1.斜卧撑

准备姿势:锻炼者面向器械站立。

练习方法:练习时,双手握住扶手,身体展直成斜面俯撑姿势。然后做俯卧撑练习,锻炼者腰腹肌配合用力,以保持躯干平直;锻炼者也可屈臂,然后推手、快速击掌,再还原成斜面俯撑姿势。

量与强度的控制:斜面支撑控制1~2个8拍为1组,完成2~3组。推撑击掌动作连续完成5~10个为一组,做2~3组。锻炼者根据自己的体力状况增减组数、个数以及组间间隔时间。

动作要领:腰腹控制用力,躯干保持平直。

2.直臂侧撑

准备姿势:锻炼者面向器械站立,双手握住扶手,身体展直成斜面俯撑姿势。

练习方法:身体向左翻转90°,成右臂支撑,左臂上举的侧撑姿势,控制1个8拍后,还原成斜面俯撑姿势,换另一方向完成练习。

量与强度的控制:左、右方向各做1个8拍为1组,做2~3组。组间间隔时间30~60秒。

动作要领:支撑姿势转换时需顶肩、收腹、展髋,身体控制稳定。

3.俯撑平衡举腿

准备姿势:锻炼者面向器械站立,双手握住扶手,身体展直成斜面俯撑姿势。

练习方法:锻炼者保持俯撑姿势,右手、左腿同时抬起,与身体成一平面。控制1个8拍后还原成俯撑姿势,然后换另一侧肢体完成练习。

量与强度的控制:左、右各做1个8拍为1组,做2~3组。组间间隔时间30~60秒。

动作要领:通过腰腹用力维持身体平衡,支撑臂直臂顶肩。

4.直臂仰撑

准备姿势:锻炼者背对器械站立,双手扶住扶手,身体展直成仰撑姿势。

练习方法:练习时,腰腹肌配合用力,做手臂屈撑、推直动作,保持躯干平直。

量与强度的控制：连续完成6～10个为1组，做2～3组。可逐渐增加次数和组数。

动作要领：手臂屈撑，腰腹控制用力，躯干保持平直。

5. 仰撑下蹲

准备姿势：锻炼者背对器械站立，双手扶住扶手，身体展直成仰撑姿势。

练习方法：练习时，锻炼者屈膝下蹲，同时顺势屈臂，保持片刻后还原。

量与强度的控制：连续完成10～15个为一组，做2～3组。

动作要领：下蹲时腰背挺直，收腹用力。

6. 直角支撑

准备姿势：锻炼者面向器械，两手握住扶手。

练习方法：练习时，锻炼者直臂支撑，同时收腹举腿成直角支撑姿势。

量与强度的控制：控制4～8秒为1组，做2～3组。

动作要领：直臂支撑、顶肩、收腹，双腿并拢伸直。

7. 支撑跳跃

准备姿势：锻炼者面向器械蹲立，两手握住扶手。

练习方法：练习时，蹬地、提臀、屈膝收腿，两腿从两手之间穿过。体力较好的锻炼者，两脚落地后迅速屈腿收腹，从两手之间穿回到原地。

量与强度的控制：连续完成6～10次为1组，做1～2组。该练习对锻炼者的肩带、上肢和腹部力量要求较高，可酌情选择练习。

动作要领：屈腿迅速，腰腹用力，顶肩提臀、穿腿。落地后身体保持平衡。

（三）鞍马训练器锻炼的注意事项

在运用鞍马训练器进行健身锻炼时，为了保证理想的锻炼效果，需要对以下几个方面的事项加以注意。

(1)练习前做几节肩部和腰部的伸展运动。

(2)重复次数以及动作难度，由练习者根据自身能力适时调整。

(3)做支撑跳跃时，屈膝收腿动作要快，落地时注意力集中，身体控制平稳。

(4)斜卧撑击掌难度和强度均较大，力量和协调性较好的锻炼者方可进行此项锻炼。

第二节 下肢健身器械锻炼方法

一、压腿器健身锻炼

（一）压腿器简介

压腿器是一种非常简易的健身器材，其构造比较简单，主要由立柱和压腿横杠组成（图 9-5）。在一些设施完备的健身路径中看，压腿器包括了不同高度的横杠，以适应不同身高、不同柔韧素质的人群锻炼。

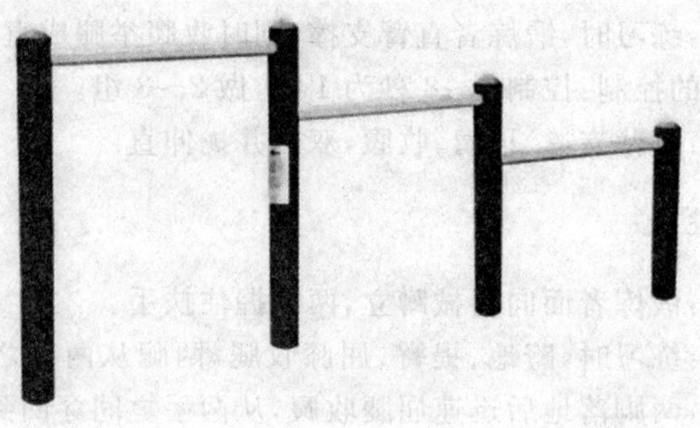

图 9-5

（二）压腿器锻炼方法

1. 前压腿

准备姿势：锻炼者右肩侧对单杠，身体稍向右转站立，左腿放在把杆上，右手扶把，左臂上举。

练习方法：练习时，上体前屈下压，以腹、胸、下额依次贴近左腿，左手触脚，充分拉伸前腿，然后上体立直还原。柔韧较差的锻炼者左手扶在膝关节上方即可，4 拍完成一次前压腿动作，连续完成 4～8 个 8 拍。然后换另一腿练习。

量与强度的控制：每 4～8 个 8 拍交换腿练习，压腿的动作幅度可根据自身的柔韧性进行调整。

动作要领：在压腿时两腿尽力伸直，上体下压和抬起动作匀速缓慢。

2.侧压腿

准备姿势：锻炼者面向单杠站立，左腿伸直放在把杆上，左手扶把，右臂上举。

练习方法：练习时，上体向左侧屈下压，左肩靠近膝盖，右手尽量触及左脚，充分拉伸侧腿，然后上体立直还原。4拍完成一次侧压腿动作，连续完成4～8个8拍，然后换另一腿练习。

量与强度的控制：每4～8个8拍交换腿练习，压腿的动作幅度可根据自身的柔韧性进行调整。

动作要领：在压腿时上体尽量保持在一个平面屈伸，两腿动作匀速缓慢。

3.后压腿

准备姿势：锻炼者左肩侧对单杠，身体稍向右转站立，右腿放在把杆上，左手扶把，右臂叉腰或上举。

练习方法：练习时，左腿屈膝下蹲，用力拉伸腿部后腿，然后伸膝直立还原，4拍完成一次侧压腿动作，连续完成4～8个8拍。然后换另一腿练习。

量与强度的控制：每4～8个8拍交换腿练习，压腿的动作幅度可根据自身的柔韧性进行调整。

在锻炼过程中，要求锻炼者做到支撑腿有控制地屈膝下蹲，上体尽量立直。

4.踢腿练习

(1)前踢腿

准备姿势：锻炼者左肩侧对单杠，左腿支撑站立，右脚后点地。左手扶杠，右臂侧举或叉腰。

练习方法：练习时，右腿伸直向前、向上踢起，然后还原。2拍完成一次前踢腿动作，连续完成2～4个8拍，然后换另一腿练习。

量与强度的控制：每2～4个8拍交换腿练习，踢腿的动作幅度可根据自身的柔韧性进行调整。

动作要领：大腿发力，脚背带动向前踢起，髋部控制稳定，上体立直。

(2)侧踢腿

准备姿势：锻炼者面向单杠，左腿支撑站立，右脚侧后点地，双手扶把。

练习方法：练习时，右腿伸直经侧向上踢起，然后还原。2拍完成一次侧踢腿动作，连续完成2～4个8拍，然后换另一腿练习。

量与强度的控制：每 2～4 个 8 拍交换腿练习，踢腿的动作幅度可根据自身的柔韧性进行调整。

动作要领：大腿发力，展髋、脚面膝盖尽量向上，上体立直。

(3)后踢腿

准备姿势：锻炼者面向单杠，左腿支撑站立，右脚前点地，双手扶把。

练习方法：练习时右腿向后、向上踢起，然后还原。2 拍完成一次后踢腿动作，连续完成 2～4 个 8 拍，然后换另一腿练习。

量与强度的控制：每 2～4 个 8 拍交换腿练习，踢腿的动作幅度可根据自身的柔韧性进行调整。

动作要领：锻炼者上体稍向前倾，腿尽量伸直。

(三)压腿器锻炼的注意事项

在运用压腿器进行健身锻炼时，为了保证理想的锻炼效果，需要对以下几个方面的事项加以注意。

(1)锻炼者应保持正确的站立位置和扶把动作，根据自身身高和腿部的柔韧性选择高度适宜的压腿器，并调整好拉伸的幅度和力度。

(2)压腿时，两腿尽量伸直，上体下压和抬起的速度均匀缓慢，身体控制稳定。

(3)利用压腿器，除了完成压腿练习，还可完成腿部、肩部和躯干等不同身体部位的拉伸练习。

(4)不建议患有腰椎病、膝关节侧副韧带和十字韧带损伤的人群进行此项锻炼。

(5)动作幅度应根据自身的柔韧性调整控制，不宜过大，以免肌肉拉伤。

二、漫步机健身锻炼

(一)漫步机简介

漫步机也叫“太空漫步机”。漫步机的基本构造主要包括底座、斜型支撑、把杆、悬臂及踏板(图 9-6)。构成底座的槽钢通常是焊接成一体的，并固定于地面，此结构增大了器械的基面，提高了安全性。依照不同的锻炼形式，漫步机又分为锻炼下肢的漫步机和锻炼上下肢的漫步机两种。前者的悬臂上端通过固定轴承与斜型支撑相连，下端与脚踏板相连，运动时脚踏板以悬臂上端连接点为轴心做圆周运动。后者则各有两根悬臂和踏板相连接，悬臂同时又与把杆相连。运动时把杆随着踏板的前后运动做相向运动，脚踏板的轨迹接近平行。链接悬臂的轴承是漫步机的核心部件，此部件必须坚固且转动灵活，这是安全的保证也是活动自如的关键。

图 9-6

（二）漫步机锻炼方法

准备姿势：锻炼者双手握住横杠，双脚分别踩在踏板上，人体保持自然站立姿势。

练习方法：练习时，两腿伸直、左右腿同时向前后相反方向用力分腿迈步，迈开至一定角度（约 60°）时，顺重力作用自然下行，至垂直线时转换为右腿前迈，左腿向后运动。两腿以自然协调的姿态交替迈步。

量与强度的控制：漫步幅度由 4～11 大，每组 30～60 次，1～2 组。

动作要领：握紧把手，以髋关节为轴心、顺重力作用运动，使两腿以自然协调的姿态交替迈步。

（三）漫步机锻炼的注意事项

在运用漫步机进行健身锻炼时，为了保证理想的锻炼效果，需要对以下几个方面的事项加以注意。

（1）练习前做几节腿部的准备活动。如弓步压腿、侧压腿等运动。

（2）锻炼者使用前检查器械的稳定性和安全性，使用中双手紧握扶手以防意外摔伤。

（3）漫步幅度不宜过大，摆动范围应在自已能控制的范围之内。

（4）此器械不建议儿童以及下肢运动障碍的人群使用。

三、健骑机健身锻炼

(一)健骑机简介

健骑机又称“骑马器”“健美骑士”,因其造型及使用时人机整体上下起伏的姿态,犹如健儿跨骑骏马而得名。健骑机由底座、座鞍、脚蹬及把手等部件组成(图 9-7)。健骑机装有两对脚蹬,两对脚蹬不但前后水平位置不同,且上下垂直高度也不一样。选择不同的脚蹬位置,或改变锻炼姿势,通过姿势的改变也可以变换锻炼部位,使身体得到更全面的锻炼。

图 9-7

(二)健骑机锻炼方法

准备姿势:锻炼者侧立于器械旁,双手正握把手,双脚分别踏住脚蹬,坐于器械上,保持挺胸立腰的姿势。

练习方法:练习时,双腿向下用力蹬伸,同时双臂用力将把手拉至腹前,直至双腿蹬直、身体展直,然后腿、臂放松,在自身重量的作用下,使健骑机回到初始位置,多次重复。

量与强度的控制:每组 20～25 次,2～3 组。

动作要领:握紧把手,上下肢协调用力,身体充分伸展。

(三)健骑机锻炼的注意事项

在运用健骑机进行健身锻炼时,为了保证理想的锻炼效果,需要对以下几个方面的事项加以注意。

(1)练习前做几节热身活动。如体转运动、原地高抬腿运动等。

(2)锻炼者练习时两手仅扶住把手以保持平衡,两腿用力向下蹬脚蹬,使健骑机运动,直至两腿蹬直,以加大腿部的练习负荷。

(3)不建议心脏病患者、腰椎手术者和腰间盘突出者进行此项锻炼。

四、直立健身车健身锻炼

(一)直立健身车简介

直立健身车主要由座椅、转轮、脚蹬、把手、靠背等构件组成(图 9-8)。

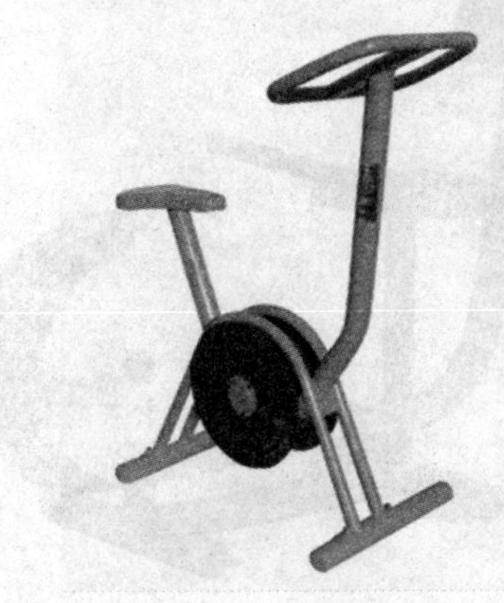

图 9-8

(二)直立健身车锻炼方法

准备姿势:锻炼者坐于座板上,双手握紧扶手,双脚分别踩蹬在左右踏板上,上体立直。

练习方法:练习时,双腿像蹬自行车一样踩住踏板做向前或向后的骑行运动。

量与强度的控制:每组 2～3 分钟,1～2 组。

动作要领:匀速完成蹬伸腿练习,不可突然发力。

(三)直立健身车锻炼的注意事项

在运用直立健身车进行健身锻炼时,为了保证理想的锻炼效果,需要对以下几个方面的事项加以注意。

(1)练习前做几节下肢的准备活动,如原地的高抬腿、弓步压腿等运动。

(2)保持蹬踏动作节奏和速度的稳定,并注意两腿均衡用力。可前后两个方向交替练习。

(3)掌握正确的上、下器械动作。

五、斜躺健身车健身锻炼

(一)斜躺健身车简介

斜躺健身车主要由座椅、转轮、脚蹬、把手、靠背等构件组成(图 9-9)。

图 9-9

(二)斜躺健身车锻炼方法

准备姿势:锻炼者坐靠于座板上,上体稍向后仰,双手握住两旁的扶手,双脚踩在踏板上。

练习方法:练习时,双腿像蹬自行车一样踩住踏板做向前或向后的骑行运动。

量与强度的控制:每组 2～3 分钟,1～2 组。

动作要领:躯干贴紧背板,腰腹发力,匀速做蹬伸腿练习,不可突然发力。

(三)斜躺健身车锻炼的注意事项

在运用斜躺健身车进行健身锻炼时,为了保证理想的锻炼效果,需要对以下几个方面的事项加以注意。

(1)练习前做几节下肢准备活动。如原地的高抬腿、弓步压腿等运动。

(2)运动过程中不可突然加快速度,运动中双脚不得离开踏板,控制好稳定的节奏和速度。

(3)不建议儿童及身体条件不能正确操作此器械的人群使用,以免造成不必要的伤害。

(4)停止锻炼时,锻炼者先由双脚给器械反向运动的阻力,待转轮停止转动后,再离开器械。

六、双柱四位蹬力器健身锻炼

(一)双柱四位蹬力器简介

双柱四位蹬力器主要是由座椅、把手、挡板等部件构成(图 9-10)。

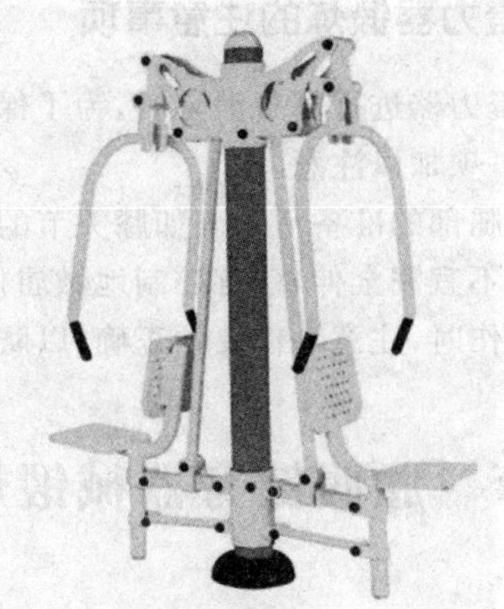

图 9-10

(二)双柱四位蹬力器锻炼方法

1. 小幅度快节奏练习

准备姿势:锻炼者坐于座板上,背部靠实,双腿弯曲,双脚蹬住踏板。

练习方法:练习时,双腿做小幅度、快频率的蹬伸练习。屈伸节奏控制在 1 拍 1 动。

量与强度的控制:每组 30～60 次,1～2 组。

动作要领:大腿肌群和腰腹同时用力,下肢快速小幅度地屈伸。

2. 大幅度慢节奏练习

准备姿势:锻炼者坐于座板上,背部靠实,双腿弯曲,双脚蹬住踏板。

练习方法:练习时,双腿做大幅度、较慢节奏的蹬伸练习,两拍一次。

量与强度的控制:每组 30～60 次,1～2 组。

动作要领:下肢大幅度慢节奏地屈伸,双腿不用完全伸直。蹬踏时速度稍快,再较慢速度有控制地收回,有效增加锻炼的效果。

3. 提踵练习

准备姿势:锻炼者坐于座板上,背部靠实,双腿弯曲,双脚蹬住踏板。

练习方法:练习时,双腿伸直,脚掌蹬紧踏板做提踵练习。

量与强度的控制:每组 10～15 个,2～3 组。

动作要领:脚踝尽力上提,并有控制地还原。

(三)双柱四位蹬力器锻炼的注意事项

在运用双柱四位蹬力器进行健身锻炼时,为了保证理想的锻炼效果,需要对以下几个方面的事项加以注意。

(1)练习前做几节腿部的准备活动。如膝关节的屈伸运动等。

(2)腿蹬伸时膝盖不宜完全伸直,有控制地做屈伸运动。

(3)在做"提踵"动作时,注意动作要领正确,以防出现内翻(崴脚)现象。

第三节　腰腹健身器械锻炼方法

一、仰卧起坐器健身锻炼

(一)仰卧起坐器简介

仰卧起坐器的主要功能是供人们进行仰卧起坐锻炼,但也可以进行其他一些发展腰腹肌肉力量的练习。器械的结构比较简单,包括支架、挡管、腹肌架(图 9-11)。

图 9-11

(二)仰卧起坐器锻炼方法

1. 仰卧起坐

准备姿势:锻炼者坐于器械上,双脚勾住挡管,双手扶住头后部,躺在器械上。

练习方法:练习时,腰腹发力,上体抬起成坐立姿势,然后还原。

量与强度的控制:每组 10～15 个,2～3 组。

动作要领:双手扶住头后部,腰腹发力,上体有控制地抬起和躺下。

2. 仰卧起坐转体

准备姿势:锻炼者坐于器械上,双脚勾住挡管,双手扶住头后部,躺在器械上。

练习方法:上体抬起时,向右(左)侧转体,然后还原。

量与强度的控制:每组 10～15 个,2～3 组。

动作要领:双手扶住头后部,腰腹发力控制上体,腰和肩带动上体转动。

(三)仰卧起坐器锻炼的注意事项

在运用仰卧起坐器进行健身锻炼时,为了保证理想的锻炼效果,需要对以下几个方面的事项加以注意。

(1)练习前做几节腰部的准备活动。如体转运动、体侧运动等。

(2)上体抬起和还原时,躯干均应有控制地完成练习。

(3)在锻炼过程中,应遵循循序渐进的原则,逐渐提高练习的量和幅度。此外,练习时注意控制好呼吸的节奏。

(4)患有腰脊椎病、心脑血管疾病的人士请谨慎完成该练习。

二、伸背器健身锻炼

(一)伸背器简介

伸背器主要由立柱、扶手环、圆柱形曲面等部件构成(图 9-12)。

(二)伸背器锻炼方法

准备姿势:锻炼者双脚开立站在器械前,双手分别握住扶手管。

练习方法:练习时,下肢自然放松,躯干依托器械弧度向后充分伸展,颈椎放松。

量与强度的控制：伸展 2～4 个 8 拍为 1 组，2～3 组。

动作要领：伸展时，颈和腿放松，背部依托器械弧度向后完全伸展。

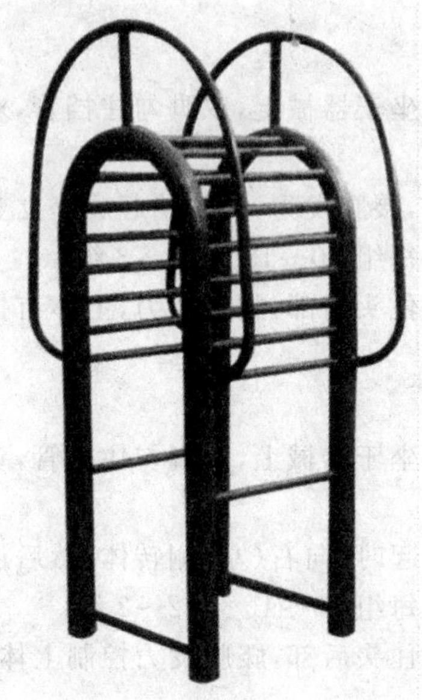

图 9-12

（三）伸背器锻炼的注意事项

在运用伸背器进行健身锻炼时，为了保证理想的锻炼效果，需要对以下几个方面的事项加以注意。

(1)伸背器除了上述练习，还可做与其相关的伸拉练习，如肩部伸拉、腰背伸拉等。

(2)伸背的时候器械的弧度最高点如果高过腰的位置，不建议做此项锻炼，起不到应有的锻炼效果。

(3)练习时双手应握紧扶手，身体向后伸背时不可松手。

(4)患有腰间盘突出、腰背肌肉受损的人士，请不要轻易尝试此类器械练习。

三、转腰器健身锻炼

（一）转腰器简介

转腰器由底座、底盘、转盘、立柱和把手组成。底座安装于地面，转盘与底盘之间的连接通常是用滚珠环，它使得转盘活动自如(图 9-13)。但应注意，由于转盘与底盘之间的转动摩擦阻力很小，又无限位装置，所以锻炼时一定要手握把手，以免失去平衡而摔倒。

图 9-13

（二）转腰器锻炼方法

准备姿势：锻炼者双手扶住把手，两脚自然地站在转盘中央，两侧保持均衡。

练习方法：练习时，上体保持不动，髋部和腰部用力，使身体向左、向右来回转动。

量与强度的控制：每组 2～3 分钟，2～3 组。

动作要领：双肩和上体尽量保持不动，髋和腰带动身体转动，速度均匀、缓慢，逐渐加大转动幅度。

（三）转腰器锻炼的注意事项

在运用转腰器进行健身锻炼时，为了保证理想的锻炼效果，需要对以下几个方面的事项加以注意。

（1）练习前做几节腰部的准备活动。如体转运动、身体后仰运动等。

（2）练习时握紧把手，转动时幅度由小到大，速度中等均匀。

（3）患有腰间盘突出、腰背肌肉损伤的人士，不建议尝试此类器械练习。

四、腰背按摩器健身锻炼

（一）腰背按摩器简介

腰背按摩器由立柱、扶手、座板、按摩柱组成（图 9-14）。

图 9-14

（二）腰背按摩器锻炼方法

1. 腰部

坐式：锻炼者坐于座板上，腰部紧靠按摩柱，双手握住扶手，上下拉动按摩柱，通过按摩柱的上下滚动，对背部肌群进行纵向按摩。

立式：锻炼者双脚开立，双腿下蹲成马步状，背靠按摩柱，双手握扶手，身体左右运动，滚柱会随背部的运动而滚动，对背部肌群进行横向按摩。

量与强度的控制：锻炼者根据自身的身体状况调整腰背部按摩时间，每次不宜超过 2～3 分钟。

动作要领：背部贴紧按摩柱，被按摩部位稍用力，移动速度均匀、缓慢。

2. 肩部

准备姿势：锻炼者双脚开立，稍屈膝下蹲，肩部紧靠按摩柱。

练习方法：练习时，肩部左右运动，滚柱会随肩部的运动对肩部肌群进行按摩。左、右肩交替进行。

量与强度的控制：锻炼者根据自身的身体状况调整肩部按摩时间，每次不宜超过 1～2 分钟。

动作要领：肩部紧靠按摩柱，被按摩部位稍用力，移动速度均匀、缓慢。

（三）腰背按摩器锻炼的注意事项

在运用腰背按摩器进行健身锻炼时，为了保证理想的锻炼效果，需要对以下几个方面的事项加以注意。

(1)腰背部肌肉由多块大肌肉组成,由于每个人的肌肉疲劳程度和疲劳区域各不相同,建议有针对性地选择不同的姿势和用力程度进行按摩和放松。

(2)站姿按摩时,双手应紧握扶手,同时手臂应控制好运动的速度,不宜用力过快过猛。

第四节 综合健身器械锻炼方法

一、天梯健身锻炼

(一)天梯简介

天梯,就像横挂在空中的一把梯子,装有十多格横杠,故称之为“天梯”。天梯的构造比较简单,主要包括立柱、支架、横杠等部件(图 9-15)。

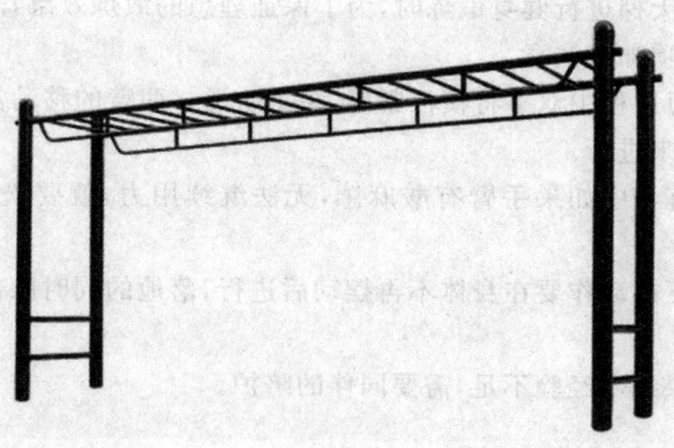

图 9-15

(二)天梯锻炼方法

1. 屈膝悬垂

准备姿势:健身者双手抓握住天梯横杠,身体成悬垂。

练习方法:练习时,两腿屈膝、收腹,大腿抬起至水平以上位置,然后还原,2 拍一次。

量与强度的控制:每组 15～20 次,1～2 组。健身者可根据自身的具体实际合理安排运动负荷。

动作要领:双手紧握横杠,肩臂用力,提膝、收腹、抬腿。有控制地展体还原。

2.收腹举腿

准备姿势:健身者双脚踩在起点的台阶上,或者跳起双手紧握天梯的横杠,身体成悬垂。

练习方法:练习时,腹肌用力,双腿伸直并拢、缓慢抬起至水平位置,控制片刻,然后还原。

量与强度的控制:每组 5～10 个,2～3 组。健身者可根据自身的具体实际灵活、合理地安排运动负荷。

动作要领:肩背和腰腹发力举腿,抬腿时脚背膝盖尽量伸直。身体能力较强的健身者,双腿可抬至上举的位置。

(三)天梯锻炼的注意事项

在运用天梯进行健身锻炼时,为了保证理想的锻炼效果,需要对以下几个方面的事项加以注意。

(1)练习过程中双手将横杠紧握,注意防滑。两臂的移动需要借助身体的惯性摆动来进行。

(2)在练习中如果手臂有酸麻感,无法继续用力,就要松手跳下,不要逞强。

(3)跳下的动作要在身体不再摆动后进行,落地的同时膝部弯曲以保持身体平衡。

(4)如果练习经验不足,需要同伴的陪护。

二、单杠健身锻炼

(一)单杠简介

单杠是常见的力量练习器材,由支架和把手组成(图 9-16)。虽然构造简单,但是锻炼内容丰富多样,因此在健身路径中被普遍配置。

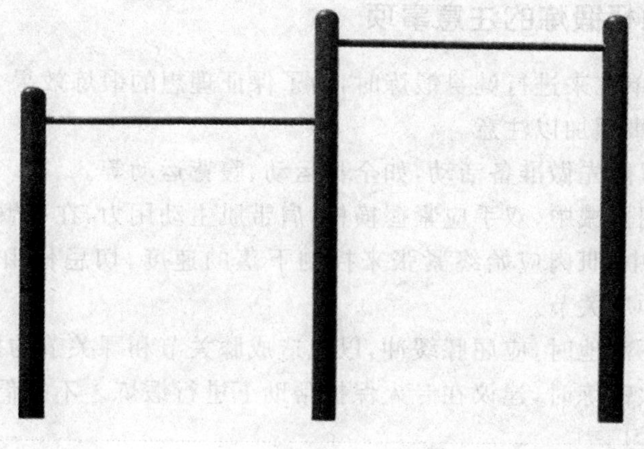

图 9-16

(二)单杠锻炼方法

1. 单杠悬垂

练习方法：直体悬垂，锻炼者跳起正握(反握)单杠，身体成直体悬垂状态，控制几秒钟后，也可做身体小幅度的摆动练习。

量与强度的控制：每组 20～30 秒钟，2～3 组，感觉上肢酸胀，难握住杠为止，主动松手跳下。

动作要领：双手握紧杠，颈部放松，身体向下充分伸展。

2. 引体向上

准备姿势：锻炼者跳起正握(反握)单杠，身体成悬垂状态。

练习方法：上肢用力上拉身体至下颌越过杠面，然后还原。

量与强度的控制：练习次数和组数根据锻炼者自身能力而定。

动作要领：手臂用力屈臂、向上引体，有控制地伸臂还原。

3. 收腹举腿

准备姿势：锻炼者跳起正握单杠，身体成悬垂。

练习方法：腹肌用力，双腿伸直并拢、缓慢抬起至水平位置，控制片刻，然后还原。

量与强度的控制：每组 5～10 个，2～3 组。

动作要领：肩背和腰腹发力，抬腿时脚背膝盖尽量伸直。身体能力较强的锻炼者，双腿可抬至上举的位置。

（三）单杠锻炼的注意事项

在运用单杠来进行健身锻炼时，为了保证理想的锻炼效果，需要对以下几个方面的事项加以注意。

(1)练习前先做准备活动，如全身运动、腹背运动等。

(2)使用器械中，双手应紧握横杠，肩带肌主动用力，在手臂屈伸或身体下落的过程中，肌肉应始终紧张来控制下落的速度，切忌任由身体自由下落，以免拉伸肩关节。

(3)跳下落地时，应屈膝缓冲，以免造成膝关节和踝关节的损伤。

(4)初次锻炼时，建议在专人保护帮助下进行锻炼。不提倡进行专业性体操动作练习。

三、双杠健身锻炼

（一）双杠简介

双杠与单杠都是常见的力量练习器材，与单杠不同的是双杠有四个支架和两个把手组成(图 9-17)。

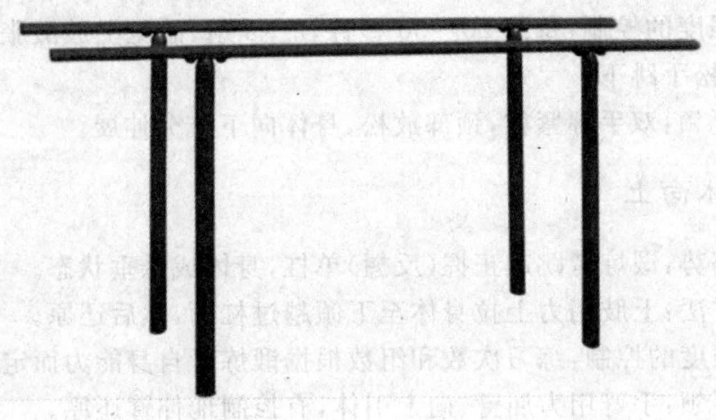

图 9-17

（二）双杠锻炼方法

1. 杠上前行

准备姿势：锻炼者站在杠端的两杠之间，双手分别握杠，跳起成杠上支撑。

练习方法：练习时，左、右手交替向前支撑，带动身体向前移动。

量与强度的控制：每组 2～3 次往返行进。

动作要领：直臂支撑，顶肩、重心稍左右移动，同时两手抓握前行。

2. 手臂屈伸

准备姿势：锻炼者站在两杠之间，双手分别握杠，跳起成杠上支撑。

练习方法：练习时，锻炼者在杠上做手臂的屈伸练习。

量与强度的控制：每组5～10个、2～3组，组间间隔时间为60～90秒。锻炼者根据自身的身体状况调整组次、个数及组间间隔时间。

动作要领：前臂控制不动，上臂和肩背肌群用力，完成屈臂、推撑动作，手臂屈伸时身体绷紧。

（三）双杠锻炼的注意事项

在运用双杠进行健身锻炼时，为了保证理想的锻炼效果，需要对以下几个方面的事项加以注意。

(1)练习前先做几节准备活动。如扩胸振臂运动、腰绕环运动等。

(2)练习时，两臂均衡用力。从杠上跳下时，应顺势屈膝下蹲，控制好身体平衡。

(3)应量力而行，根据自身能力和水平，选择适宜的练习进行锻炼。

四、肋木架健身锻炼

（一）肋木架简介

肋木架的外形像一组大梯子(图 9-18)，它属于一种综合性的锻炼器材，在肋木架上可以进行多种健身练习。

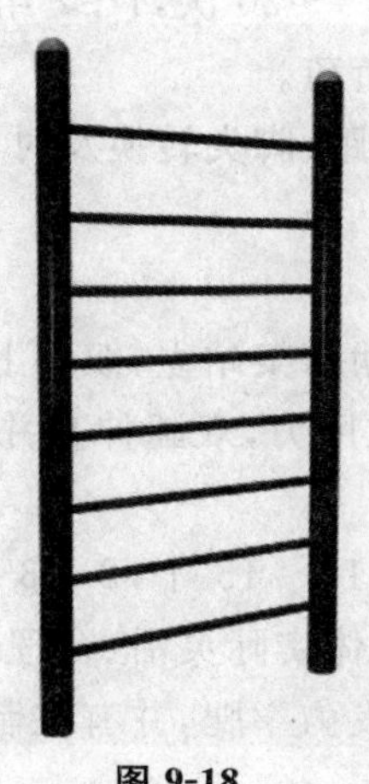

图 9-18

(二)肋木架锻炼方法

1. 肩部伸拉

准备姿势:锻炼者背对肋木站立,双脚并拢,双手握横杆。

练习方法:练习时,屈腿下蹲,同时腰背挺直,伸拉肩胸,然后还原。

量与强度的控制:每组 4～8 次,1～2 组。锻炼者可根据自身的具体实际灵活、合理地安排运动负荷。

动作要领:有控制地屈膝下蹲,被拉伸的肩胸部位有较明显的酸胀感。

2. 蹬拉练习

准备姿势:锻炼者面向肋木,双脚蹬住最低的一根横杆,双手握住肩前横杆,身体立直。

练习方法:练习时,双手依次下移,同时双脚依次上移至手脚接近位置,然后屈膝下蹲,伸展腰背肌肉韧带。

量与强度的控制:每组 4～6 次,2～3 组。锻炼者可根据自身的具体实际灵活、合理地安排运动负荷。

动作要领:手握脚蹬,手脚移动配合协调,伸展腰背时尽量含胸低头。

3. 扶肋木架左右转髋

准备姿势:锻炼者面向肋木,两脚大于肩开立,双手握杆。

练习方法:练习时,髋关节用力左右转动。右转时,右脚脚跟着地支撑,左脚前脚掌着地支撑,左转时则反之。

量与强度的控制:每组 15～20 次,1～2 组。锻炼者可根据自身的具体实际灵活、合理地安排运动负荷。

动作要领:以髋带动,脚跟、脚尖转换及时,上体自然直立。

4. 收腹举腿

准备姿势:锻炼者背对肋木架站立,双手上举抓握横杠。

练习方法:练习时,腹肌用力,双腿伸直并拢、缓慢抬起至水平位置,控制片刻,然后还原。

量与强度的控制:每组 10～15 个,2～3 组,组间间隔时间为 60～90 秒。锻炼者可根据自身的具体实际灵活、合理地安排运动负荷。

动作要领:肩背和腰腹发力举腿,并有控制地还原。身体能力较强的锻炼者,双腿可抬至上举的位置。

(三)肋木架锻炼的注意事项

在运用肋木器进行健身锻炼时,为了保证理想的锻炼效果,需要对以下几个方面的事项加以注意。

(1)开始进行练习前,做好腰背拉伸、腿部拉伸等准备活动。

(2)在练习过程中,双手将横杠紧握,避免摔下去。

(3)练习过程中,如果感到手臂无法继续用力,就要将双手松开落地,在落地时要注意脚下的地面情况。

(4)落地的同时膝部要弯曲,以缓冲下落的力,屈膝缓冲也是为了保护踝关节不受损伤。

五、跑步机健身锻炼

(一)跑步机简介

健身路径中的跑步机是从传统跑步机的基础上发展而来的,其主要构件包括支架、扶手和跑台(图 9-19)。跑台表面用一组圆柱形滚轴代替室内跑步器上的跑动皮带,增强了器材的耐用性。跑台以一定仰角安装,圆柱形滚轴中带有一定的阻力,需用一定的力才能使其转动,增加了练习的强度和锻炼效果。

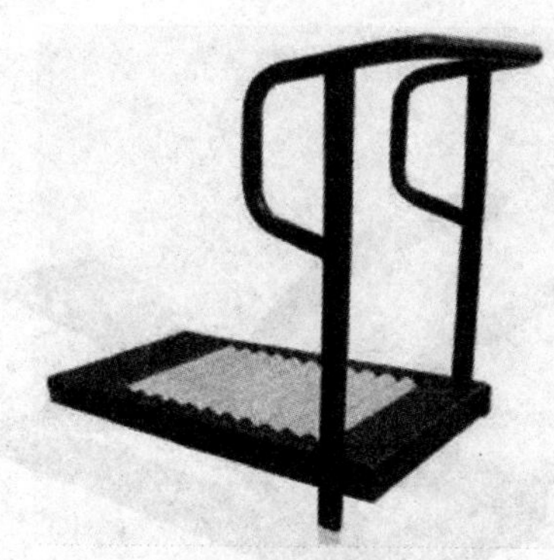

图 9-19

(二)跑步机锻炼方法

准备姿势:锻炼者双手握紧扶手,双脚踩在跑台上,两腿交替迈步做跑步运动。

练习方法:小步幅快频率;大步幅慢频率。

量与强度的控制:每组1～2分钟,1～2组。

动作要领:迈步时,上体稍前倾,调整呼吸。

(三)跑步机锻炼的注意事项

在运用跑步机进行健身锻炼时,为了保证理想的锻炼效果,需要对以下几个方面的事项加以注意。

(1)练习前做几节简单的准备活动。如上跑步机前先做几节原地的膝关节屈伸练习和高抬腿练习。

(2)练习时,双手紧握扶手,身体稍微前倾,重心前移,并根据自身的身体状况,掌握好跑步的频率和时间。

(3)注意调整好呼吸。呼吸有一定节律,可采用二步一吸、二步一呼或三步一吸、三步一呼的方法。用鼻、嘴同时呼吸时,嘴不必张得太大,减少冷空气对呼吸道的刺激。气温较低时建议戴手套练习,注意防冻。

六、划船器健身锻炼

(一)划船器简介

划船器是模拟划船运动的健身器材,它将原来只能在水上进行的运动搬到了岸上。划船器主要由固定座垫、脚蹬、桨把,以及阻力构件等组成(图9-20)。

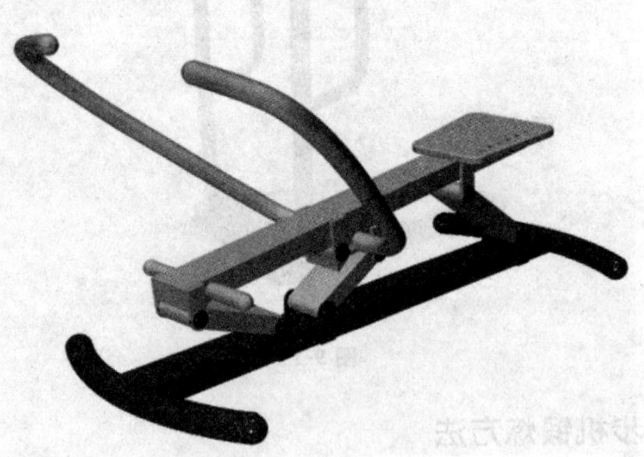

图 9-20

(二)划船器锻炼方法

1. 大幅度屈伸运动

准备姿势:锻炼者于座板中部坐定,手握扶手,脚踩踏板。

练习方法:练习时,双臂、双腿同时用力,做大幅度的屈、伸运动。

量与强度的控制:每组 2～3 分钟,2～3 组。

动作要领:练习时手拉、脚蹬,手脚协调配合用力,还原时稍放松手臂和双腿。

2. 小幅度屈伸运动

准备姿势:锻炼者于座板中部坐定,手握扶手,脚踩踏板。

练习方法:练习时,手臂主动用力,双臂、双腿做小幅度的屈、伸运动。

量与强度的控制:每组 1～2 分钟,2～3 组。

动作要领:手臂主动用力,上下肢屈伸幅度小、节奏较快。

(三)划船器锻炼的注意事项

在运用划船器进行健身锻炼时,为了保证理想的锻炼效果,需要对以下几个方面的事项加以注意。

(1)上器械时必须先握紧把手。脚蹬踏板时,脚尖向前,避免由于发力不当造成关节扭伤。

(2)向后运动时不可松手,以免造成后仰摔下器械。

(3)患有腰间盘突出、腰背肌肉受损的人士,请不要轻易尝试此类器械练习。

七、椭圆机健身锻炼

(一)椭圆机简介

椭圆机也叫滑雪器,其基本结构包括支架,脚踏板和扶手(图 9-21)。器械通过支架固定于地面,脚踏板前端与扶手下端相连,运动时扶手与踏板连动,其后端通过一小段曲柄固定于器械的后轴上,使踏板的运动轨迹近似椭圆形。

图 9-21

(二)椭圆机锻炼方法

准备姿势:锻炼者双手紧握手柄,双臂保持微屈,双脚踏在踏板上,身体控制稳定。

练习方法:练习时,通过腿的推力,使踏板转动、手柄摆动,两腿做向前的循环运动。

量与强度的控制:每组 1～2 分钟,2～3 组。

动作要领:身体控制稳定,上下肢协调用力运动。

(三)椭圆机锻炼的注意事项

在运用椭圆机进行健身锻炼时,为了保证理想的锻炼效果,需要对以下几个方面的事项加以注意。

(1)练习时不要耸肩,上体保持自然立直姿势。

(2)练习过程中脚掌贴紧踏板,以减小小腿肌肉的紧张度。

(3)禁止向后运动,向后运动时膝关节的压力会增大,长期如此将对膝关节的韧带和肌腱造成不良影响。

第十章　不同社会群体的体育运动保健与康复指导

体育保健与康复运动对不同社会群体都具有一定的适应性，而要发挥体育运动的保健与康复作用，取得良好的保健与康复效果，就必须从社会不同群体的需求和实际情况出发，按照区别对待原则对其进行个别性指导。本章主要就社会不同群体的体育运动保健与康复指导进行研究，主要包括不同年龄群体、不同性别群体、不同社会阶层群体及残障群体的体育运动保健与康复指导。

第一节　不同年龄群体的体育运动保健与康复指导

一、儿童、青少年运动保健与康复指导

(一)儿童、青少年的身体特征

1.儿童的身体特征

儿童身体特点主要表现为生长发育，儿童的骨骼弹性大而硬度小，柔韧性较好，因而不易完全骨折，但容易弯曲变形，对此要予以高度重视。

儿童时期是锻炼关节灵活性与柔韧性的好机会，因此可适当安排有益关节活动和柔韧性发展的活动。需要注意的是，儿童的关节缺乏牢固性，易脱位。肌肉方面，肌肉中含水量较高，蛋白质、脂肪以及无机盐类较少，肌肉细嫩。相较于成人来说，儿童期的收缩能力较弱，耐力差，易疲劳，但恢复速度相对较快。身高的发育要比体重的发育速度快，多呈现细长型。除此之外，神经系统已基本发育成熟，并且已经基本具备了从事各种复杂运动的身体能力，智力水平通常也较高。

2.青少年的身体特征

从儿童期进入青少年期，青少年的身体形态的各种指标增长速度会突

然变快。整体来看,少年期的发育过程中是身体长度发育在前,横向发育在后。从手脚与躯干、四肢的发育状况上说,手脚和四肢先发育,躯干后发育。男女少年的身体发育会有差异。

(二)儿童、青少年运动指导

体育运动能有效促进青少年儿童的身体发育。因此,在安排青少年儿童的运动内容、运动形式、运动量以及运动强度时,应主要考虑是否对青少年儿童的生长发育有利,要注重对其体育运动健身的兴趣和习惯进行培养,促进其各项身体素质的全面提高。

1.青少年儿童体育的主要运动内容

对于儿童与青少年而言,参加体育运动健身时要注意多样化,同时要以自身爱好、身体条件和家庭条件为依据来选择所要参加的项目,参加体育运动健身主要以增强体质为目的,跑、跳、投、游泳、球类、体操、武术等形式多样的体育活动都适合儿童与青少年参加,在运动内容上没有太多的限制。

在儿童与青少年的运动健身过程中,要注意培养其良好的站、立、跑、跳等姿势,当发现其存在身体姿势不正确或发育缺陷等问题时,要进行矫正练习和克服发育缺陷的练习。对少数在发育或健康上经常或暂时有显著异常现象的儿童与青少年,视其情况,可减免体育活动,并进行针对性医疗体操,促进其身体康复。

2.青少年儿童的运动形式

受年龄的影响,青少年儿童的神经系统具有兴奋过程占优势并容易扩散的特点,主要表现为活泼好动,注意力不易集中。所以,儿童、青少年在体育运动锻炼中,不宜持续太长的时间,青少年儿童要通过多种形式的体育活动来进行锻炼,防止只参与单一的体育项目,在更换体育项目的过程中要有适当的间歇,家长或教师可以采用直观和示范性的手段引导和组织青少年儿童参与运动健身,同时注意培养他们的思维、分析能力。随着青少年儿童年龄的增长,其神经系统的抑制过程逐渐发展,最后兴奋和抑制达到均衡。

3.青少年儿童运动量的安排

青少年儿童的每搏输出量和每分输出量与成年人相比,绝对值要少,但相对值大,年龄越小相对值越大。这说明了青少年儿童的心脏能适应短时期紧张的体育活动。因此,要对他们的运动量进行合理安排,13~14 岁以后,心血管系统机能与成人逐步接近,可以承受较大的运动量训练,但也应注意遵循循序渐进和个别对待的原则。同年龄个子高大的少年，性成熟迟缓，心脏发育也较迟缓，心脏的负担量相对较大，在运动量安排中应注意区别对待。

4.青少年儿童的运动强度

对于12岁以下的青少年儿童，运动强度不要太大，运动时间避免过长；对于12岁以上的青少年儿童，运动强度可稍大一些，但密度要小一些，间歇次数要多一些。不宜过多安排负荷过大的力量性练习和消耗过大的耐力性练习。一般青少年儿童多以心率控制运动强度，120次/分钟以下为小强度，120～150次/分钟为中强度，150～180次/分钟为大强度，180次/分钟以上为超大强度。

需要注意的是，儿童的肌肉较易疲劳，但恢复较快，因此，每周运动次数可多次安排，以一周4～5次为宜。

二、青壮年运动保健与康复指导

（一）青壮年的生理特征

青壮年是一个人的黄金时期，这一阶段人体各器官组织的生长发育都已基本完成，各方面的身体素质也处于较高水平。适合青壮年参与的体育运动项目众多，他们可以自由选择，但主要还是要依据自身的身体条件、运动兴趣以及生活习惯等作出判断和选择。由于青壮年的各项身体素质大都处于一生中的巅峰，因此能够承受比较大的运动负荷量。

（二）运动健身对青壮年的作用

体育运动是青壮年生活的重要组成部分，对青壮年的全面发展有着非常重要的作用，不仅体现在健身健心方面，还体现在社会交往方面。青年人已走入社会，在社会中扮演着不同的角色，在社会中，青年人需要和各种人打交道，人际交往成为青年人融入社会、适应社会的关键。体育健身运动在很多情况下充当了青年人人际交往的手段。青年人经常走出家门，参加体育健身活动，如以武会友，以棋会友，在丰富多彩的健身运动中，社会交往范围不断拓宽，与他人建立了深厚的友谊，情感交流需求得以满足，良好的人际关系逐渐建立，使其在生活和工作中保持更加愉快与充满活力的状态。

青年人心理素质水平较高，感知、记忆、想象能力均达成熟水平，心智活动效率达到最高水平，理解能力、分析能力、推理能力以及创造思维能力也比较强。一些休闲娱乐而又发展智力的健身项目成为青年人运动健身的主要内容，如象棋、围棋、桥牌和扑克等，从事这些体育运动，不仅具有健身与娱乐消遣的效果，还可以锻炼人的思维和智力。但需要注意的是，参与这些活动要有度，否则会适得其反。

青壮年人由于自身的特点，往往缺乏自控能力，情绪不够稳定，容易过度痴迷感兴趣的事物，因此在体育运动锻炼中，需要遵循相关准则和道德规范，养成良好的体育锻炼习惯，从而取得理想的保健和康复效果。随着年龄的增长，社会角色和生活环境也会不断变化，青壮年人要养成锻炼的好习惯，为中老年时期的健康打好基础。

（三）青壮年运动指导

青壮年的肌肉、骨骼和各器官系统等都已发育完善，体格健壮，运动能力强，此时进行体育运动锻炼是最佳时期。青壮年具备从事体育运动的良好身体条件，基本上可以参加任何形式的体育运动项目。

青壮年参与体育运动大都会有明确的规则，竞赛意识较强，运动强度也是中等偏上，内容主要是一些篮球、足球、羽毛球、网球、拳击、散打等对抗性和竞技性强的运动，这与其体力充沛，精力旺盛等特点密切相关。

青壮年喜欢新颖的体育运动项目，如登山、攀岩、驾车远游、徒步穿越、赛车、山地自行车、轮滑、高山滑雪、冲浪、潜水、江河漂流、空中滑翔、溪降、溜索、蹦极等。这些体育运动较为新颖，而且对人的冒险精神与极限挑战能力有较高的要求，能够满足青壮年追求刺激、挑战极限、征服自然的需求，参加这些运动的青壮年大都兴趣广泛、爱好多样，自我意识较强，探新求异的需求旺盛，有强烈的展示个人魅力的欲望，良好的身体基础和经济条件为青壮年从事这些运动提供了重要的基础。当然，这些新兴体育运动对人的身体素质要求较高，并且花费较大。因此，在进行这些项目的运动健身时，青年人不能仅凭一时激情便盲目选择健身的项目，一定要根据自我的条件，慎重考虑，选择适合自己的运动运动项目。

青年时期，人们一般格外在意自己的外在形象，青年期也是人一生中体型、肌肤、容貌最完美的时期，青壮年具有保持优美体型、健美肌肤和青春容貌的强烈愿望。因此，在体育运动锻炼中，健美健身运动深受受青壮年欢迎和喜爱，如青壮年会定期去健身房、健美馆或者体操房跳舞、跑步；此外，游泳也是青壮年保持优美体型和身体健康的重要运动项目之一。

三、中年人运动保健与康复指导

（一）中年人的身体特点

中年人身心发展的年龄特点非常明显，这一阶段的人群积累了丰富的工作和生活经验，事业上也取得了一定的成就，并且很多人成为工作单位的重要支撑。人到中年之后，身体的各项机能以及各方面的素质逐渐开始下降。具体表现在以下两个方面。

中年人各方面身体机能不断下滑，在工作和生活的巨大压力下，很多人进入疾病多发的困难时期。物质生活条件的改善也容易造成中年人的营养过剩，再加上中年人的精力开始减退，很多人开始发胖，体力也明显衰退，在运动后产生的运动疲劳也不容易恢复。

（二）适宜中年人的运动健身项目

步入中年后，人的身体机能会逐渐下降，运动观念也会发生变化，与青年人追求刺激、追求时尚相比，中年人更倾向于树立健康理念和追求运动品质，更注重体育的内涵及运动养生与健身价值。因此，中年人更偏爱散步、慢跑、自行车骑游、爬山、游泳、跳操、跳舞等有氧运动和对体能要求不高的小球运动，此外也会对象棋、扑克、麻将、垂钓等一些修身养性和愉悦身心的非运动性体育项目感兴趣。

从中年时期开始，人体的运动能力和运动素质会不断地下降。青年人喜爱的那些运动负荷大、对抗强烈、高速度、高强度的运动项目，尤其是一些冒险运动和极限运动项目对于中年人来说，因为身体条件的限制已无法适应。而以健身、娱乐为目的的休闲体育运动与中年人的身体特点相适应，因此负荷适宜的健身类、健美类、娱乐类、保健康复类等运动项目，受到广大中年人的喜爱。

经过多年的奋斗，相对青年人来说，中年人有了更加雄厚的经济基础，这使得他们的体育运动与健身观念也发生了一定程度的改变，中年人的体育健身一般有着高档消费的特点。中年人一般家庭稳定，事业有成，喜欢出入高档体育活动场所，如高档体育俱乐部，享受俱乐部提供的优美的环境设施和高品质的服务。高尔夫球、保龄球、网球、赛车、射击等高品质的健身项目深受这一阶段人群的欢迎和喜爱。

随着年龄的增长，中年人的人生阅历和经验越来越丰富，与此同时，他们对体育运动的兴趣越来越窄，但更为持久稳定。在青年时代热衷的体育项目，中年时代热度在降低，而体育兴趣的稳定持久主要体现在：中年人一旦确定了喜爱的某一项目，就会坚持参与，而且很少再被其他项目影响和干扰。这种特点对中年人养成良好的体育健身习惯，理解体育运动的内涵，享受体育健身的乐趣非常有利；但是一旦因各种条件导致此项运动无法正常进行，中年人便会中断参与这项运动，从而影响其生活质量。因此，中年人参与运动健身可以从自己的兴趣出发，但也要多选择几项运动项目，注意在选择具体的健身项目时在活动性质、内容结构和时间结构上的合理搭配，以便养成良好的体育健身习惯。合理选择体育运动项目不但能够促进业余生活的丰富，还能充分享受体育运动保健带来的益处。

球类运动是中年人体育运动保健与恢复中的重要选择。在球类运动中，传统的乒乓球、羽毛球、网球、门球自不用说，一些小群体的球类运动，如3人篮球、5人制足球、沙滩排球等，因其趣味性、娱乐性强，也成为中年人选择健身项目的热衷对象。一般来说，中年人的探新求异欲望已减退，但这并不妨碍一些新兴体育项目在中年人中的流行，如溜索、潜水、冲浪、滑水、赛艇、漂流、飞伞、热气球、卡丁车等，但毫无疑问，中年人在精力与体力方面已不如青年时期，因此每次参与这些运动项目不会持续太长的时间。

经常参加体育锻炼的中年人基本上已经掌握了体育基础知识和体育运动基本技能，但因为工作繁忙等条件的限制，往往缺乏体育锻炼的主动性和积极性，因此要增强中年人的体育意识，多组织体育活动，让中年人参与其中，养成体育锻炼的好习惯，使体育成为他们丰富文化生活和保健康复的一项重要手段，为终身体育打下坚实的基础。

（三）中年人运动指导

中年人在体育运动锻炼中需注意以下几个要点。

1.科学、合理地安排运动负荷

中年人要根据自己的健康状况和运动经历等具体情况安排运动量，并逐渐加大运动量，每周增幅不宜超过10%。为避免使肌肉骤然紧张，发生运动损伤，不能突然进行剧烈运动。从心率方面说，运动时中年人心率最低应达到110次/分，但不要超过160次/分。

2.注意坚持

在运动健身过程中，准备活动和整理活动必不可少，中年人在每次健身时，要先进行5～10分钟的准备活动（如静力性伸展运动，加强腹部、髋部和腿部力量的运动），并在运动结束后进行5～10分钟的整理活动（多采用静力性伸展运动，以促进恢复）。运动频率为每周至少3次，要坚持运动，只有如此才能达到良好的保健与康复效果。

3.灵活安排运动时间和地点

中年人工作繁忙，一般无法确定运动锻炼的固定时间和地点，因此可以根据实际情况调整。

四、老年人运动保健与康复指导

(一)老年人的生理特点

1. 心血管系统

老年时期，人的心肌组织发生退变，主要表现为心肌纤维萎缩、数量减少，结缔组织增生，脂肪沉着等，这就大大削弱了心肌收缩力量，心脏排血量少，对体力活动负荷的适应能力下降。老年人动脉血管壁的硬化使其弹性降低，管腔变窄，血流阻力增大，血液循环减慢，血压容易升高。

适当的体育活动可改善血液循环系统功能，促进心脏工作能力的加强。经过一段时间的锻炼，可使心肌的收缩力加强，心脏每搏输出量增加，心搏频率减慢。据观察，男子经常进行身体锻炼，60 岁时的心脏排血量可相当于 40 岁不锻炼者的数值。此外，体育运动还可增加心脏冠状动脉的血液循环量，促进参与血液循环的毛细血管的增加，从而改善对心肌的氧气和营养物质供应。通过健身运动，老年人的冠状动脉的循环机能得到代偿，血管的弹性得以增强，脂质代谢不断改善，血脂得以降低，这对防止冠心病，推迟动脉硬化的速度十分有利。同时，健身又能锻炼外周血管的收缩和舒张机能，加强血管壁细胞的氧供应，促进代谢酶的活力，防止脂肪沉着。因此，能保证血管壁的弹性，预防血管硬化和狭窄的出现。

2. 呼吸系统

老年人肺组织逐渐纤维化，肺泡壁的弹性降低，胸廓活动的范围逐渐缩小，因而，肺功能逐渐减退，进而影响全身的氧气供应。

参加体育运动锻炼，特别是坚持以中国传统的医疗体育方法以及专门的呼吸操为锻炼手段，可缓解老年人肺组织的纤维化过程。气功和专门的呼吸操等还可增强呼吸肌力量，扩大胸廓和横膈的活动限度，使新鲜氧气的吸入量和二氧化碳的排出量大大增加。良好的肺通气和换气功能有助于促进氧气对身体各个部位的供应的增加，从而使肺部和整个人体的衰老过程延缓。此外，从事体育健身锻炼，还有利于防治老年支气管炎、肺气肿等常见老年病。

3. 中枢神经系统

老年人大脑细胞随年龄增加而逐渐减少。因大脑细胞的减少，脑的功能随之减弱，表现为对外界刺激的反应迟缓，记忆力降低，神经系统易出现疲劳且恢复缓慢，大脑对身体各器官系统的调节功能减退。

坚持参加体育运动锻炼可以延缓老年人脑动脉硬化的过程，使脑动脉血中的氧含量增加，从而改善脑细胞的供氧状况，减轻脑血管和脑细胞的萎缩，维持其正常的功能。此外，通过肌肉骨骼系统的活动，可刺激和调整老年人大脑皮层的兴奋和抑制功能，提高大脑对身体各部位和各器官系统的神经支配调节能力，从而使整个集体的功能处于良好的状态。事实证明，适当参加体育锻炼的老年人大多精神饱满、耳聪目明、判断力强，对周围事物的反应较快。

4. 新陈代谢系统

老年人身体内部整个新陈代谢缓慢，能量转换不畅，脂肪和糖代谢障碍更为明显和突出，因而常引起体质变弱、肥胖和糖尿病等。

参加体育活动可活跃体内新陈代谢，加强体内氧化过程，增加细胞的物质能量储备，维持机体工作能力的正常进行。此外，肌肉活动可提高血液内脂肪酸和葡萄糖的利用，这对于防治体内脂肪积聚过多或糖代谢障碍等所引起的各种老年人常见病具有积极的作用。

5. 消化系统

老年人腹壁肌肉常常松弛无力，由于胃肠道运动变弱，消化能力减退，因而易引起内脏下垂和便秘等疾患。

坚持体育运动锻炼能够有效防止老年人腹肌无力，使其保持良好的胃肠张力和蠕动力。同时，体育活动可促进对食物的快速消化和吸收，可消除因食物消化不良引起的胃部不适现象。同时能防止老年人胃肠功能紊乱，保持大便通畅。

6. 运动系统

老年人的运动器官会随年龄的增长而发生退行性变化，如骨质疏松、椎关节僵硬、关节活动幅度缩小、韧带的弹性退化、肌肉逐渐萎缩、肌肉力量和弹性降低等。因而，老年人容易发生骨折、劳损以及颈、肩、腰、背等病症。体育锻炼和适当的健身活动能有效增强老年人的肌肉力量，促进韧带弹性和关节灵活性的改善，使肌肉萎缩的概率降低，提高动作的协调性和灵活性，预防由这些组织退行性变化而引起的运动器官劳损等常见病。

（二）适宜老年人的运动健身项目

老年人参与体育运动，要达到保健与康复的良好效果，就必须选择适合自己的运动项目。以下是适合老年人参加的几个典型运动项目。

1.散步

老年人不经常进行健身锻炼,肌肉就得不到充足的氧供应,缺氧的肌肉感到酸痛,没有力气,这就会影响老年人的精神状态,影响其身心健康。老年人患有糖尿病、动脉硬化及高血压等疾病都与缺乏运动有关。

散步对老年人来说是一项有益健康的健身活动,散步主要是通过下肢关节肌肉来发力的活动。一定程度上而言,根据腿的灵活性可以对一个人的年龄及老年人的身体状况作出大致的判断。由此可见,对老年人来说,下肢灵活是十分重要的一件事。老年人散步的时间通常选择在饭后,这样也有利于促进食物的消化,注意散步时要控制步子大小与速度,不要疾走。

2.太极拳

人的体能是有限的,但人的知识能力是无限的,在特定条件下,精神力量可以变成物质力量。太极拳就是把精神和思想的锻炼放在重要位置的一个健身项目,通过意识指导,来锻炼自身对外界环境的适应性。这样,身体必然得到有效的练习,使肢体的运动听从思想的支配,精神、思想和意图能够通过肢体的运动来良好地体现出来。太极拳这一健身项目要求老年人合理运用有限的体力,并注重效果。

太极拳练习对治疗老年慢性疾病,如高血压、心脏病、慢性肠胃炎、慢性肾炎、糖尿病、慢性肝炎、肺结核、气管炎、哮喘、关节炎和神经衰弱等有明显的效果。当然,对不同的疾病患者,在锻炼方法上应有所区别。因此,在医生或有关人员的指导下,老年人针对个人的身体状况和病情制定锻炼方法,这样会效果更好。太极拳对于老年人来说,可起到无病防病、强身健体、有病治病、帮助康复的作用。太极拳又是一种有趣味的运动,练拳时周身感觉舒服;练推手时感觉到活泼,可使精神焕发,是很适合老年人参加的实用性健身活动。

3.甩手运动健身法

甩手健身运动练习动作简单易行,对场地和器材要求低,其中以晨练时段为最佳,不宜在空腹、饥饿、饱餐时锻炼。甩手前,身体站直放松,两眼平视前方,两脚分开,与肩同宽,两臂自然下垂,两掌心向内。甩手时,两臂与身体的垂线之间角度不要超过60°,后摆时与身体的垂线不要超过30°,一般每回练习可摆动100～150次。甩手时要全身放松,心平气和,呼吸自然,愉悦轻松。动作结束后,要做粘弹、放松运动,如伸展活动、原地踏步等。

4. 广场舞

广场舞是一种舞蹈表演形式，不是具体的舞种，是人们为娱乐和锻炼身体而自发参加的一种群体性舞蹈活动。广场舞历史悠久，可追溯到远古时代宗教祭祀活动。如今，广场舞作为一种独特的文化现象，已经成为越来越多的人进行运动健身的形式，并且逐渐受到了人们的重视。尤其是对于中老年人而言，广场舞动作节奏较为缓慢，能够使得其机体得到有效的锻炼，能够促进其健康机体适能水平的提高。

广场舞内容丰富、形式多样，不必拘泥于固定的动作练习，具体的舞蹈动作及曲目练习这里不再赘述。需要注意的一点是，进一步规范广场舞的练习，减少广场舞开展的负面影响，引导广场舞的规范化发展既需要参与者的自觉，也需要社会各方面的理解和提供场地设施等便利条件。

5. 门球

门球健康、高雅，而且实用。据估计，在我国离退休人员和老年人群体中，参加门球活动的人数已达百万。由于门球的休闲娱乐性较强，这一项目非常适合老年人，因而在老年人中非常流行。

门球具有一定的竞技性，对身体条件的要求不高，活动量不大，动作无太大难度，技术易被掌握，是一项集娱乐、休闲、健身、智慧为一体的体育项目。门球具有户外性、集体性、自娱性、简便性等特点。从门球的特点看，这是一项情调健康、趣味高雅、活动量较小、有一定技巧、方便易学的“轻体育”项目。因此，门球对于老年人来说是能够强身健体、悦心寄情、锻炼智力的一个重要手段。

（三）老年人运动指导

1. 运动前做体格检查

因为生理特点的特殊原因，老年人在体育锻炼前一定要做好体格检查，及时了解自己的身体健康状况，并结合检查结果和医生的建议合理安排运动，以免发生意外。

老年人是多种疾病易发的高危人群，如果运动不当，很可能造成不必要的运动损伤和引发运动性疾病。实践证明，老年人在从事体育运动锻炼时容易发生的心血管疾病，大部分都是在旧有病变的基础上引起的。因此，老年人参加系统性的运动前和运动期间定期地进行身体检查是十分有必要的。这有利于老年人了解自己心血管系统功能、呼吸系统以及肌肉、骨骼运动系统的功能状况，从而提高健身锻炼的效果。

2.合理安排运动负荷

老年人参与健身锻炼，一定要控制好运动负荷，预防运动性疲劳。这就要求老年人遵守科学锻炼的基本原则，量力而行，循序渐进。

如果运动负荷安排不合理，在运动中麻痹大意，在增加运动量和运动强度或改变运动方式时就很有可能引发运动意外，即使是训练有素的人，如果违背了科学健身的原则，也容易造成过度劳累，会出现心血管意外。如在停止系统健身较久后骤然参加运动，可能造成过度劳累，出现急性心肌梗死；长期从事耐力健身的人突然参加速度健身项目，可能在跑后即刻出现急性心肌梗死；饭后即刻参加剧烈运动，可能诱发心肌绞痛，导致急性心肌梗死。因此，老年人运动健身的负荷安排一定要合理，并因人而异，以免发生必要的运动损伤和意外事故。

3.循序渐进，坚持不懈

老年人进行体育健身一定要遵循循序渐进、坚持不懈的原则。循序渐进体现在老年人对健身项目的选择上和健身活动的方式上。坚持不懈是老年人参与体育运动的关键，老年人可以每天有规律地进行体育运动，或者每周进行不少于两次的运动，否则便难以达到良好的健身效果。在体育健身过程中，老年人要注意活动量的安排。根据人体机能的适应规律和人体生理机能活动能力的变化规律，随着年龄的增加，老年人的身体机能减退，因此老年人的活动量也应减少。

4.加强运动中的医务监督

负荷较大的运动会导致老年人身体不适，如大多数老年人在跑后会出现膝关节痛的毛病，这属于正常的现象，主要是由于老年人随着年龄的增长，其骨关节会发生退行性改变。

这里主要以老年人运动中的膝关节疼痛为例来说明老年人在健身锻炼中如何科学进行医务监督。当运动量安排过大时，就会出现过量负荷的各种症状，膝关节痛就是最早出现的一个症状。

老年人在跑后出现膝关节的疼痛症状具有一定的差异性，有的表现为锐利的痛，有的是钝痛或酸痛。有时在运动时出现钝痛或酸痛，有时则在长跑后才表现出来。除疼痛外，一般还出现膝打软、腿无力等症状。引起膝关节锐痛与长跑密切相关，除了急性肌肉拉伤外，一般是膝部外侧痛，它是膝外侧韧带上下的滑囊、软组织和腘肌腱损伤的总称，是一种参加长跑后逐渐引起的慢性损伤。其表现是向前摆腿伸膝时疼痛，疼痛剧烈时走路也困难，甚至被迫停止长跑才行。这是老年人长跑时膝痛的一个重要原因。

当老年人在长跑后发生膝钝痛或酸痛时，应先想到老年人的骨关节病、髌骨软骨病、伸膝筋膜炎和脂肪垫损伤。一般情况下，在运动量安排合适时，老年人参加长跑是不会引起已有的但无症状的骨关节病或髌骨软骨病的复发。如果排除上述原因，可以初步判断是老年人运动中跑的量过多或强度太大，再加上跑时步幅较大，半蹲姿势下的跳动过多而引起的这些病的疼痛症状。因此，老年人在运动期间，一定要遵守循序渐进的原则，不要突然加大运动量（跑得过快或距离太长），以避免发生运动膝痛；如果是由疾病引起的疼痛，应及时停止运动并去医院接受专业治疗。

5. 重视运动卫生要求

老年人进行运动锻炼时，需坚持以下卫生原则，从而保证保健与康复效果。

（1）饭后至少间隔 1 小时锻炼。

（2）健身跑后不要马上大量喝水、洗热水澡等。

（3）夏天健身选择在清晨或傍晚时间，以避免中暑等。

第二节　不同性别群体的体育运动保健与康复指导

一、男性运动保健与康复指导

（一）适宜男性的运动健身项目

男性大多喜欢身体碰撞、集体对抗、力量角逐和冒险性的运动，尤其喜欢刺激、新颖、时尚的新兴体育项目。男性经常参加的体育运动项目有篮球、足球、拳击、散打、登山、野营、攀岩、徒步穿越、驾车远游、赛车、轮滑、极限自行车、高山滑雪、溜索、冲浪、滑冰、滑水、潜水、赛艇、漂流、溯溪、溪降、悬崖跳水、跳伞、空中滑翔、热气球等。这与男性的身体和心理特征有关，男性肌肉发达、骨骼粗壮、意志顽强，为了彰显个性，展现自己的阳刚魅力，丰富生活阅历，他们大多偏好上述运动项目。

男性群体比女性群体具有更大的活动空间和选择余地。男女在参与跑步、自行车、游泳、乒乓球、羽毛球等传统项目方面无明显差异，但在足球、散打、拳击、跆拳道和多数极限运动与冒险运动以及围棋、象棋、垂钓、高尔夫球等方面有明显的差异，这些项目偏男性化。

（二）男性运动锻炼指导——以散打为例

下面以散打为例，对其基本动作方法进行分析，以从实践方面指导男性参与健身锻炼，从而达到健康目的。

1.基本步法

(1)滑步

前滑步：后脚掌蹬地，前脚稍离地向前滑出 20～30 厘米，后脚随之跟进相同距离，身体重心保持在两脚之间，整个动作完成后仍为原来的姿势（图 10-1）。

后滑步：前脚掌蹬地，后脚稍离地向后滑出 20～30 厘米，前脚随之后退相同距离，身体重心保持在两脚之间，整个动作完成后仍为原来的姿势（图 10-2）。

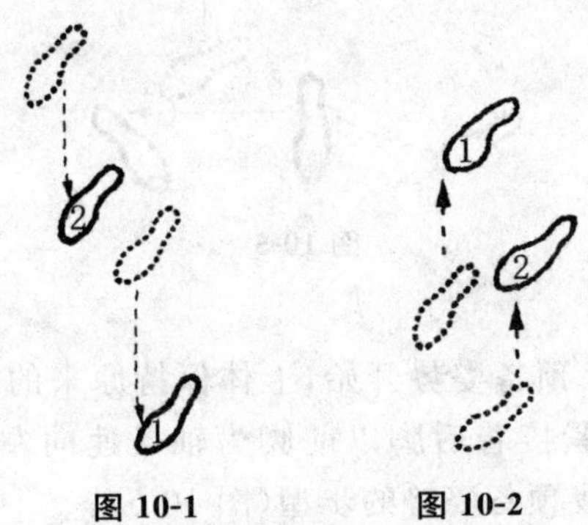

图 10-1　　图 10-2

(2)交换步

从预备姿势开始，前后脚同时蹬地稍离地面，在空中左右腿前后交替，转体 120°左右，同时两臂也做前后体位的交换，完成动作后成与原来相反的预备姿势（图 10-3）。

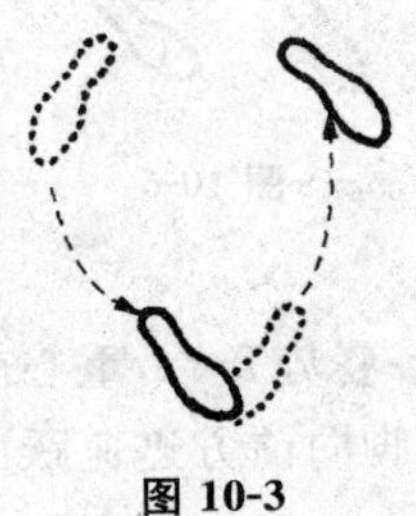

图 10-3

(3)纵步

以前纵步为例,从预备姿势开始,两脚同时蹬地,使身体向前或向后移动(图 10-4)。

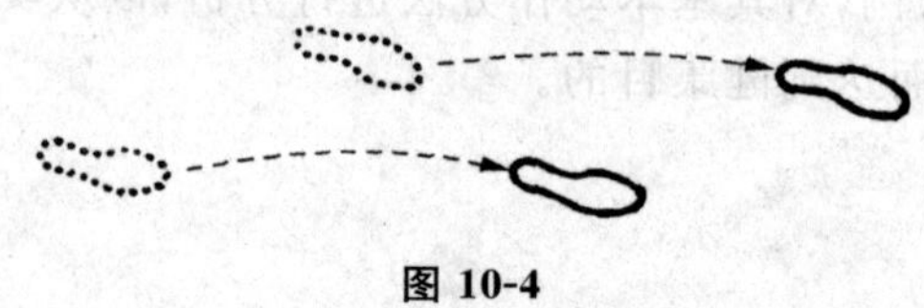

图 10-4

(4)垫步

从预备姿势开始,重心前移,后脚蹬地向前脚内侧并拢,随即前脚屈膝提起,根据情况使用蹬、踹腿法;上动不停,在使用腿法的同时,支撑腿随蹬(踹)腿向前再垫出一步,脚跟斜向前(图 10-5)。

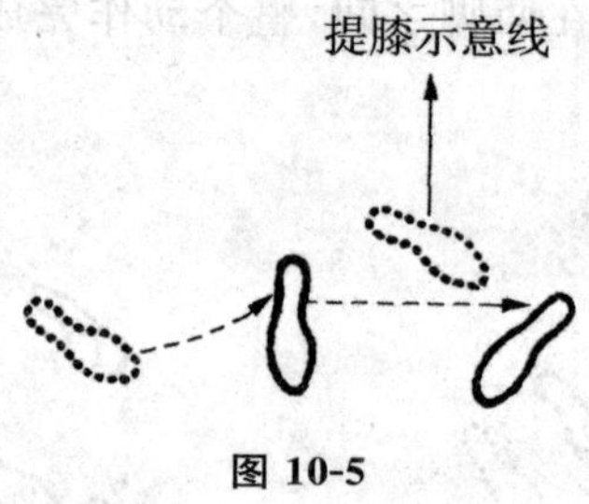

图 10-5

(5)闪步

以左闪步为例,从预备姿势开始,上体保持原来的姿势,前脚向左侧迅速蹭出 20～30 厘米,紧接着后脚以前脚为轴迅速向左滑动,角度在 45°～90°以内,动作完成后成预备姿势的步型(图 10-6)。

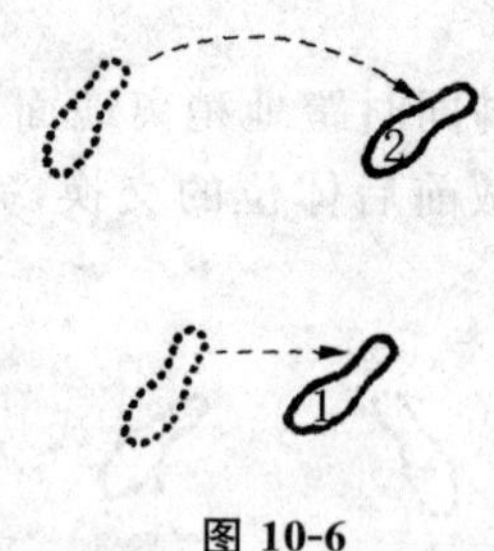

图 10-6

(6)击步

以向前击步为例。从预备姿势开始,重心前移,后脚蹬地向前脚内侧迅速靠拢,在后脚着地的同时前脚向前方迅速跃出,着地后两脚成预备姿势步型(图 10-7)。

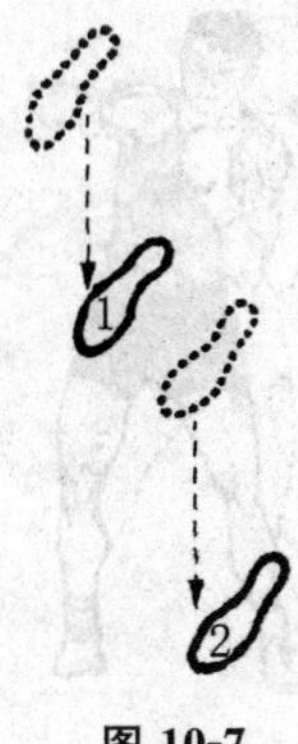

图 10-7

2. 基本拳法

(1)冲拳

以左冲拳击头为例，从基本搏斗姿势开始，右脚掌蹬地，使重心快速前移到左脚上，身体右转，右脚跟稍向内转一下，在转体同时，探左肩，左臂迅速向前伸出，力量集中在拳头顶部，在击拳瞬间应该感到肩部有催劲。左膝稍弯曲一下。右手防护下颌，肘部防护身体；左手击打完成后应尽快收回成开始姿势(图 10-8)。

图 10-8

(2)掼拳

以左掼拳击头为例，身体重心移至右脚，随之向右转体带臂，左肘微屈，使左拳前送并成横向从左向右摆动。同时左脚蹬地，脚跟微外转，随之全脚掌着地，左膝屈 110°～120°。右手保护下颌(图 10-9)。

图 10-9

(3)抄拳

以左抄拳击头为例，从基本搏斗姿势开始，重心移向左脚，体位微下沉，腰部和左腿瞬间挺直，借挺展力量带动手臂，将拳由下往上抄起。击打刹那间，拳心朝内(图 10-10)。

图 10-10

3. 基本腿法

(1)正蹬腿

支撑腿微屈，另一腿蹬地屈膝上抬，脚尖微勾起，展髋向正前方猛蹬冲。同时上体微后倾，髋前送，右脚触及目标瞬间全身肌肉绷紧，力达足跟，再次发力用前脚掌点踏(图 10-11)。

(2)侧踹腿

支撑腿脚尖微外转，腿微屈，侧对对方；另一腿屈膝高抬，脚尖自然勾起，脚外沿朝向对方，腿部猛然伸直，用脚掌沿直线蹬踹目标。发力瞬间转髋，加大旋转劲，以助腿部鞭打效果。踹腿时上体自然向相反方向倒体，踹腿越高倒体越大(图 10-12)。

图 10-11

图 10-12

(3)小边腿

重心略后移,支撑腿微屈;另一腿抬起,快速向斜下侧弹出。上体自然朝踢击方向微转(图 10-13)。

图 10-13

4. 基本快摔法

(1)接腿搂颈摔

己方右脚在前,对方起右脚蹬己方上体时,己方用左臂由外向内抓其小腿,右手搂其颈部并外旋。左手猛力上抬对方右腿,右手继续向右后下方边搂边抓压,形成力偶,同时用右脚截其支撑腿使其倒地。

(2)抓臂按颈别腿摔

对方用右贯拳或右直拳向己方头部击来,己方迅速向左微转体,用左前臂向左上架格挡住,左手下滑抓其腕部,随身体左转上右脚,用右腿别住对方右腿,右臂向左挟拧对方颈部时身体再向左拧转,左手用力向左后拉对方右臂,右臂向左下猛挟拧对方颈部,继续用力使对方倒地。

(3)抱腿压摔

对方用左边腿击己方上体,己方迅速靠近对方,用右手从上抓握其左脚踝,并屈左臂用肘窝夹住其左膝窝。右脚向右后撤一步,上体随之右后转并屈膝降重心。左臂夹紧其膝部,右手先向左后拽拉,后向上扳其小腿。左肩前靠,形成力偶,使对方向后倒地。

5. 基本防守法

(1)拍压

拍压主要用于防守对方以直线手法或腿法向己方中下盘进攻，如下冲拳和蹬、踹腿等。左(右)拳变掌，以掌心或掌根为力点，由上向前下拍压。

(2)拍挡

拍挡主要用于防守对方以直线拳法或横向腿法向己方上盘进攻。左架实战势开始(以下同)，左(右)手以手腕为力点，向里横向拍挡。

(3)里挂

里挂主要是指结合左闪步防守对方向己方正面或偏右以腿法攻击我方中盘部位。实战势开始，以左手里挂为例。左臂内旋，左拳由上向下、向右后斜下挂防，拳眼朝内，拳心朝后。

(4)提膝闪躲

提膝闪躲主要用于防守对方从正面或横向以腿法攻击己方下盘部位，如低踹腿、弹腿、低横踢腿和勾踢腿等。实战势开始，前腿(左前右后)屈膝提起离地。

二、女性运动保健与康复指导

(一)女性身心特点分析

1. 生理特点

女性在身体生长发育方面与男性有很大的不同。在体型上，女性的肩部较窄，上身较长，下肢相对较短，骨盆较大。因此，女性的身体重心较低，从而具有较强的平衡力。女性的韧带、关节囊的弹性较强，腰部及其他一些部位的关节活动范围较大。女性的皮下脂肪较厚，体内的脂肪含量也较多，约占体重的 30%，但是骨骼和肌肉的发育较差。女性的胸腔、肺和心脏的容积较小，导致了肺通气功能和换气功能较低。由于女性平衡性强、韧带弹性好，所以适合参加一些协调性强的体育项目。同样由于女性的骨骼和肌肉承受力较差，胸腔及心脏的容积较男性小，一些对力量和耐力素质要求较高、运动量较大的体育项目不适宜女性。

2. 心理特点

在女性的心理过程中，认识特征主要体现为感性认识多，较为表浅；在情感中，女性温和、均衡；在意志方面，女性意志薄弱、松散。这种心理特征影响女性对运动健身项目的选择,对女性来说,轻快柔和的、对意志要求不高的、个人参与形式的体育运动项目更为适合。

(二)适宜女性的运动健身项目

与男性相比,女性的运动健身锻炼更具有特殊性。女性对健美操、健身操、体育舞蹈等具有较强节奏感、韵律感强的室内外健身健美体育项目较为热衷。这与女性特殊的身心特点有关。女性化特征较突出的健身项目主要有健美操、健身操、体育舞蹈、踢毽、跳绳、跳皮筋、秋千、秧歌等。

概括来说,可供女性选择的体育运动项目主要分两大类,一是传统民间体育项目,如荡秋千、扔沙袋、踢毽子、跳绳、跳皮筋、跳板等。二是现代运动健身体育项目,如女性体操、小球类项目等。

(三)女性特殊时期的运动指导

1.月经期

月经期女性适当参加体育活动对身体健康是有好处的。需要注意的是,在活动中要采取较小的运动负荷,要严格控制运动强度和运动时间。避免受寒和需要完成跑跳、倒立等动作的项目,否则会危害身体健康。

2.妊娠期

妊娠期的孕妇参与体育活动必须适度,在不同阶段都要特别注意安全。

(1)在妊娠期前2个月内参与体育运动时,为避免流产现象发生,必须注意安排小的运动量。

(2)妊娠3个月后,可以做一些保健体操动作,散步也有利于健康。安排运动量时,以身体未感到疲劳为宜。容易摔倒或发生损伤的动作尽量不要去做,如跳跃等。

(3)妊娠5～6个月时,重点练习背肌和正确的呼吸。

(4)妊娠8～9个月时,多做下肢练习更加有利于胎儿健康。

不管在哪个阶段进行锻炼,妊娠期妇女都要注意合理补充营养。

3.更年期

持之以恒和针对性是更年期女性参加体育活动需重点坚持的原则,在安排运动量和运动强度时,以自我感觉舒适为宜。选择活动内容时,以感兴趣、熟悉且轻松的活动为主。

更年期女性在选择运动环境时,以自然环境为主,景色优美、宜人的环境最佳。女性喜欢结伴锻炼，关系融洽的朋友是最适宜的结伴人选。在运动过程中，更年期妇女应放松身心，注意调节情绪，这样才能达到更好的保健效果。

第三节　不同社会阶层群体的体育运动保健与康复指导

一、社会阶层的分类

(一)社会阶层分类的一般标准

进行社会阶层划分的标准主要有以下几方面。

1. 职业

现阶段，人们在社会中所处的地位主要通过其职业地位体现出来，工作单位是个人进行社会活动的主要场所。一个人的社会表现主要受其职业的影响，具体是受职业性质、职业声望、职业环境及职业活动范围等因素的影响。同时，从根本上说，社会流动的方向也会受到职业的影响。

2. 收入

个人收入会影响一个人的消费水平、生活方式、积极性与安全感，各阶层收入差距会在很大程度上影响社会安定。

3. 教育程度

人的知识、能力、价值观、人生观、技术、修养等都会直接受到教育程度的影响。教育程度是决定社会地位和职业的重要因素，它往往与个人经济收入相匹配，能全面持续地影响人的一生。

4. 权力

在群体与社会中，一个人施加影响的能力可以从其拥有的权力中体现出来。所以，一个人的性格、态度和行为意向往往会受其权力大小的影响，权力是人社会地位的一个主要外显特征。

以上标准各自标明了社会地位某一方面的状况，只能作为分层的单项指标，不能作为社会阶层划分的依据，也不可能准确地反映社会阶层存在的客观状况，更不能作为阶级划分的标准。同样收入的人，不一定来自同一个阶层，因为收入可能来自工资，也可能来自雇工经营，也可能来自投资营利，也可能来自利息，甚至还可能来自赠予或继承。因此，仅靠收入不能反映人们社会地位的高低。只有在收入、权力、教育与职业诸方面具有同一性的人们，才有条件构成一个阶层。

（二）社会阶层的具体类型

为便于对不同职业社会群体的体育健身活动进行广泛的探讨，采用中国社会科学院社会学研究所《当代中国社会结构变迁》课题组的结论，对社会阶层的划分主要以职业分类为基础，以组织资源、经济资源和文化资源的占有状况为标准，按照这一方式可以将社会成员分为十大阶层，即国家与社会管理者阶层、经理人员阶层、私营企业主阶层、专业技术人员阶层、办事人员阶层、个体工商户阶层、商业服务业员工阶层、产业工人阶层、农业劳动者阶层和城乡无业、失业、半失业者阶层。

二、社会不同阶层群体运动保健与康复指导

（一）国家与社会管理者阶层

国家与社会管理者阶层的主要代表是政府、事业单位和社会团体机关中具有实际行政管理职权的领导干部。对这一阶层的人来说，他们在业余时间参加体育健身锻炼，主要是为了放松身心，缓解工作压力，他们对活动环境一般都有较高的要求，并且比较关注与重视自己的身份与地位，会特别谨慎地选择或健身伙伴。国家与社会管理者阶层属于社会上层，拥有较高的社会地位和较大的权力，但是他们也有很强的平等意识，没有严重的等级观念，不会将等级作为其选择健身伙伴的主要依据。与其他阶层的人相比而言，国家和社会管理阶层参与体育运动时，主要考虑运动设施条件的便利性和运动环境的优美。在选择具体的活动内容时，他们对游泳、网球、乒乓球等具有健身、娱乐、休闲价值的运动项目较为青睐，益智类棋牌类活动也是他们经常选择的活动内容。

（二）经理人员阶层

经理人员阶层的主要代表是大中型企业的中层与高层管理人员，他们积极推动了市场化改革，并且在工作中面临着巨大的压力，这是由市场竞争的激烈程度所决定的。所以，他们在参与体育健身活动时，不仅有与国家和社会管理者阶层相同的价值取向，而且还有突出的个性化取向，如促进自我

的不断完善，对个人人格魅力的彰显，提高自己的社会影响，对企业形象进行宣传等。这一阶层的人一般学历都比较高，专业知识丰富，也有较高的社会地位，所以在社会阶层系统中属于主导阶层。国家和社会管理者阶层对体育健身服务可以免费享用，但经理人员阶层不可以。不过，这一阶层对大量的经济资源进行支配，经济条件较好，参与高消费水平的健身项目也比较容易。职业经理人在余暇时间通常对极限类的运动比较青睐，他们喜欢将大量的资金投入赛车、赛马、登山旅游中；他们一般会选择档次较高的体育健身场所进行运动，从而享受高质量的健身服务。他们喜欢的健身项目主要有保龄球、高尔夫球和网球等。因为这一阶层的人大都是中年人和老年人，所以负荷大、对抗强的健身活动对其不太适合。

（三）私营企业主和个体工商户阶层

虽然私营企业主和个人工商户在社会阶层中属于不同的位序，但他们有相似的生活方式、休闲时间及消费水平。这两个阶层都是改革开放的重要获益阶层，传统意识形态对其影响较大，所以他们在政治与经济上的地位很难匹配。这两个阶层人群参加体育健身的价值取向主要体现在显示身份和提高社会地位。所以，他们经常通过健身娱乐活动来扩大自己的交友圈，与他人建立良好的人际关系，增加自己的人脉，有时候他们也会在健身与娱乐活动中融入业务工作。实际上，这与“请人吃一顿饭，不如请人流一身汗”的社会新时尚是相符的。因为这两个阶层人群的经济资源丰富，所以他们在选择健身内容时通常不会受到资金的困扰，他们比较热衷高档的健身场所。受职业特征的影响，他们的健身时间不固定，比较随意。

（四）专业技术人员和办事员阶层

在现代社会阶层结构中，专业技术人员和办事员阶层属于中等阶层，而且是中等阶层的主干，这两个阶层的人员数量庞大，而且不同人的经济水平、消费意识、生活方式及态度等各有不同，存在明显差异。因此在运动健身时在内容选择和价值取向方面也有不同，具有明显的职业性。

这两个阶层中，有的经济水平一般，所以会选择操作简便、具有较强锻炼价值的项目进行健身，他们通常通过有氧运动和器械运动来达到保健的目的，如健美操、跑步等；有的经济条件良好，拥有超前的消费意识，所以会通过参加时尚、新颖、冒险与极限等类型的运动来丰富生活阅历，体验多姿多彩的人生；有的消费意识比较传统，在健身方面不会投入较多的资金，所以垂钓、棋牌等花钱少、负荷小、有趣的健身项目是他们的首选。

(五)商业服务业员工和产业工人阶层

商业服务业员工和产业工人阶层之间在社会地位、经济实力、时间结构以及价值认同等方面的差异并不大。这两个阶层人群谋生的主要手段是付出劳力和简单技能,他们的工作时间一般较长,业余时间身心疲惫,所以参与体育锻炼主要是为了健身、娱乐、放松、缓解压力。

与上述几个阶层相比,商业服务业员工和产业工人阶层并不具备充足的组织资源和经济资源,所以只选择简单的体育消费,注重价格低、消耗时间少的实惠健身手段,一般不会光顾高档次的健身场所。散步、慢跑、乒乓球、篮球、游泳等大众化运动是他们健身时的首选项目。

综上,商业服务人员和产业工人阶层会根据自己的喜好与实际情况选择适合自己的运动项目来达到保健的目的和效果。

(六)农业劳动者阶层

农业是农业劳动者阶层的主要收入来源或唯一收入来源。虽然在社会不断进步与发展的过程中,城乡居民收入差距在缩小,但与以上几个阶层相比,农村居民所占有的经济资源还是非常少。农业劳动者的文化水平一般都比较低,而且家庭重担沉重,长期的生产劳动和家务劳动消耗了他们大量的体力,所以他们参与健身活动主要是为了消遣,提高身体机能。受经济条件的限制,对一些消费较高的健身项目无法付诸实践,只能从电视上欣赏。他们普遍通过对场地器材要求较低的项目来锻炼,如棋牌、钓鱼、游泳、太极等。他们积极参加乡镇社区组织的各种体育活动,以达到健身、娱乐的目的。

(七)城乡无业、失业、半失业者阶层(离退休者除外)

城乡无业、失业、半失业者阶层属于贫困阶层,是社会弱势群体。收入与时间是影响这一阶层群体体育锻炼的主要因素。对这一阶层中的富有群体而言,时间是其参与健身活动的主要障碍,而收入是影响贫困群体健身的主要因素。虽然这一阶层的人总体上经济条件差,但他们拥有富裕的时间,为了不白白消耗空余时间,他们会通过参加有趣且有较强娱乐性的体育活动来消磨时间。他们大都是以个人的形式参与体育活动,也有一些人加入自发形成的体育群体,到免费的公共场所跑步、跳舞、练气功、做器械练习,以此来达到健身、娱乐的目的。

第四节　残障群体的体育运动保健与康复指导

残障群体普遍喜欢健身体操、舞蹈、气功、棋类、太极拳等活动幅度和运动量都较小的项目。这一方面也说明适合残障人参加的体育项目的开发力度还不够，各级政府、残联、体育部门和一些经营性体育活动场所都应该在今后努力为广大残障人谋福利，使其能够参加更多的体育活动项目，取得突破性进展。不可否认，绝大多数竞技体育项目都不太适合残障人参加，但在一定的条件下，有些项目也可以在残障人群中推广。视力残障人适宜参加健身操、棋类、田径、游泳、盲人门球、盲人乒乓球、柔道等体育活动。听力残障人适宜参加与健全人相同的体育活动，可向其推广篮球、排球、足球、乒乓球、网球、水球、田径、自行车、体操、游泳、射击等项目。肢残人根据残疾情况分为截肢和其他残疾、脊髓损伤、脑瘫三种类型。截肢和其他残障类型的肢残人参加的体育活动有：举重、健身操、棋类、田径、游泳、射箭、轮椅击剑、轮椅篮球、轮椅网球、乒乓球、射击、排球。脊髓损伤类型的肢残人适合参加的体育活动有健身操、田径、棋类、游泳、举重、射箭、轮椅击剑、轮椅篮球、轮椅网球、乒乓球、射击等项目。脑瘫类型的肢残人适宜参加的体育活动有健身操、田径、棋类、游泳、射击、硬地滚球、轮椅网球、乒乓球等。智力残障人可参加益智类运动项目，如地滚球、羽毛球、乒乓球、手球等。

一、视力残障群体运动保健与康复指导

（一）触觉训练

盲人感知周围世界的主要途径是依靠触觉，因此应加强对这类残障群体的触觉训练。

（1）用手触摸各种体育器材和设备，了解其形状、硬度及用途等。

（2）用手触摸他人的身体或某个部分，了解做某个动作时的身体姿势。

（3）用脚触摸地面，感知地面的光滑度和硬度，便于运动，如跑步至转弯处时，脚感知地面凸起和变硬，就会主动转弯跑步。

身体各个部位都可以起到触觉作用，以弥补视盲的缺陷。

（二）听觉训练

耳朵是盲人感知外界事物最重要的器官，可以弥补视力缺陷。因此应加强听觉训练。

听觉训练主要采用声音信号引导盲人进行体育活动。从效果看,连续的声音比间歇的声音好,声源在正前方比后方为好,声源最好不要在侧方,举例如下。

(1)跟着正前方声音向前走或跑。

(2)辨别地上滚动的球的方向,并通过此项训练能够截住或踢到自己左右侧或正面滚过来的球。

(3)跟随铃声或其他声音在水中行走、游泳等。

(三)定向行走训练

对于盲人而言,了解自己的空间位置,学会占有空间并合理使用空间非常重要。因此应多进行定向行走训练。

(1)以长绳为引导线,盲人直线走或跑。

(2)在他人陪同下,在生活或学习地区内进行短距离的快乐的散步,熟悉以后,盲人独立进行。

(3)一人站在某处,拍一下手,训练盲人找人。

(4)盲人滚出带音响的球,球停在某处后,盲人自己去找到这个球。

盲人门球运动非常适合盲人参加,门球是一项由盲人和其他视力残疾的运动员参加的特殊运动。比赛在两队间进行,每队在场上有三名球员。为了避免有残余视力带来的优势,比赛时所有选手都必须用黑色眼罩遮住双目。门球所用的球中有发声器,不断发出声音,以便于盲人运动员依靠声音辨别球的方位。此外,比赛场地上有可以触摸的标记,这样运动员可以知道自己的位置。门球的规则十分简单。攻守两方各占场地两端。一方先掷,球必须在距离掷球方一端底线 6 米内接触地面一次。防守的一方则一般在球门前分散开来,用身体阻挡对方掷来的球。射门成功,攻方得 1 分。如果球被守方阻挡出界,双方则交换掷球权。

柔道运动被失明及弱视人看作是体育锻炼与娱乐的重要手段。这项运动皆按照健全人士运动方式进行。此项接触性运动有助失明或弱视人提高灵敏性及活动技巧,并且可强身健体。需要注意的是,必须在有弹性的地板或台上安排游戏或比赛场地。

二、听力残障群体运动保健与康复指导

听力残障群体可以参加多种体育活动,但要避免参加强烈旋转、容易增大头颅内压的运动。聋人的体育保健与康复训练手段主要有以下几种。

(一)反应性练习

(1)看教师的手势做向各方向移动的动作。

(2)看不同颜色的卡片做出相应的动作。

(3)双人“影人跑”,学前面正常人的动作。

(4)看对方手势后,做出相反动作。

(二)协调性练习

(1)原地拍球,转身拍球。

(2)直臂拍球,用于接球,跳起接球。

(3)用单手拍球。

(三)平衡性练习

(1)头顶轻物,臂侧平举,沿直(曲)线行走,轻物不掉下来。

(2)用球拍托球走或跑。

(3)单腿站立。

(4)前滚翻。

(5)平衡木上走或单腿站立等。

(6)绷床上跳跃等。

(四)节奏感练习

(1)各种“耍球”练习。

①两脚开立,绕两脚做“∞”字绕环球。

②并腿直腿坐,球经脚、腿,在臀部绕环,分腿坐,再绕环。

③分腿站立,左右手互相传接球,或向上抛球后,双手击掌再接球。

(2)手指或抬平肘关节托住直立的木棍,可以原地踏步,也可以行进间做,使木棍不倒。

(3)坐姿双脚夹球,抛球自己用手接住。

(4)抛起球坐下后接住;或抛起球起立接住。

(5)左手或右手将静止的球拍起来。

三、肢残人运动保健与康复指导

(一)截肢群体

1. 驾驶轮椅

下肢截肢人行动的主要方式是坐轮椅,截肢人坐轮椅既可参加身体锻炼,又可参加体育竞赛。因此,截肢人要学习驾驶轮椅,使轮椅与身体紧密地结合为一体。

轮椅一般用手驱动前进和制动，就应当学会驱动、变向、转圈、上下坡和急停等技术。轮椅应在不同地面上行驶。老年人的轮椅后轮要大些，这样轮椅后倒时，扶手可以支在地上，上面乘坐者不致摔伤。截肢人要学会自己上轮椅。坐 10 分钟左右可用手支撑“站立”一段时间，一方面防止褥疮；另一方面可促进血液循环，提高机体平衡能力。乘轮椅出发时，轮子要正，不要打横。起动时要推大轮的幅条，移动 3～5 米时，再推小轮子；手轮处于髋关节水平部位为好。手用力要匀，不要突然发力。出发时，手在身体前边推幅条，否则会使轮椅前部翘起来。轮椅转弯时外面手的力量要大些，身体向内倾斜。手握推手轮不要太紧，最好是推一压一。

2. 轮椅篮球

轮椅篮球适合截肢群体参加，轮椅篮球像普通篮球一样具有技术和体力的挑战，闪电般的速度等特点和魅力，这也是它成为伤残人奥运会中最引人注目的一项运动的原因。轮椅篮球对场地、球篮高度的要求和普通篮球一样，这就为残障朋友参与此项活动提供了方便。游戏规则上唯一的不同是每次传球前可以推两下轮椅。参加轮椅项目的残障人中的每名成员依据残障情况有从 1～4.5 分的不同积分，残障越严重，分数越低。每队的最高残障分数总和是 14 分。举例来说，胸椎截瘫为 1 分；腰椎截瘫或是双下肢膝关节以上截肢为 3 分；单下肢膝关节下截肢为 4.5 分。所有参与者坐在灵敏度较高的篮球轮椅上活动，而比赛规则也经过改良以配合坐在轮椅上运球前进，其他的规则与一般篮球运动相同。此项目很适合对团队活动有兴趣的残障人参加。

3. 轮椅网球

轮椅网球同样适合截肢人参加。轮椅网球起源于 20 世纪 70 年代的美国，后来在国际上得到了迅速的发展，1992 年巴塞罗那伤残人奥运会上成为正式比赛项目。轮椅网球沿用一般网球的规则，唯一不同的是容许网球在自己场区内两次反弹。运动员必须有经诊断的行动残障才能够取得参赛的资格。伤残人奥运会比赛包括单打和双打。在伤残人奥运会之外，轮椅网球运动员可以参加世界各地的很多其他比赛。每年年底，国际网球协会决定国际和各国的选手排名。坐着灵敏度很强的运动轮椅在一般网球场上运动，要学会灵活及快捷地控制轮椅。

（二）截瘫群体

截瘫是因为脊髓受伤而造成的。截瘫可影响肌肉逐渐萎缩、丧失有关的感觉和知觉、某些器官功能受损（如膀胱失控等）或失去某些活动能力等，严重的有生命危险。所以，外伤性截瘫者应在早期积极抢救与治疗，加强护理工作，争取脊椎骨折、脱臼达到复位和脊髓功能早期得到最大程度的恢复。脊髓功能未能恢复的人应积极加强功能训练，进行康复活动，防止关节、韧带和附近肌腱粘连，保持肢体关节正常活动。

体育是非常有效的康复手段，对于促进全身肢体的血液循环和正常的新陈代谢、恢复机体及肢体的功能有积极的作用。对于截瘫人来说，体育的作用非常特别，而且更加重要。截瘫人在卧床初期，活动急剧减少，机体代谢能力降低，内脏功能减弱，严重影响健康；而且情绪容易烦躁，影响正常心理。此时进行康复体育锻炼具有重要的意义，如预防并发症；保征肌肉正常的代谢活动；防止关节粘连、韧带挛缩和肢体骨质疏松；增强工作和生活的信心等。

截瘫患者的体育康复运动指导如下。

1. 基本练习

截瘫患者的体育康复锻炼以保持关节正常结构的功能为基本内容，如经常变换体位、穿戴夹板、被动运动和牵引活动等。在下地活动之前，在床上做体操（上肢主动性活动、下肢被动性活动）练习、床上坐起练习以及“截瘫操”练习。截瘫患者应适当做一些增强上下肢和躯干肌力的练习，以恢复体力。到一定时期，可以做些基本的联合动作，如扶床站立—靠墙站立—扶双杠站立—扶拐杖站立—自己站立。起初需有人照料，时间从5分钟开始逐渐延长，由双腿站立过渡到单腿站立。在站立基础上练习行走，扶双杠站立后，轮换做两腿的提腿、抬腿、摆腿、左右转动骨盆。两手扶住双杠、练习移步行走。站在行走车内，一边用力移动下肢，一边带动行走车前进。车后边有一座位，可以休息。架拐杖行走。由“四点步”过渡到“摆动步”，截瘫病人必须做一些一般发展练习，尽力做日常生活中力所能及的活动。

2. 地滚球

地滚球适合截瘫人参加，它是西方国家根据残障人的特点开发出来的休闲体育项目。可分为站立组和轮椅组两种。前者可供上身截肢、痉挛及失明人士参与，后者适合下身截肢、瘫痪或小儿麻痹等残障人参加，此项运动在草地或室内运动场上进行。此项目强调耐性及智力，特别适合严重痉挛人士。在一个 12×6 米之范围内,坐在轮椅上向着指定目标抛掷软皮圆球或木制球,争取接近目标而获取胜利。而手部活动困难的残障人可利用辅助器材进行运动。

(三)脑瘫群体

脑瘫分为身体和精神上的障碍,轻者经过康复训练后,生活能够自理,严重者一生都需要监护。脑瘫病人临床上分为痉挛型、强直型、手足徐动型和共济失调型四种类型。体育是脑瘫病人康复的重要手段,对此,国外学者提出了 14 种运动疗法,具体包括:按摩;被动活动;助力活动;主动活动;抗阻活动;条件活动;混合活动;复合活动;休息;松弛;松弛位活动;平衡;吩咐患者做握、取、放物品等动作;技能练习。

下面简单阐述一些适合脑瘫患者参与的运动康复方法。

(1)走、跑练习。先练习增强踝关节肌肉韧带力量的动作;先沿直线行走(注意脚型正确),距离逐渐加长,然后过渡到能跑步。

(2)协调练习。练习时放松身心,不要有心理压力。

(3)协调性和准确性练习。如摆放积木和插板练习;按照口令将手和足指向一定方向或放在一定的位置;向一定方向投球、踢球、滚球;与医务人员练接球、玩球、传球等。

(4)骑三轮车。脑瘫患者手能握把,要将脚固定在脚蹬子上,就能蹬车行进,直线或曲线均可。

(5)不能步行的患者可以集体练习某些游戏性的动作,如在地板上滚圈;俯卧在垫子上成圆形,距离适当,互相传球等。

参考文献

[1]黄凯斌,健康中国——国民健康研究[M].北京:红旗出版社,2016.

[2]刘星亮.体质健康概论[M].北京:中国地质大学出版社,2010.

[3]杨秀琴.大学生健康教育指南[M].北京:高等教育出版社,2004.

[4]刘守燕.体育与健康[M].北京:科学出版社,2005.

[5]张瑞林,周桂荣.体育保健与康复(第2版)[M].北京:高等教育出版社,2013.

[6]姚鸿恩.体育保健学[M].北京:人民体育出版社,2000.

[7]姚鸿恩,等.体育保健学(第4版)[M].北京:高等教育出版社,2006.

[8]乔德才.运动人体科学基础[M].北京:高等教育出版社,2012.

[9]曹志发.新编运动生理学[M].北京:人民体育出版社,2004.

[10]封飞虎,凌波.运动生理学[M].武汉:华中科技大学出版社,2014.

[11]毛志雄.运动心理学[M].北京:中国人民大学出版社,2015.

[12]陆爱云.运动生物力学[M].北京:人民体育出版社,2009.

[13]罗建新,等.运动生物力学[M].北京:北京师范大学出版社,2010.

[14]赵焕彬.运动生物力学[M].北京:高等教育出版社,2008.

[15]谢敏豪,林文弢,冯炜权.运动生物化学[M].北京:人民体育出版社,2014.

[16]张蕴琨,丁树哲.运动生物化学(第2版)[M].北京:高等教育出版社,2015.

[17]关辉.体育运动处方及应用[M].北京:北京师范大学出版社,2010.

[18]邹克扬,贾敏.运动医学[M].北京:北京师范大学出版社,2010.

[19]杨翼,李章华.运动性疲劳与防治[M].北京:北京体育大学出版社,2008.

[20]曲绵域,于长隆.实用运动医学[M].北京:北京大学医学出版社,2003.

[21]顾丽燕.运动医务监督[M].北京:北京体育大学出版社,2009.

[22]尹海立.传统体育养生方法导论[M].北京:高等教育出版

社，2008.

[23]邱丕相.中国传统体育养生学[M].北京：人民体育出版社，2006.

[24]金文泉，李广周.太极养生真法：养精、补气、调神[M].北京：科学出版社，2010.

[25]冯志强.太极拳全书[M].北京：学苑出版社，2000.

[26]孟宪君.大众流行健身项目理论与实践[M].北京：高等教育出版社，2006.

[27]张虹.健美操[M].北京：北京师范大学出版社，2008.

[28]马鸿韬.现代健美操训练方法[M].北京：北京体育大学出版社，2005.

[29]邢金善，续俊，田颖.时尚健身理论与运动方法[M].哈尔滨：东北林业大学出版社，2008.

[30]李恩荆，曹东平，王大平.太极柔力球与小球运动[M].武汉：华中师范大学出版社，2007.

[31]王凯珍，李相如.社区体育指导[M].桂林：广西师范大学出版社，2005.

[32]周兴伟.社区健身活动[M].北京：中国社会出版社，2007.